平實導師 著

ISBN 957-97840-8-6

自序

《楞伽阿跋多羅寶經》簡稱《楞伽經》，是大乘佛教中極重要之經典；既是法相唯識宗之根本經典，亦是中國禪宗開悟聖者自我印證及悟後起修之依據經典；故初祖菩提達摩大師以此經典連同佛缽祖衣一併交付二祖慧可大師，以為傳法印證。禪者可依此經建立正知正見，避免錯悟大師誤導參禪方向，未來證悟可期。

二者禪宗證悟之人，欲求上進而入初地，必讀此經。佛於此經詳述破參者應進修之知見，指示佛子依此升進初地，成眞佛子，是名實義菩薩，是故悟者必讀此經。

然此經典文辭古樸，艱深難會，證悟之人亦多不解，何況未悟錯悟之人？是故古今大師雖然多有註釋，皆類未悟錯悟諸師依文解義，難得佛旨。現代佛子古文造詣粗淺，又兼未曾證悟，不解佛意，以致發心印經之時，斷句錯誤之處極多，讀者轉更難解；有鑑於此，末學乃予重新斷句，依所悟證如來藏之體驗觸證而作白話闡釋。雖遵佛語，不得明說密意，然已巧用方便，隱於字裡行間，佛子若有緣者，或可依此契證。

此《楞伽經詳解》原於民國八十四年（一九九五）八月十一日起，對我正覺同修會之會衆演示，迄八十六年九月廿六日圓滿。講時手持經文直敘，不預繕講稿，亦不參酌他人註釋。後經譚錦生等同修多人，依錄音帶整理成文，歷時年餘方告竣工。然欲付梓時，發覺太過口語，有時兼有語病，不宜付印；乃由末學依諸同修之謄稿，親自重繕；雖稍有文章氣，而較具可讀性。

復次，此經講畢迄今，已歷二年；二年後之今時，因貫通三乘經論，及慧學增長迅速故，亦不能滿意二年前所說之內容，故作許多增刪，期望能對佛子有更大之利益。然亦因此，必須逐册親自重繕，分期出版，無法一次出齊；又因增述故，雖於每册增加篇幅，可能仍須增爲八至九册，方能圓滿，合並敘明。

此《楞伽經詳解》，不作學術上之科判研究，亦不飾文，唯欲引導佛子大衆直入楞伽寶城，故依經文直解爲主，避免學術研究之繁文考據；亦盡量不引他經以釋此經，令諸佛子直接獲得此經之意趣。

又考慮讀此詳解者，多係年屆不惑之學佛者，視力較弱；爲免傷眼，乃捨棄花俏討喜之仿宋字體，改以平實易讀之明體字，並加大一級；編排上儘量避免擁擠，紙色亦避免太白太暗，以方便年長者長時間連續重複閱讀；此諸貼心之安排，期望對您有所助益。

此套詳解即將陸續出版，於此簡敘出版因緣，普願有緣佛子早見大乘道；見道已，復依此詳解，速入楞伽寶城，貫通三乘佛法；因之造序，述余私心，普願鑑燭。

娑婆菩薩戒子　蕭平實

時惟西元一九九九年早春序於頑嚚居

張序

民國八十四年夏，余師　平實先生承多位明心見性弟子之再三懇託，請師開示悟後起修之法及成就佛道之次第；余師爲利益廣大衆生及增益彼等見地計，乃假石牌某精舍及正覺講堂開講《楞伽經》，每週宣講二小時，合計八十七講，前後時間長達一年半。

師宣此經雖有錄音，僅供無暇聽課之同學自修使用。然講述未迄，忽聞師云：「譚錦生師兄已經整理好了十講。」每講約有一萬五千字，此是何等廣大之自動發心！整理講稿，必須逐字逐句反覆聽聞撰寫，工程十分艱鉅，有諸同修甚至必須整月時間方能謄寫一卷帶子。爾後，由於譚師兄之發心感動諸多同修，紛紛響應支援，投入整理行列者約有四、五十位；如此之善緣促成往後《楞伽經詳解》之誕生；亦印證了「菩薩發心，如影隨形；一念慈悲，成就廣大佛事。」

後因余師抬愛，令余先行過目已整理文稿，將講演時之口語去蕪存菁，順成文字稿，並分段落標點，以俟來日整理成冊。

八十七年秋，所有稿件彙總，前後貫串，義理了然，深感佩余師因長年之弘法利生及無盡悲願，修證不斷向上提升，智慧深利，乃能廣演如此深妙之經典。若能成書發行流通於世，必將利益此時後世無量佛子。余師觀察因緣既熟，囑余將已順好之稿子付呈再作潤飾。不意時經二月，余師閱後竟謂余曰：「以前講得太淺了，我打算重寫！」余大驚詫，私心自謂：「阿彌陀佛！如此洋洋灑灑一百三十萬字，如何重寫呢？」內心驚疑：「如此浩大的工程，一人獨自重繕，何年何月方能竣工？」爾後數月，余於弘法之餘，常聞余師講述其重繕之進度。累牘長篇竟然改頭換面，一改口語講述之冗長繁複，轉化成精湛洗鍊之文字；不僅文詞更爲流暢明確，法義之陳述更是深入井然，令人歎爲觀止。不禁感歎：「需要何等的悲心與智慧？方能成就如此大事！」

《楞伽經》之主要宗旨，乃爲佛子詳述八識、五法、三自性、七種第一義、七種性自性、二種無我。細述阿賴耶識與七轉識間之關係及體性、明心後修道之原理與次第、以及如何以所證之如來藏爲根本，漸漸斷除現業流識，地地增上之道理。

佛法知見淺薄如余，詳閱余師重寫後之《楞伽經詳解》，對於一切有情生命之本體—如來藏阿賴耶識、異熟識、無垢識之體性有更深入之瞭解；對於七轉識之流注生滅也有更細膩之體驗，乃至對於可經由修行淨化染污之種子……以及如何邁向初地乃至佛地，在在具足信心與願力。際此末法，亂象叢生、眞僞莫辨之際，《楞伽經詳解》問世，必有力挽狂瀾之效，得以護持宗門正法日益光大，免於斷絕。

於整理文稿過程中，印象最深刻者，乃是其中二十八講全部都在講「妄想自性」，闡述凡愚衆生不明眞如體性，無法證得眞如，每每認空明靈知之意識心爲眞如，不知不見眞如之非一非異於空靈明覺之意識心，墮於一異斷常邊見；故爾反覆演述，鉅細靡遺，可謂老婆至極。

眞實之理，必須可以觸證、可以檢查論辯驗證；若非眞有修證，誰能如此詳實深入演述如來藏圓滿深妙之法義？若非眞有修證，誰能於定慧二門作如此條理分明、義理了然之剖析？佛法修證，決不可能單憑個人一生之意識思惟而得，必須多生累劫永無休止之聽聞熏習、努力修持方可得致。

於《楞伽經詳解》即將陸續出版之際，爲護持余師弘揚正法故，乃不揣淺陋，提筆爲文介紹緣起概略，供養諸方大德；尚祈十方善信大德皆具慧眼，普能揀擇解行並具之眞正善知識，同修第一義諦妙法，同證菩提，共成佛道。

菩薩戒子 張正圜　敬序

公元一九九九年初夏於正覺講堂

學佛之目標有二：一為親證解脫果，此應修學二乘菩提之解脫道；二為親證佛菩提，此應修學大乘法之佛菩提道。然大乘之佛菩提道中，已函蓋二乘所修之解脫道，是故直接修證大乘佛菩提道，便可同時證得二乘菩提之解脫道功德；由是緣故，大乘學人只需直接修學大乘佛菩提道，便能達成學佛之真正目標。

佛菩提道之修學，應求大乘般若之見道；見道已，便得次第進修而正式進入初地通達位，然後可入修道位中，次第邁向佛地。大乘般若之見道，即是禪宗之破初參明心——親證本來離念、本性清淨之自心如來藏。欲求親證如來藏者，應依真正之善知識修學。真善知識之助人見道，所言所授之法，必須有明確之次第與確實可行之法，學人方有得悟之可能。若親近假名善知識，雖有大道場、大名聲、廣大徒眾，然所說所授者皆屬似是而非之法，縱使學人以畢生之身口意供養之，所得唯是常見與斷見本質之相似佛法而已，必將浪擲一世於相似佛法上，殊堪扼腕！

爾時大慧菩薩摩訶薩復白佛言：「世尊！惟願爲說諸須陀洹、須陀洹趣差別通相；若菩薩摩訶薩善解須陀洹趣差別通相，及斯陀含、阿那含、阿羅漢方便相，分別知已，如是如是爲衆生說法：謂二無我相及二障淨。度諸地相，究竟通達，得諸如來不思議究竟境界；如衆色摩尼，善能饒益一切衆生。以一切法境界無盡身財，攝養一切。」

疏：《爾時大慧菩薩摩訶薩又向佛稟白說：「世尊！惟願世尊爲大衆說須陀洹之證果內容，及須陀洹人未來進趣之種種差別相之通達相；如果菩薩摩訶薩善能證解須陀洹未來進趣之種種差別相，以及證解斯陀含、阿那含、阿羅漢證境及方便相，分別了知以後，就能像這樣爲衆生說法：所謂人無我相、法無我相，及煩惱障清淨、所知障清淨。菩薩如是，即能超度十地之地相，於十地之修證與斷惑可以究竟通達，漸漸證得一切如來所住不可思議之究竟境界；此菩薩猶如能作種種色彩變化之摩尼寶珠，善能饒益一切衆生，以所證『於一切法境界悉無障礙』功德而化現無盡化身財物，攝受及長養一切衆生。」》

解：此經乃是第三轉法輪之別教經典，說一切種智。二乘菩提之修證，從須陀洹果乃至阿羅漢之修證，俱是解脫果；所修證法謂四聖諦、八正道、十二因緣，依五蘊十二處十八界而作思惟及觀行，現前觀察陰處界之緣起性空、無常無我；由現觀故斷我見乃至我執，證「人」我空，成須陀洹果乃至阿羅漢果。

四阿含是初轉法輪經典，雖然亦說般若中道及唯識種智，而多隱覆密意，偏顯二乘菩提。二乘菩提所說，唯是解脫果，唯能依之斷盡我見及我執，漸出或頓出三界，不知不證般若中觀及唯識種智，是故佛說諸二乘有學無學聖人雖非凡夫，而猶名愚—非同凡夫之愚，乃於般若及種智愚痴不解，故名大乘中之愚人。

二轉法輪諸般若系經典，乃依如來藏之中道性，宣說遠離斷常來去……等離二邊之般若慧；所說唯至般若之總相智及別相智，未述及一切種智。三轉法輪諸經，則依如來藏而說八識心王及所生一切法，宣示如來藏所藏一切種子差別，即是般若別相智中之種智；十方諸佛由具足證驗一切種智，圓滿成就佛菩提智，名爲一切種智，此是佛菩提果；一切初地至十地菩薩能證一切種智而未圓滿具足，名為道種智，故未成佛。

二三轉法輪之般若慧，非二乘無學聖人之所能知，此是佛菩提果，非唯解脫果故。解脫果通三乘，佛菩提果不共二乘，亦不共大乘通教菩薩，唯大乘別教所證故（關於佛菩提果與解脫果之內容，請閱拙著結緣書《邪見與佛法》及書局版之《宗通與說通》，此處從略，不贅述之）。

別教菩薩修六度行，至第六住位完成四加行，成就煖、頂、忍及世第一法，斷除我見，雙印「能取心、所取境」皆空，成須陀洹，而猶不入七住位，未得般若總相智之現觀故——未觸證領受自心藏識之中道性故。

逮至觸證藏識自心，親自領受其中道性已，若不遇惡知識之否定，而能信入不疑者，方成七住菩薩，從此漸入內門修菩薩六度萬行。此菩薩雖得般若總相智，現前親證中道之觀行境界，而猶未解涅槃——二乘解脫果境界及初地至七地解脫果境界。欲令此菩薩能於十地之修證有所助益，應當先行宣說二乘解脫果內涵，令其了知。

七住菩薩若續親從善知識修學般若及種智者，配合對於解脫果之了知，則能具知佛菩提果及解脫果，速易修進初地。入初地已，則能善為眾生說法：宣說人無我相及法無我相，宣說如何淨除煩惱障及所知障之眞實義。如是菩薩，由善知解脫果及佛菩提果故，漸能了達十地之境界相；則能地地轉進，究竟通達，乃至獲得如來不可思議之究竟境界。

菩薩若能善知解脫果及佛菩提果者，即能速入初地，了知十地相，則能善為眾生宣說斷除煩惱障而取解脫果之理，能度眾生成須陀洹乃至阿羅漢；若遇菩薩根性之人，亦能為之宣說斷除所知障之正理，宣說修證佛菩提道之正理，令其打破無始無明乃至入於諸地。如是菩薩猶如眾色寶珠之能遇緣變色，隨其所遇種種根性而方便說法，令證人無我之解脫果及法無我之佛菩提果。乃至八地以上菩薩，能以如幻三昧等功德，隨意變現無盡身、無盡財、攝受將持養護一切有緣人。

佛告大慧：「諦聽！諦聽！善思念之。今為汝說。」大慧白佛言：「善哉！世尊！唯然聽受。」佛告大慧：「有三種須陀洹、須陀洹果差別。云何為三？謂下中上。下者極七有生，中者三五有生而般涅槃，上者即彼生而般涅槃。此三種有三結：下中上。云何三結？謂身見、疑、戒取；是三結差別，上上昇進，得阿羅漢。」

疏：《佛告訴大慧：「詳細地聽清楚！並且要善於思惟之、憶念之。現在就為你解說。」大慧向佛稟白說：「太好了！世尊！我專心聽受您的教導！」佛告訴大慧：「有三種須陀洹人及須陀洹果之差別相。如何說有三種呢？就是說：有下品須陀洹、中品及上品須陀洹。下品須陀洹人，必須極盡七次人天往返而受三界有之生死，然後取無餘涅槃；中品須陀洹人，歷經三次或五次之人天往返而受三界生死，然後入無餘涅槃；上品須陀洹人，則於彼證得須陀洹果當世，就努力進修而入二三四果，在他證得須陀洹果那一生中取無餘涅槃。這三品須陀洹人，有三種結須斷：下結、中結、上結。如何是他們所斷三結？就是說下結身見、中結疑見、上結戒取見；由這三結修斷之層次差別，向上次第昇進，乃至證得阿羅漢果。」》

解：須陀洹人及須陀洹果，有三種差別相，謂有下中上等三品人，並非決定。下品人者，謂性障較重之人，無我慧較差之人，於三縛結之斷除，不能徹底；唯於三縛結之總相斷，不斷別相；或別相雖斷，而性障甚重故，令我執久久不斷，必須極盡七次人天往返而受三界有，於如是十四世中，歷緣對境而漸修斷我執，至第七次返生人間時方證阿羅漢果而取無餘涅槃。

中品須陀洹人所證須陀洹果，有人須經三次人天往返受生、有人須經五次人天往返受生，而後取涅槃。亦有人於證得須陀洹果之後，於一生中極精進修，次第漸至阿羅漢果；於證得須陀洹果之一世中，即能取證無餘涅槃，此乃上品須陀洹人所證須陀洹果。

「此三種有三結：下中上。云何三結？謂身見、疑、戒取；是三結差別，上上昇進，得阿羅漢。」三品須陀洹人所斷者，同是三結，而粗細有異。下品初果所斷三結極粗，唯知欲界中之覺知心我虛妄，不知色界無色界之覺知心我虛妄；如是初果人，若聞大名聲之惡知識云：「覺知心固是妄我，若能入住定中，不予覺知，遠離覺知，即名涅槃。」此初果人便信受之。此名下品須陀洹人，我見之細惑未盡；如是則於諸方大師或有疑見不斷，或有疑見已斷。

於諸方大師疑見已斷者，謂若有大師言：「諸位聞法的覺知性，師父說法的覺知性，即是永恒不滅的涅槃本際，即是眞如。」下品須陀洹人甫聞此說，即知此大師未斷身見，以「覺知心我」爲身故，如是說名「於大師疑見已斷」。於大師疑見未斷者，謂如前段所述，不能知彼惡知識已否斷除我見，心中仍有疑故。此疑見之仍存者，乃在於唯斷身見之粗者，於身見之細者仍未能斷，是故於諸方大師之疑見或斷或不斷。

於諸方大師之疑見有斷及不斷故，則於諸方大師所制禁戒、或所開示之戒學，亦有不能具足判別爲是爲非者。不能判別故，則於戒相之開遮不能具知；則於諸方大師所施設之戒禁、及對於戒法之判釋，不能知其應否具足持？或得方便持？爲戒禁取見所縛，乃至有時因大師故非戒取戒；是名下品須陀洹人，戒禁取見或斷或不斷。

如是下品須陀洹人，唯斷粗品三縛結，不斷中品細品三縛結；由是之故，極盡七有人天往返後，方能斷盡細品三縛結——思惑斷盡，成阿羅漢。此乃性障輕微而慧劣者，成下品須陀洹人，證下品須陀洹果。

復有一種人，其慧猛利，我見細品亦悉已斷；乃至於諸方大師無有所疑—諸方大師之我見已斷未斷者，悉皆無疑；於戒禁取見亦悉已斷，而猶不得阿羅漢果者。如是之人，謂性障極重者，久遠劫來一向熏習貪瞋諸行，今世雖然得入二乘菩提果之見道位，而貪瞋勢力難斷，亦須極盡七有人天往返，而後成阿羅漢，取無餘涅槃。如是之人亦屬下品須陀洹之果證。

如是知已，即知對治；知對治者，即成中品須陀洹人，三至五次人天往返受生後即成阿羅漢；乃至有人極精進修，一生轉至阿羅漢位。若不能具知此三結之粗細差別者，則不知應如何上上昇進，必不能於一生之中由初果位轉至阿羅漢位。故說此三結有差別，三結之粗細亦有差別，求證解脫果（二乘菩提）者，於此三結及其粗細皆應了知。

「大慧！身見有二種：謂俱生及妄想—如緣起妄想、自性妄想。譬如依緣起自性，種種妄想自性計著生；以彼非有、非無、非有無，無實妄想相故，愚夫妄想，種種妄想，自性相計著。如熱時燄，鹿渴水想；是須陀洹妄想身見，彼以人無我攝受無性，斷除久遠無知計著。大慧！俱生者：須陀洹身見，自他身等四陰，無色相故；色生，造及所造故；展轉相因相故，大種及色不集故；須陀洹觀有無品見，身見則斷；如是身見斷，貪則不生。是名身見相。」—

疏：《「大慧！身見有二種：是說俱生身見及妄想所生之身見—也就是緣起妄想身見—依於緣起自性所生妄想身見。譬如有人依於眾緣所起諸法之自性，作種種妄想，以為此諸緣起所生法有其實有不壞之自性，而生誤計與執著；這是由於緣起所生法非眞實有、事相上亦非無、亦非言說上之非有無，唯是暫有無實之妄想相故；愚痴之人於緣起法作虛妄想，種種妄想故，於緣起法生自性相之誤計與執著；猶如熱時遠處沙土之陽燄，渴鹿不知，妄生水想；此須陀洹人所斷妄想分別所生之身見，彼以「人無我」所攝之緣起法無眞實性，即能斷除久遠以來之無知及誤計與執著。大慧！俱生身見者，須陀洹依於所斷身見，觀察自身他身之受想行識四陰，俱無色相故；觀察自他身之色身，不離能造與所造而生故；觀察到四陰及色身由大種等展轉相因而生之相故；觀察四大種自身不能聚集為身、色法不能自行聚集故；須陀洹人如是細觀一切有無品

之身見，身見便可斷盡；如是身見斷盡，貪則不生。如是名爲俱生身見之相。」》

「大慧！身見有二種：謂俱生及妄想—如緣起妄想、自性妄想」：身見有二種，一者俱生身見，二者依於緣起法之不如實知，而生緣起法之妄想，及依緣起法之自性而生妄想。

俱生身見者謂與生俱來，法爾而有之身見，道種智中說爲俱生我執；謂一切有情之意根，由無量劫來虛妄熏習，內執藏識自性及意根自性爲因（此唯別教證悟者方能知之，不許明言），生生世世任運而執，不須惡知識之邪教導而本已有之，不須意識之邪分別而本已有之，名爲俱生相續我執—無量劫來恒不斷故。

俱生我執復有一種，謂一切有情之意識，於處胎（此謂欲界人間）後期意識現行起，即緣藏識所變現之五陰；對於五陰之見聞知覺性及能取六塵性，生於我見，執我不捨。如是我見，不待惡知識之邪教導而本有之，亦不待意識之邪分別而本已有之；有此我見即生我執。如是我見我執亦微細難斷，意識現行則必有之，不待分別而後有之；然於眠熟等五位中，悉不現行，有間斷故，名爲俱生間斷我執我見。

此二種俱生我見，極細難斷；阿羅漢依自思惟，能斷後者。欲斷前者，須聞佛說意根我執之理而後能斷；有人聞佛說已，專精思惟而後能斷；乃至有人聞佛說已，仍不能斷，唯證三果二果。由是正理，道種智中說：「此二我執細故難斷，後修道中數數修習勝生空觀，方能除滅。」

妄想身見者，由緣起妄想及自性妄想而生，皆緣意識而有，詳次經文開示。

「譬如依緣起自性，種種妄想自性計著生；以彼非有、非無、非有無，無實妄想相故，愚夫妄想，種種妄想自性相計著；如熱時燄，鹿渴水想；是須陀洹妄想身見，彼以人無我攝受無性，斷除久遠無知計著」：妄想我見者，謂依意識之邪分別而生，及依意識之受惡知識邪教導而生分別我見，故名分別我執，見道所斷之我見也。

如是我見（身見），依緣起自性及種種妄想自性而生。云何緣起自性生妄想身見？謂依五陰十二處十八界等緣起法，起於妄想分別，妄計色身爲常不壞我—如無知小兒；亦妄計能見聞覺知之心爲我—如世俗人及民間信仰者義雲高及釋性圓之執意識覺知心不滅，亦如未悟三乘菩提之諸天天主及天人鬼神等；如是有情依於緣起法（五陰十二處十八界法），而生虛妄分別，謂諸緣起法爲實有不壞之我，妄謂見聞覺知心常不壞滅、爲造業受報輪迴之主體。以見聞覺知之我爲身，故名身見；依緣起法之妄想而生，故名妄想身見；依意識分別而生，故名分別我見；依此分別我見能生我執，故名分別我執。

云何種種妄想自性而生妄想身見？謂諸有情於見聞覺知心現行位，受惡知識之邪教導，妄認能見之性爲常住不壞法，執能見之性爲常不壞我，以如是我爲身，墮於妄想自性所生之妄想身見中。受惡知識之邪教導，妄認能見能聞乃至能知覺性爲常不壞我，執知覺性爲常不壞我故，墮於妄想自性所生之妄想身見中。

見聞知覺性皆依藏識而生，依於藏識方能日日現起，不壞不變；故說藏識方是常不壞滅之假名我。彼諸二乘無學聖人不證知此理，故於大乘別教中說之爲愚；彼諸佛門中之自性見外道（如惟覺法師），及民間信仰之常見外道（如喜饒根登與釋性圓、釋性海等密宗學人），於此見聞知覺性之夜夜斷滅、及悶絕等四位中亦皆斷滅之事實，不知不見，墮於六識自性之邪見中，名爲自性見外道；若未自稱爲悟，不妄稱爲巨聖、大活佛，不爲人印證，不爲人作邪教導，則無大咎，唯說之爲凡。

若於《楞嚴經》斷章取義，堅執見聞知覺性爲常恒不壞性，則不唯名凡，亦復墮大妄語波羅夷罪；《楞嚴經》中已說見聞知覺性乃如來藏妙眞如性故，亦說如來藏離見聞覺知故。彼經處處宣示見聞知覺性乃由如來藏所生，非唯因緣生，亦非自然生，乃是如來藏所現之性用，依如來藏故夜夜斷滅已，復能日日現行，年輕至老其性不易；而如來藏離見聞覺知，故佛告阿難尊者云：「汝今知見立知，即無明本；知見無見，斯即涅槃無漏眞淨。」是故一切學人莫墮緣起自性妄想中，莫認緣起自性之見聞知覺性爲眞，見聞知覺等自性，須以藏識爲因，父母及四大所生有根身爲緣，而後方能於吾人身中現起故。見聞知覺性非唯因緣生（如印順法師否定如來藏之能持無明及業種，而言唯依無明因及父母為緣而生意識，即是唯因緣生），亦非如外道所言之自然生。

若知此諸自性非自本有，依藏識及衆緣而生，則能不墮自性見中；遠離自性見已，當覓能生種種自性之藏識；應入禪宗求覓眞心，藏識方是眞心故。一旦覓得眞心，親自觸證領受藏識，證實見聞覺知等種種自性悉由藏識藉緣而生而現，則斷種種妄想自性，則於種種妄想自性不生誤計與執著，是名別教七住菩薩所證之大乘眞見道。

此段經文所說則是二乘菩提，不證自心藏識；純依二乘菩提之五陰十二處十八界，作緣起現觀，證知悉非本自實有不壞；亦依陰處界之種種自性，分析諸方惡知識之邪教導中所謂「常不變易」之自性其實非常，非有眞實不壞之自性。若能如實思惟，思惟已復如實現觀，則斷妄想身見；妄想身見斷者，名爲分別我見斷，成聲聞初果聖人。

妄想身見（分別我見），乃由緣起自性，及種種妄想自性之誤計執著而生；此二邪見既斷，妄想身見隨斷，現見緣起自性及妄想自性非有、非無、非有無故。云何非有？謂見聞知覺性等緣起法悉無自性，五陰十二處十八界悉依衆緣方能現起故，不能外於自心藏識而現起故，緣散時必定壞滅故，非自身能外於因緣而有故，是名非有。

云何非無？謂見聞知覺性等緣起法確實依於藏識所持業種，及六七識之相應無明（煩惱障）與不相應無明（所知障），而於三界九地之現象界中，示現衆生之輪迴受報、及造業聚集後有之種種行支；現見其種種現行之依於緣起自性及妄想自性而有，令諸有情造業受果，輪迴不已，故名非無。

云何非有無？若謂唯是非有或唯是非無者，然現見其緣起自性及妄想自性，皆依多事合成，非自本有；非能離於衆緣而自有，無常壞滅，念念變異，雙具非有及非無，故是非有無之法也，不離非有與非無故。

若人效法印順法師於見聞知覺性等緣起自性上，外於如來藏而起「一切法空」想，謂一切法緣起性空，謂此方是眞實佛法者，此名遍計執；於緣起空法上，起妄想自性——於緣起無常法上起「緣起性空法實有」，故墮遍計執性中。緣起性空之法，依緣起法之自性而有故，亦復不離非有與非無故，非依藏識所生之緣起法言緣起性空故。

彼妄想身見（分別我見），依於緣起自性及種種妄想自性，由誤計故生執著心，故有妄想身見（分別我見）；然此身見我見，由於緣起自性及種種妄想自性不實故，身見亦復不實，乃由不實妄想相所生故；此是愚痴凡夫之虛妄想，由種種妄想自性相之誤計與執著而有。

猶如熱時之遠處陽燄，野鹿口渴時妄生水想，追逐不已；此須陀洹所斷妄想身見（分別我見），彼以人無我之現觀，攝受「緣起自性空」、攝受「種種妄想自性空」，因之斷除久遠劫以來之無知與誤計所生之執著。

「大慧！俱生者：須陀洹身見，自他身等四陰，無色相故；色生，造及所造故；展轉相因相故，大種及色不集故；須陀洹觀有無品見，身見則斷；如是身見斷，貪則不生。是名身見相。」俱生我見，極細難斷，是故成執，道種智中說爲我執。

須陀洹人斷下品三縛結，而不認欲界中之見聞知覺心爲不壞我，證得無我已，滅妄想身見（分別所生我見）；然猶有俱生身見，謂觀見有情俱有受想行識能處色界無色界等至位中，遠離一切色相，住於無色境界；須陀洹人如實現觀此境界中之微細意識覺知仍不離四陰，則成中品上品須陀洹人，入於三果乃至四果，是名須陀洹所斷一分俱生身見。

須陀洹人復觀色界身：色生時，有能造及所造，則知色界身不離緣起自性，終將緣滅，無常敗壞；復觀色界等持位中一切色法，亦復不離能造及所造，不離緣起自性；如是現觀故，亦斷一分俱生身見，成中品上品須陀洹人，得成三果乃至四果人。

須陀洹人復觀無色界：無色界有情仍有四陰，唯無色陰；此四陰仍不離「展轉相因相」，受想行陰因識陰及無色界之定境法塵而現故，識陰之意識復依定境法塵及意根而有故，意根則依俱生相續我執（我見）而有故，如是無色界四陰不離「展轉相因」之相；由展轉相因相而生故，四空定中之極細意識（極微細覺知心），亦非自在眞實之法，無「我」可得；須陀洹人如是現觀，則斷一分俱生我見，成中品上品須陀洹人，於當生取證三果四果。

須陀洹人繼觀無色界有情，捨於色界身見而不聚集四大種以成色身；亦不「聚集」色聲等法塵，超越色界貪愛。如是現觀無色界四陰及非有色陰，斷無色界身見，超過無色界愛（有愛住地），是名「須陀洹觀有無品見，身見則斷（明本譯作：「須陀洹觀有無品不現，身見則斷」，今且暫從大正藏本）。如是俱生身見斷已，則斷三界貪著，欲界愛、色界愛、無色界愛俱皆不生；不生愛故，證一切智，得解脫果，成就慧解脫。如是名爲上中下三品須陀洹所斷身見相。

「大慧！疑相者，謂得法善見相故，及先二種身見妄想斷故，疑法不生，不於餘處起大師見：爲淨不淨？是名疑相須陀洹斷。」

疏：《「大慧！所謂疑見之斷除相者，是說於二乘菩提法（解脫道）之修證，得到「法善見相」的緣故，而說疑相已斷。以及先前所說之妄想身見與俱生身見之虛妄想已經斷除的緣故，於二乘菩提法之疑見不生。由此二緣，不於別別大師處起大師疑見：『此是大師、是清淨見者？此非大師、非是清淨見者？』這就是須陀洹所斷疑見之狀況。」》

解：如是二乘菩提，豈唯學人不知，印順法師惟覺法師俱不能斷，疑見恒存。譬如《雜阿含經》卷十二：「緣無明有行，乃至緣生有老死，若佛出世，若未出世，此法常住，法住法界。彼如來自覺知，成等正覺，爲人演說開示顯發。……此等諸法，法住、法空、法如、法爾，法不離如，法不異如，審諦眞實不顚倒……」印順法師解云：

《「法性」本形容法的自然性，但一般解說爲法的體性、實性，法與法性被對立起來，而法的本義也漸被忽略了。這些形容法的詞類，都應該這樣的去解說：如法（緣起）是安住的，確立而不改的，所以叫「法住」；法是普遍的、常住的，所以叫「法界常住」。》（《以佛法研究佛法》頁一一一）

然而「法性」絕非是印老所說「法的自然性」，墮自然外道見故；自然外道認爲一切法皆是自然生住異滅，不須各人之無明及業種爲因，若「法性」即是法之自然性，即同自然外道，不名佛法。是故一般皆解說爲法之體性實性，與法非一非異，絕非印老所斥之「法與法性被對立起來」。

緣起法常住世間，乃因法性（眞如）而有；然唯眞如法性，亦不能有諸法緣生，是故須有無明及往世之行支作爲助緣，方能令識（如來藏、眞如）緣名色（受精卵及意根），色增長不壞故五色根具足，令六識增長廣大。六識增長廣大已，緣觸有六入，乃至緣生有老病死等。

如是，衆生由無明及往世行支所造業種，令識（真如）世世緣生名色，隨順緣起法，輪迴生死。然此十二因緣之緣起法，不論有佛出世、無佛出世，必定常住十方三世一切三界世間，常住一切法界，此法非有不變異性故名法空，此法不異於法性眞如故名法如，此法必定如是生住異滅不斷緣起緣生故名法爾。此十二因緣法不離於眞如（第八識）故名「法不離如」；此法由眞如而生、與眞如俱，故名「法不異如」；若離「識緣名色」之識（法性、如），則不能有十二因緣法之「法住法界法空法如法爾」，尚不能有無明及名色故，何況能有十二因緣法？何況有「法住法界等」？如是證知者，方得名爲「審諦眞實不顚倒」。何以故？此謂若無「識緣名色」之識（真如）者，則唯能成立外道斷見論者之九因緣法，不能成立佛法中之十二因緣法，則墮斷見無因論中，云何印老可以否定此第八識，而成就緣覺所證涅槃不墮斷滅？

佛於《雜阿含經》卷十二之末開示云：「……爾時悉斷悉知，斷其根本，如截多羅樹頭，於未來世成不生法。」若無「識（第八識真如）」持自身之無明及昔世行支業種，是阿誰持種入胎？又是斷了何處何時所持業種煩惱及無明而成辟支佛及阿羅漢？又：若無「識緣名色之識（第八識）」，入涅槃時名色（色身及意根與前六識）俱滅，成斷滅空，是誰如佛所說「於未來世」成不生法？「斷滅空」不入未來世故。

若能證知「識緣名色」之第八識，滅盡其所持之業種及無明，令此「識」不因無明及行支而重新入胎，「於未來世成不生法」，則不墮斷見無因論中，由是佛說：「是名多聞聖弟子於因緣法、緣生法如實正知，善見善覺善修善入。」今者印老於此緣生法因緣法，不能善知，何況能善覺善修善入？何況能「於未來世成不生法」？斷見無因論者口說般若中道，必不能免於輪迴故，尚不能入聲聞見道位故，何況能善見十二因緣法？

若人不能如是曉了十二因緣正理，我說是人不得「法善見相」；不得「法善見相」者，不能斷先前所說「妄想身見及俱生身見」；如是類人，疑法疑見不斷，必於印老起大師見：「印老之見爲淨？爲不淨？」復於平實起大師見：

「蕭平實之見爲淨？爲不淨？」心終不能決定，疑法不斷，不能確定何者爲大師？何者非大師？亦不能確定二者皆是大師？抑二者皆非大師？於法不得善見相故，於法與法性分際始終有疑故。若是須陀洹人，必定於此無疑，於諸大師無疑，於「法」已得善見相故。如是須陀洹人能於眞正大師起大師見，終不於餘處起大師見，終不於餘別別大師生疑：其見淨與不淨？是名須陀洹人疑相斷。

「大慧！戒取者，云何須陀洹不取戒？謂善見受生處苦相故，是故不取；大慧！取者謂愚夫決定受習苦行，爲衆樂具，故求受生；彼則不取，除回向自覺勝，離妄想，無漏法相行、方便受持戒支，是名須陀洹取戒相斷。須陀洹斷三結，貪痴不生。若須陀洹作是念：『此諸結，我不成就』者，應有二過：墮身見，及諸結不斷。」

疏：《戒取相已斷者，如何是須陀洹不取種種戒？此謂須陀洹已善見一切受生處皆有苦相故，由是緣故，不取受衆戒。大慧！取受衆戒者，是說愚痴無智凡夫決定受持及修習苦行，爲未來世之種種受樂資具，故求受生享樂處。彼須陀洹人則不取受種種戒法、不修苦行，唯除以戒回向自覺勝妙無漏智慧，遠離虛妄想，而以無漏法相及無漏法行，方便受持戒支；如是名爲須陀洹取戒之相已斷。須陀洹人斷身見結、疑見結、戒取見結已，貪欲及愚痴不復出生。如果須陀洹人於心中生起如是意念：『這三個結，我不再有了』的話，應有二過：墮於身見，及餘二結尚未斷除。》

「大慧！戒取者，云何須陀洹不取戒？」初果人不依戒相受持戒法，依道共戒爲戒，故不取相戒；亦不取有戒，不非戒取戒，乃至不取佛戒。如是不取戒故，名爲已斷戒取，亦名「斷戒禁取見」。

「謂善見受生處苦相故，是故不取」：須陀洹人善思惟、善觀察，見受生欲界天者有五衰相現之苦，故不取相受戒，不行諸苦行、以求生天。善見色界無色界仍有行苦壞苦，不以持戒苦行而求生彼天。

「大慧！取者謂愚夫決定受習苦行，爲衆樂具故求受生」：取戒而受者多有所求。如人受持五戒及出家戒，或如外道受持善戒，爲求往生欲界六天，受欲界天種種樂具，故持戒法乃至修習頭陀苦行，名爲愚夫取戒；如是名爲取有戒。佛門學人未見道前，不得道共戒，故須一一嚴持戒相，於一一戒相不得毀犯，名爲取相戒。若如外道不識三世多世因果，但以天眼見魚死已生於欲界天中，便施設魚戒—每日須泡於水中若干時；餘如牛戒狗戒、食自落果戒、常立不坐戒……等，皆名非戒取戒；所施設戒，非所欲得善果之因故。須陀洹果以上之三乘有學聖人及無學聖人，悉皆不取佛戒，但依道共戒而符合戒之精神，不違犯諸戒。如是諸人悉皆不取戒，遠離戒禁取之邪見故。

「彼則不取，除回向自覺勝，離妄想，無漏法相行、方便受持戒支，是名須陀洹取戒相斷。」彼須陀洹人雖不取戒，然於回向自覺勝妙無漏智慧時，及爲離虛妄想故，乃依無漏法相及無漏法行，而方便受持戒支。此時須陀洹於戒法上，純以斷除我見我執、增上無漏法相法行，期能具足證得解脫果及無漏慧爲目的，但以無漏法相法行爲依歸，不受戒相等所束縛，名爲須陀洹取戒相斷。

菩薩亦復如是，於證得自心藏識、悟入般若後，亦不取種種菩薩戒相，但依十無盡戒之精神，方便受持戒支，名為道共戒；若悟後心淨，發起禪定者，增得一戒：定共戒；名為菩薩七住初果人之取戒相已斷。

「須陀洹斷三結，貪痴不生」：須陀洹人斷身見、疑見、戒禁取見已，必離貪欲與愚痴：不貪他人美色、不貪他人男女色，遠離常見斷見外道愚痴。若人自謂已成須陀洹人，而復貪於他人美色、遂行邪淫或方便邪淫者，是人不斷貪欲，非眞須陀洹人；若復貪財、廣受供養，貪求恭敬、受人禮拜，貪圖名聞、廣作宣傳，是人貪欲不斷，非眞須陀洹人；若復私心自用，凡事為自身之遠利近利設想，於正法道場中圖私利者，非眞須陀洹人，不離貪故。

須陀洹人遠離愚痴，此乃依解脫果言其遠離愚痴，非依別教佛菩提之般若而言，未證自心藏識故。須陀洹人身見已斷，不取我見：了知見聞覺知心虛妄；見聞覺知心乃是十八界之六識界所攝故，識陰所攝故。若人妄取見聞覺知心為常不壞者，是人墮於緣起自性妄想，不離妄想身見，與常見外道為侶，四川義雲高、釋性圓、釋性海……等人及臺灣惟覺法師是此類人。若人以處處作主心為常不壞心者，亦墮我見，此心是十八界之意根界故，識陰所攝故，是人墮於妄想自性相計著，成遍計執性，不離妄想身見，常見外道爲其伴侶，惟覺法師即此類人也。若人如印順法師之建立意識細心、或如達賴喇嘛之建立意識極細心爲常不壞心，以之爲連繫三世因果之主體識者，此名妄想身見，意識之細心及極細心，皆十八界之意識界所攝故；乃至極細如非非想定中之意識覺知，仍未離意識境界，墮於妄想身見中，常見外道爲伴侶。若建立「不可知之意識細心」爲三世因果主體、爲涅槃本際，此名「兔角戲論」，虛妄想像其有故，非如藏識之可現前親證故；佛說意識心之最細者無過非非想定等至位中之意識故，無有「不可知」之意識細心故。持上述諸見者，皆名愚痴，不知須陀洹所斷妄想身見（分別我見）故。

「若須陀洹作是念：『此諸結，我不成就』者，應有二過：墮身見，及諸結不斷。」聲聞須陀洹人斷三結已，能自檢查已否正斷？然不起念，作已斷三結想。度衆弘法開示時，亦爲人宣說三結內涵，及說斷除三結之理，令人自我檢查，然此須陀洹人終不作是念：「我已斷三結，我成須陀洹果。」

若須陀洹作是念時，則有二過：一者墮於身見，謂有我能斷三結故；若有我能斷三結，則墮妄想我見，非無我故。二者諸結非眞實斷，我見身見仍在故，則疑見不能斷；疑見不斷故，戒取相隨之不斷。口中自言能斷已斷三結，然實不斷。此非眞正須陀洹人所犯過失，唯有未證聲聞菩提見道者，及未證自心藏識之所謂「已證悟甚深般若」者，方有如是過失。

大慧白佛言：「世尊！世尊說衆多貪欲，彼何者貪斷？」佛告大慧：「愛樂女人，纏綿貪著，種種方便身口惡業，受現在樂，種未來苦；彼則不生，所以者何？得三昧正受樂故，是故彼斷。非趣涅槃貪斷。」

疏：《大慧菩薩向佛稟白說：「世尊！世尊曾說有衆多貪欲應斷，彼須陀洹人是何種貪欲斷除了呢？」佛告訴大慧：「世間俗人愛樂女人，纏綿貪著；爲貪著女人故，以種種方便，造作身口惡業，受現在一時之樂，種下未來多時之苦；彼須陀洹人則不生起如是貪著，這是甚麼緣故呢？是因爲他證得三昧正受之法樂故，由此緣故，彼須陀洹人斷除了對女人的貪愛。並非他們趣向涅槃的貪欲斷了。」》

解：世尊說貪欲有多種，所應斷者謂欲界五欲貪：色聲香味觸及財色名食睡。所應斷者謂色界貪、無色界貪：色界莊嚴天身及五神通、四空天中之極細覺知心。所應斷者謂眷屬欲、權力欲、諍勝欲、盜法欲、了五塵欲、不令自我除滅欲；此諸貪欲，皆是修解脫道之聲聞須陀洹所應斷者，然非始證須陀洹者所應立斷，故大慧菩薩有如是問。

世尊則謂須陀洹比丘不復愛樂女人、纏綿貪著，亦不以種種方便行身口惡業而遂行淫業，以此比丘已能觀察：受此現在樂者必種未來多時之苦，故能斷此女人貪欲。須陀洹優婆塞則不於他人女生貪，於自家室而得滿足；已能證知凡夫種種方便身口惡業愛樂邪淫受現在樂者，必於當來之世受種種苦，故不生貪於他人女。

如是聲聞須陀洹人，由證得三三昧故，得法正受樂故，是故斷彼貪心，不起貪行。三三昧者謂空、無相、無願三昧。空三昧者，謂須陀洹人現觀五陰無常空、緣起故空，十二處十八界亦復如是現觀無常空、緣起故空；空則無有眞實不壞相，無眞實不壞相故則無願求，無願求故不起貪欲、不作貪業，分證解脫果，成須陀洹人。

「非趣涅槃貪斷」：謂須陀洹人所斷者乃世間貪，非於貪求無餘涅槃證量之貪亦斷。若斷涅槃貪，則生放逸，成下品須陀洹。然下品須陀洹心中仍有一絲涅槃貪，非謂全無；惟因涅槃貪之勢力微薄，是故難敵放逸心爾。

「大慧！云何斯陀含相？謂頓照色相妄想生相，見相不生。善見禪趣相故，頓來此世，盡苦際，得涅槃；是故名斯陀含。大慧！云何阿那含？謂過去未來現在色相性非性，生見過患，使妄想不生故，及結斷故，名阿那含。大慧！阿羅漢者，謂諸禪三昧、解脫、力、明，煩惱苦妄想非性故；名阿羅漢。」

疏：《「大慧！如何是斯陀含之證果相？這就是說：斯陀含人於此世時不能照了欲界色法及色界色法之無常相與緣起相，而生妄想相，生於天上；然後頓照色相之妄想生相，見相不生。此時善見聖者修習禪定之意趣，是故頓來此世人間，修證四禪八定滅盡定，盡苦邊際，得證涅槃；由是緣故名爲斯陀含。

大慧！如何是阿那含證果相？是說三果人觀察現在色陰相、過去未來世色陰相，其性非有真實不壞性，生起阿那含正見，明見三世色法過患；由是令其結使及虛妄想不復出生，以及三結斷故，不復還來人間受生，故名阿那含。大慧！阿羅漢者，是說：已證四禪八定、滅盡定等三昧、已證解脫果、已具五力、已證三明，三界煩惱諸苦及虛妄想皆已斷盡，現見非有實性故；是名阿羅漢證果相。」》

「云何斯陀含相？謂頓照色相妄想生相，見相不生。善見禪趣相故，頓來此世，盡苦際、得涅槃；是故名斯陀含。」二果人由斷三結故，貪瞋痴淡薄，不勤貪著欲界五欲樂。然於欲界天之天身及色界天之天身未曾體驗，以未曾領受體驗故，未能究竟斷盡欲界色及色界色之貪著，遂因欲界色及色界色之妄想相故，於捨壽後生於天中。生欲界天已，藉由對欲界色之體驗領受，了知色界色亦當如是緣起無常，其性是空；由如是頓照色法空相已，即能頓照此前之「色界色」妄想生相；由此緣故對於色法之妄想相不復生起。此二果人於欲界天如是照了已，即便尋思：應當如何超越色法繫縛？尋思已，知應修學四禪、方能超越色縛；由是善見禪趣相故，捨壽頓來此世，復生人間，修學四禪；得四禪已，滅無色界愛—斷除意識及意根之自我執著，我執盡故斷盡三界生死苦，到苦邊際，便證得涅槃；由此緣故名爲一來—斯陀含。

「大慧！云何阿那含？謂過去未來現在色相性非性，生見過患，使妄想不生故，及結斷故，名阿那含。」阿那含之證果相，異於一來果；此謂阿那含人觀察過去世及今世之色陰，觀察未來世之色陰，彼諸色陰相之體性無常，藉緣而起，無有不壞之自性，生起阿那含正見，明見三世色法之過患；由如是現前觀察故，五鈍使及虛妄想不復出生。由諸使及虛妄想不生故，三結之細者—五下分結—隨斷，此人於人間捨壽已，更不還來人間，故名不來—阿那含。

「大慧！阿羅漢者，謂諸禪三昧、解脫、力、明，煩惱苦妄想非性故；名阿羅漢。」阿羅漢之證果相者，是說於四禪四空定等三昧皆具足證已，復依斷除三結所生盡智而證滅受想定，由滅受想定故成俱解脫者，由俱解脫之證境起無生智；具足五力，謂信力、精進力、念力、定力、慧力；由是衆緣進修故，即得成就三明，所謂漏盡明、宿命明、天眼明。解脫道行者至此地步，可謂自身於解脫道上所應作者悉已作已，所應修之梵行悉已修畢，眞實具足證得解脫，於解脫境界之修證及知見，悉已如實知，自知捨壽後必定不受後有；如實證知三界一切煩惱、一切苦、一切妄想，皆是藉緣而有、緣起無自性故，說此人名爲阿羅漢—解脫生死苦、殺盡三界煩惱賊，世所應供。

大慧白佛言：「世尊！世尊說三種阿羅漢，此說何等阿羅漢？世尊！爲得寂靜一乘道？爲菩薩摩訶薩方便示現阿羅漢？爲佛化化？」佛告大慧：「得寂靜一乘道聲聞，非餘。餘者行菩薩行、及佛化化，巧方便本願故，於大衆中示現受生，爲莊嚴佛眷屬故。」

疏：《大慧菩薩白佛言：「世尊！世尊曾說有三種阿羅漢，今者世尊在此處所說之阿羅漢，是哪一種阿羅漢？世尊！是證得寂靜一乘道之阿羅漢呢？還是菩薩摩訶薩所方便示現之阿羅漢？或者是佛所化現的化身阿羅漢？」佛告訴大慧：「是得寂靜一乘道之聲聞阿羅漢，非是其餘種類之阿羅漢。其餘阿羅漢是行菩薩行之阿羅漢、及諸佛所化現之化身阿羅漢，那是由於善巧方便及護持

諸佛正法之本願故，於大眾中示現受生修行而成阿羅漢，為了莊嚴佛眷屬故如是化現。」》

解：得寂靜一乘道阿羅漢，謂非餘二種阿羅漢。此阿羅漢者，謂於凡夫地，依善知識開示或著作，聞熏聲聞菩提：五陰無常幻起幻滅，十二處緣起緣滅，十八界緣起性空，斷盡十八界愛而證有餘涅槃；利根者復依佛聞：十二因緣依「識」所持無明行支業種而有。如是聞已，復自思惟，具足無生智，成就阿羅漢一切智，十智具足，名為「得寂靜一乘道之阿羅漢」，證知涅槃寂靜故，十八界貪俱斷盡故。

此阿羅漢云何唯得一乘寂靜道？非具得二乘？謂中乘辟支佛人不從佛聞，不名聲聞；能由自身觀行而具足證得大阿羅漢之無生智，不從他聞，不由他悟，其慧深利於聲聞阿羅漢，故兼得聲聞菩提——具足緣覺聲聞菩提。此阿羅漢須從佛聞，必由他悟，慧力不及緣覺，故於因緣法之證觀細觀上，不及於緣覺乘人，不得緣覺菩提，故名「得寂靜一乘道」阿羅漢，非是辟支佛故。

「行菩薩行」阿羅漢者，又分三種：一者得寂靜一乘道阿羅漢、及緣覺乘辟支佛，聞說大乘妙法而迴心大乘，不取無餘涅槃，行菩薩行者；二者大乘通教菩薩證解脫果已，不取無餘涅槃，迴向別教法中，世世行菩薩行者；三者別教正行菩薩於初地證慧解脫，及六地證俱解脫，而皆不取無餘涅槃，世世行菩薩行者。

「佛所化現」阿羅漢者，如《雜阿含》之《央掘魔羅經》中，佛如是開示云：「大王！南方去此過六十二恆河沙刹，有國名一切寶莊嚴，佛名一切世間樂見上大精進如來應供等正覺，在世教化，無有聲聞緣覺之乘，純一大乘，無餘乘名。彼諸衆生無有老病及不可意苦，純一快樂，壽命無量，光明無量；純一妙色，一切世間無可爲譬，故國名一切寶莊嚴，佛名一切世間樂見上大精進。王當隨喜，合掌恭敬；彼如來者豈異人乎？央掘魔羅即是彼佛，諸佛境界不可思議。」是名佛所化現阿羅漢。

亦如同經佛言：「北方去此過四十二恆河沙刹，有國名常喜，佛名歡喜藏摩尼寶積如來應供等正覺，在世教化。彼土無有聲聞緣覺，純一大乘，無餘乘名。亦無老病衆苦之名，純一快樂，壽命無量，光明無量無有譬類，故國名常喜，佛名歡喜藏摩尼寶積如來應供等正覺，王當隨喜合掌恭敬。彼如來者豈異人乎？文殊師利即是彼佛。若有衆生向央掘魔羅、文殊師利恭敬作禮，若復聞是二人名者，見歡喜國如見自家，聞彼名故常閉四趣。」如是亦名佛所化現阿羅漢，已證解脱果之菩薩亦得名阿羅漢故。

上來所說斷三結阿羅漢者，非是行菩薩行阿羅漢，亦非是佛所化現阿羅漢，乃是於凡夫位，依佛聞法或依他善知識聞法而証寂靜一乘道之聲聞阿羅漢。

若如央掘魔羅及文殊師利菩薩者，乃是十方諸佛之已成究竟佛者，依於善巧方便及初地所發十無盡願之本願故，於大衆之中示現受生，其目的唯是爲莊嚴佛眷屬，令下劣衆生起信敬心、起稀有心、起廣大心、起希求佛道之心。

「大慧！於妄想處，種種說法，謂得果得禪：禪者入禪，悉遠離故；示現得自心現量，得果相，說名得果。復次大慧！欲超禪、無量、無色界者，當離自心現量相；大慧！受想正受，超自心現量者，不然；何以故？有心量故。」

疏：《「大慧！彼諸已証解脫果之阿羅漢，於衆生所起妄想處，爲衆生作種種說法，所謂得果與得禪：禪就是進入禪定，世間諸法悉皆遠離的緣故；得果是示現証得自心現量，及証果之果相，如是說之爲証得果位。復次大慧！若欲超越禪定境界、四無量心境界及無色界者，應當遠離自心現量之種種法相；大慧！住在有受有想之境界正受當中，而認爲是已經超越自心現量的話，其實不然；這是什麼緣故呢？是因爲還有心量的緣故。」

「於妄想處，種種說法，謂得果得禪」：諸阿羅漢已修解脫道，已証解脫已，返觀衆生之求解脫者於解脫境界生種種妄想；乃爲諸衆生，就彼等種種妄想，爲彼等說種種解脫知見之法、說種種解脫境界言語；如是種種說法者，即是宣說証得解脫果之四種果位，以及宣說証得俱解脫者所修禪定。

「禪者入禪，悉遠離故」：所謂禪，也就是靜慮，進入禪定境界中安住。禪宗之禪，是般若，不是禪定靜慮。密宗四大派古今祖師都誤會禪宗之禪，禪宗門內亦有不少「大師」誤會禪宗是修禪定的法門宗派，所以他們求悟般若時，皆是盤腿打坐，求一心不亂；坐至一心不亂時，便以一心不亂之覺知心爲眞如心，悉墮常見外道境界。

禪定境界永遠不離虛妄心，若不離虛妄心，則永遠不能入無餘涅槃；若不能現觀虛妄心之緣起法，則永不入聲聞初果，何況能証阿羅漢之解脫果？何況能証別教七住菩薩之般若空性？是故一切學人應當以虛妄之覺知心爲工具，依佛所說無我之慧，處處現觀「覺知心我」之藉緣而起、緣散則壞，則能漸証無我法、漸証有餘涅槃，成就阿羅漢果，成慧解脫聖人。

然此慧解脫阿羅漢，必爲義雲高、喜饒根登、釋性圓等人之所輕鄙，無有禪定境界故，無有神通故；慧解脫唯是自心解脫受用之無境界法，而不能炫異惑衆故。義雲高、喜饒根登、釋性圓等人之所喜者，唯是世俗神通有爲之法，執著意識覺知心爲不壞我，墮於常見，不能遠離一切有境界法，永違有餘涅槃之修証。

如釋性圓「法師」，依其師義雲高、喜饒根登之所傳邪見，執取意識爲常不壞心，不知意識於眠熟悶絕等五位中必定斷滅，執取爲常而不斷之心，佛說如是等人名爲常見外道；凡夫俗人及醫師等未學佛人，本於常識之經驗，已能知意識覺知心於眠熟、悶絕、正死位中悉斷，乃竟至高無上大修証者之義雲高巨聖、喜饒根登、釋性圓等人而不知此，猶如小兒無知，振振有詞；彼等諸人於各大報紙詆譭余說，堅持意識不滅，可以去至來世：《……還說什麼「無常來時意識必滅」，你爲什麼連佛法邊都不沾？實則是：意識隨業所轉，無有滅時；無常來時意識轉入中陰，中陰階段後又轉入輪迴，意識是不會滅的！》

然而意識之依他起性，無常斷滅，不能去至後世，是一切初機佛子初學佛時即已了知者，此乃一切佛教法師居士所共具之常識，亦是佛門學人之共識，唯有如是釋性圓等民間信仰之常見外道，方說意識不滅、常而不壞，可以去至後世。

《雜阿含經》卷九，第二三八經《佛告比丘：「眼因緣色，眼識生；所以者何？若眼識生，一切眼、色因緣故。耳聲因緣、鼻香因緣、舌味因緣、意法因緣意識生，所以者何？諸所有意識，彼一切皆意法因緣生故。……」》

如是，佛說意識覺知心，乃是因於意根（第七識）及法塵相觸之因緣而生；意識既是有生之法，則必有滅，故於眠熟悶絕等位滅而不現，此是一切學人之常識，乃義雲高巨聖、喜饒根登大活佛、釋性圓等人竟不知此。

意識於次晨復起，名之爲醒；未起之前，名之爲眠；義雲高等人夜晚皆不眠耶？眠已神通何在？若悶拙著之辨正，氣急敗壞而悶絕時，意識則斷，名爲昏迷，色身任人刀割而不能自保；逮至醫師急救而令五根功能恢復，意根復能緣於五塵上之法塵，則令意識覺知再起，名之爲甦醒。如是依他而起，易起易斷之法，必非根本眞實心，非自在法故，既非本來自在之根本眞實心，則應藉此意識覺知心之能分別性，尋覓本來自在而遠離一切境界之無分別心。諸佛菩薩皆因覓得如是根本無分別心，故斷我見——否定意識我之常不壞性，確認覺知心爲易起易滅之緣起性，故不執著意識。

今者義雲高巨聖及釋性圓等人，執著意識爲常不壞滅我，欲以意識心去至來世及証涅槃，皆名我見；我見未斷則是凡夫，空言密宗大圓滿心中心法之意識如何勝妙，空言大手印法之意識如何勝妙，皆是常見外道法；縱有大神通，亦同外道鬼神無異，不離凡夫邪見。意識者十八界所攝，取無餘涅槃時尚須自我斷滅、永斷不現盡未來際，云何可言是不滅者？

復次，後世之意識並非今世之意識；猶如今世之意識並非前世之意識。每一世之意識，皆須依於世世互異之未壞五根身，方能由意根觸法塵而生，既依各世之五根爲俱有依，則各世之意識必非同一心也。若各人此世之意識與前一世爲同一心，則不必修宿命通便可了知前世一切事，則無宿命通者便不須入定而後能見往世之事，意識自能知之。如是常識，盡人皆知，乃竟義雲高巨聖及釋性圓不能知此；不如凡夫俗子之世間智，何聖可言？而冠之以「巨」字？

佛說執意識心不壞者名爲常見外道，是故佛於處處經中說識陰無常。《雜阿含經》卷一第一經，開宗明義云：《爾時世尊告諸比丘：「當觀色無常，如是觀者則爲正觀，正觀者則生厭離，厭離者喜貪盡，喜貪盡者說心解脫。如是觀受想行識無常，如是觀者則爲正觀，正觀者則生厭離，厭離者喜貪盡，喜貪盡者說心解脫。」》

今者義雲高巨聖及釋性圓等人，不觀意識無常，不觀意識無常故生喜貪，生喜貪故不能厭離意識，不厭離意識故於意識相應之神通及甘露有爲法生喜貪，生喜貪故輪轉生死；縱有「大」神通，死後必墮修羅道，與鬼神爲伍；若謗正法，必墮地獄，「大」神通亦不能救也。

修解脫道者能否取証有餘涅槃，端在意識自我執著之能否斷除，而不在神通；神通再大，亦不能斷我見我執，無益解脫道之修証，反致我慢執著之增長，是故佛禁目犍蓮尊者等人示現神通，以免誤導衆生。

《雜阿含經》卷九第二三七經：《時有長者名郁瞿婁，往詣佛所，稽首佛足，退坐一面，白佛言：「世尊！何故有一比丘見法、般涅槃？何故比丘不得見法、般涅槃？」佛告長者：「若有比丘，眼識於色，愛念染著；以愛念染著故常依於識，爲彼縛故；若彼取故，不得見法、般涅槃。耳鼻舌身意識法，亦復如是。若比丘，眼識於色，不愛樂染著；不愛樂染著者不依於識，不觸不著不取故，此諸比丘得見法、般涅槃；耳鼻舌身意識法，亦復如是。是故長者！有比丘得見法、般涅槃，有不得見法、般涅槃者。」》

奉勸義雲高巨聖、喜饒根登大活佛、釋性圓等人，莫取意識爲常，莫著意識，佛說意識乃識陰所攝，識陰無常、苦、變易；若執意識爲常不壞者，佛說此人名爲常見外道。汝等既以常見外道法爲究竟法，則非佛法；反更誹謗正法，背於佛說，狡辯意識心爲不壞滅者；將此常見外道法置於佛法中者極爲不善，《佛藏經》中已曾開示：「身未証法而在高座，身自不知而教人者，必墮地獄。」今者佛於三乘經中處處說意識心是無常、無常故苦、無眞實我，汝等反佛而說意識是常、不壞、眞實；於三乘菩提俱皆相違，於聲聞菩提最粗淺之十八界五陰法，尚自錯會，奢言能知大乘佛法，寧有斯理？

復次，意識一向皆住有所得法：下自五塵，上至非非想定之法塵。皆不離有所得法，不離境界分段入出之法。眞正之佛法乃無所得法：涅槃寂靜，遠離覺觀，無我無人無覺知者。如是佛語開示遍在三乘諸經，處處可簡，汝等豈未之信？而極力主張神通爲証道之量？若然，鬼神亦是証佛道者，鬼神同汝等一般不知不見五陰十八界法故，同有五神通故。

《佛藏經》中，佛云：「舍利弗！若有比丘受是教已，聞空無所得法，即自覺知：我先受者皆是邪見。於空無所得法無疑無悔，深入通達，不依一切我見、人見。舍利弗！我說此人名爲得清淨梵行。……舍利弗！若有人受如是教已，聞空無所得法，即時驚畏；是人可憫，無有救者，無有依者，直趣地獄。

何以故？……我常自說：有所得者是惡道分。」

意識一旦現行，必定不離六塵境界，必定不離有所得法，神通更是有境界有所得法；三乘菩提皆離有所得法，譬如聲聞菩提解脫道法，於俱解脫者觀之，亦悉必須遠離一切有境界法，有所得法，是故此處佛開示云：「禪者入禪，悉遠離故」，如是方名眞實之禪。

若不能離一切六塵境及意識心之我見，則不能証俱解脫果。由斯正理，慧解脫阿羅漢於捨壽前，爲進修俱解脫果故，修學四禪八定。然彼修學四禪八定已，仍未具有神通，隨由慧解脫果之盡智或無生智，於非非想定中滅卻自己（意識覺知心），離諸覺觀，離一切境界而入滅受想定，成就俱解脫果。此時猶未修學神通，俱解脫境界復是無境界法、無所得法，此俱解脫阿羅漢若出道說法，必遭義雲高、喜饒根登、釋性圓等人之誹謗，所說諸法異於義雲高等人之有所得法、有境界法故。然而欲証俱解脫者，修學諸禪之目的，乃在以細境易粗境、以細心易粗心，次第轉細至非非想定中，極細之心境覺知亦須遠離，故斷「覺知意識心我」而入滅盡定，故說一切學人修解脫道者，必須遠離意識心及其相應之一切境。俱解脫阿羅漢依如是証量，依無所得，依遠離一切境，於種種虛妄想處爲衆生種種說法。

「示現得自心現量，得果相，說名得果」：阿羅漢以如是遠離境界之無所得法，爲衆生宣說：「所謂意識覺知心已証知自己虛妄、境界幻有，乃至證知大神通量亦是境界分段入出之假有法—現已必滅，依意識而有，故斷我見我執；我見我執斷已，捨壽前之意識恒依如是正見而住，不生虛妄想」。如是說名俱解脫阿羅漢示現得自心現量，說名有餘涅槃之得果相。捨壽時，頓捨自己：捨意識覺知心及處處作主之意根（第七識）。唯餘第八識離見聞覺知，無受無想亦不作主，不再受生於三界，是名無餘涅槃；此際方名「無道人、無果相、無得果者」。

「欲超禪、無量、無色界者，當離自心現量相；受想、正受，超自心現量者，不然；何以故？有心量故」：若有人欲超越四禪、四無量心、無色界境界者，如是人乃是欲出三界生死者，四禪及四無量心俱是色界境故，無色界是四空定境界故。

欲出三界生死，應超三界境界。超三界境界者，有二種解脫果：慧解脫與定解脫。定解脫者謂已証得滅盡定者，此人亦必同具慧解脫之証德，故名俱解脫。此二種解脫，皆因盡智及無生智而証，非因定証，非因神通而証。

四禪定境是色界法，故因四禪定力而加修之神通力，仍不能超出色界天範圍；四無量心是色界天境界，因四無量心而使神通威德極廣極大，然仍不能超出色界天範圍。四空定是無色界境界，於無色界中滅除色界身、滅除五神通已，仍不能出三界；何況神通不出色界境界，焉能超越無色界？

神通若是依欲界定所修得者，不能超越欲界；具足四無量心後加修神通者，其神通証量爲三界中之最勝者，然窮盡其神通威德，仍無法超越色界而至無色界境界，是故神通不足爲憑，不可信靠，不能令人出離三界生死。

云何修得四禪、四無量心、及大神通者俱不能超越色界境界？謂此諸境界皆是有境界法故。有境界法者，必定不離意識心量故；有意識心量者，不離意識境界，故不能超越色界境界。

云何修得四空定者已超色界，而仍不能超無色界？謂四空定境界仍有意識心在，意識心之心量境界乃是三界法故。若人欲超色界、四無量境界及無色界者，應當遠離意識自心現量境界相，應當滅除意識自心之現行。

若人入住四禪四空定中，必定不離四禪四空定之受想正受；若離四禪四空定之受想正受者，即不能住於四禪四空定之正受（等至位）故。若有正受，則必有境界受及境界想（想陰之想，非思惟之想也），有受有想則必有意識之自心現量，有意識自心現量則不能超越色界或無色界。若離意識自心現量，則無受想；無受想故，則入滅受想定；如是之人則名俱解脫者，能出三界，超越色界、四無量境界及無色界，與其是否有神通境悉不相干。

慧解脫者未捨壽前，仍不能超越無色界境界，不能超越色界乃至欲界天境界受，以無四禪四空定証量故，亦無神通証量故，與凡人無異；如是之人必爲義雲高、仰諤益西、喜饒根登、釋性圓等人所輕賤誹謗；既無神通、亦無禪定、亦不能祈求鬼神假冒佛名賜得甘露故。然此慧解脫聖者於捨壽時，由盡智無生智之斷惑力故，能令意識之自心現量滅除，離三界一切境界之受想，意根（第七識）隨之滅除不現，捨壽時頓超四禪四無量及無色界境界而入無餘涅槃；以離受想正受故，永離自心現量相故。

爾時世尊欲重宣此義而說偈言：

諸禪四無量，無色三摩提，一切受想滅，心量彼無有。

須陀槃那果，往來及不還，及與阿羅漢，斯等心惑亂。

禪者禪及緣，斷知見眞諦，此則妄想量，若覺得解脫。

疏：《爾時世尊欲重新宣示此眞實義而說偈道：

四禪四無量心及無色界四空定等三摩地，

這些境界中之一切境界受及境界想都必須滅盡，

住於這些三摩地境界中的各類覺知心，

於無餘涅槃及滅盡定中祂們都是不存在的。

初果二果三果及四果人，

他們的意識覺知心對於涅槃之本際是惑亂不解的。

修習禪定者於禪定及禪定所藉之種種緣中，

由善觀察故斷除覺知心之我見而見到解脫之眞諦，

對於四禪四無量四空定中之覺知心虛妄境界，

若能覺悟其妄則能得到解脫。》

「諸禪四無量，無色三摩提，一切受想滅，心量彼無有」：諸禪謂初禪至四禪，四無量謂慈無量心、悲無量心、喜無量心、捨無量心；無色三摩提謂無色界定：空無邊處、識無邊處、無所有處、非想非非想處。總名三摩提、三昧、三摩地。此諸三昧等至位中，仍有意識覺知心安住於定境法塵中，而有受想。若入滅受想定時，一切受與想皆滅（想謂想陰之知，非謂語言妄想之想），此時意識斷而不起—覺知心滅，故名無心定。須俟預設狀況實現時，方由意根（末那）作意，令阿賴耶流注意識種於根塵觸處，覺知心意識方又現行而有覺知，故滅受想定中無有意識覺知，故說「一切受想滅，心量彼無有」。若入無餘涅槃中，則不唯意識覺知心永斷，意根末那亦永滅不現；是故意識非不滅之心。

「須陀槃那果，往來及不還，及與阿羅漢，斯等心惑亂」：聲聞法中修解脫道之証果者，從初果至四果，此諸聖人雖因斷除或斷盡見思無明，從分証解脫果乃至滿証解脫果，能出三界而猶不知出三界後之涅槃實際；出三界後，已無覺知心及意根之思量性故，涅槃之實際即是自心藏識故，自心藏識非聲聞初果乃至阿羅漢之所知故。此理甚深極甚深，唯有大乘別教中之利根菩薩所知，是故佛說如是藏識自心涅槃現量，非彼聲聞四果聖者之所能知，心起惑亂。彼等唯能了知妄心七識之自心現量，不能了知藏識之自心現量，故於涅槃本際茫無所知。如是甚深正理，淺機根鈍學人如釋性圓者，聞之必謗：「蕭平實胡言亂語，是無道之人；阿羅漢已証涅槃，云何不知涅槃本際境界？蕭平實是無道人，他只會講空假話，只有這一招。」如是之人乃是常見外道中人，尚未進入佛門熏習正法：執意識心常而不滅，欲以意識心証涅槃。

聲聞初果已現觀意識之依他起性，佛於四阿含諸經中，已曾處處指陳意識之依他起性，說意識乃由意根觸法塵爲緣方得現起，假有非眞；三轉法輪諸經說意識是依他起性，由阿賴耶識藉意根及未壞五根觸法塵而有。佛又說阿羅漢捨壽入涅槃時須滅盡十八界，故意識必滅，滅已，唯餘阿賴耶識離見聞覺知獨存，方名無餘涅槃。今者釋性圓、義雲高及喜饒根登淺學之機，尚不知聲聞羅漢涅槃之理，尚不能証別教入門所應証之如來藏阿賴耶識，於本會中諸已破初參之明心者所証般若，尚不能知，而耗費巨資宣傳義雲高爲當代「最高的佛教巨聖」，猶如一群小學生自稱其學長之學識勝於一切大學教授，難可與語。關於涅槃解脫道之正見與邪見，請閱拙著《邪見與佛法》結緣書，便知其詳，此處從略。

此四句偈，於《大乘入楞伽經》作如是譯：「預流一來果，不還阿羅漢，如是諸聖人，悉依心妄有。」此謂聲聞四果聖人，皆依眞妄二心和合而有。若無色陰及七轉識妄心之見聞覺知，即成涅槃，無我無人，何有聖人？聖人乃是色身及七轉識所成，於入涅槃時，七轉識滅盡，何嘗能有聖人？

復次，色身及七轉識，不能外於自心藏識而有，一切別教証悟者悉皆現觀此一事實（未悟及錯悟之人不能現觀）；若無第八識心，彼諸聖人尚不能有身，何況有見聞覺知心？身心皆無時，何處有聖人？而色身及七轉識妄有，皆非恒而不壞不變之法，故說「如是諸聖人，悉依心妄有」。

三者，別教証悟者，依本來自性清淨涅槃之現觀，現前觀見藏識本際無始以來不於六塵萬法起諸分別，離諸覺觀故，常住本際故，始終無我無人，云何而有凡聖之別？云何而有証果可言？故說「如是諸聖人，悉依心妄有。」依於妄心七識之分別而有故。

「禪者禪及緣，斷知見眞諦；此則妄想量，若覺得解脫。」《入楞伽經》中譯作「思、可思、能思，遠離見眞諦，惟是虛妄心，能知得解脫。」修學靜慮之人，藉由禪法（禪定及般若禪）及種種緣，而作現觀；於五陰十二處十八界之現象界，於一切境界緣中現前觀察：能覺能知之我，乃是生死流轉之根源；若能斷除知覺心之自我執著，不再認能知能覺之我爲眞實不壞者，如是之人即是見眞諦者。

拙著諸書一向如是開示：「應以見聞覺知之妄心，尋覓離見聞覺知之眞心；應以每夜間斷之覺知心，尋覓無量劫來從不間斷之離覺知心。」此乃別教見道之般若禪。覓著眞心以後，體驗其遍一切時、遍一切處、遍一切界、遍一切地，證知其常而不壞；由此眞心之四種遍一切，對照覺知心自己之夜夜斷滅，不遍十二處等，即知「覺知心我」之虛妄，從此不承認意識自我爲眞實法，名爲「斷知、見眞諦」。

聲聞法則不由覓取眞心入手，但依五陰十二處十八界之建立，於眠熟、悶絕、正死位、無想定、滅盡定位，現前觀察「覺知之我」緣起性空，不由前世來至此世，此世覺知之心不能去至來世；世世覺知心唯存一世，是故覺知心三世不相知，故有胎昧，故名隔陰之迷。聲聞行人由如是現前觀察，故斷我見，從此不認「覺知心我」爲常不壞者。若能復於禪定及種種緣中，現前觀察覺知心之虛妄，從此斷除「覺知心常不壞滅」之我見，名爲「斷知、見眞諦」，已見聲聞菩提之眞諦故。「思事、可思、能思」，皆是虛妄心意識境界，能遠離所思、能思及思事者，名爲見眞諦者—解脫道之見道。能思所思等，皆是意識妄心故，能知此理者，得分證或滿證解脫果。

「此」謂依心妄見有初果乃至四果聖人，及執著禪定與神通等緣生法。此等皆是虛妄想之現量，於聖諦之三乘菩提中皆是非量；若人於此等虛妄想之現量能得覺悟者，即可分證解脫或具足證得解脫。

「復次大慧！有二種覺，謂觀察覺，及妄想相攝受計著建立覺。大慧！觀察覺者，謂若覺性自性相，選擇離四句不可得，是名觀察覺。大慧！彼四句者，謂離一異、俱不俱、有無非有非無、常無常，是名四句。大慧！此四句離，是名一切法。大慧！此四句觀察一切法，應當修學。大慧！云何妄想相攝受計著建立覺？謂妄想相攝受，計著堅濕煖動不實妄想相、四大種；宗、因、想、譬喻、計著，不實建立而建立，是名妄想相攝受計著建立覺；是名二種覺相。若菩薩摩訶薩成就此二覺相，人法無我相究竟，善知方便無所有覺，觀察行地，得初地；入百三昧，得差別三昧，見百佛及百菩薩；知前後際各百劫事，光照百剎土，知上上地相。大願殊勝、神力自在，法雲灌頂，當得如來自覺地。善繫心十無盡句，成熟衆生；種種變化，光明莊嚴；得自覺聖樂三昧正受故。」

疏：《「復次大慧！有二種覺照之智慧：是說觀察智，及『妄想相攝受計著建立』之觀察智。大慧！觀察覺照之智慧是說：若能覺照諸法之自性相，而起簡選抉擇之智慧，了知諸法若離四句即不可得，如是名爲觀察覺照之智慧。

大慧！彼四句者，謂諸法離一異不可得、離俱不俱不可得、離有無非有非無不可得、離常與無常不可得，是名四句。大慧！這四句『離』，名爲一切法。大慧！以此四句觀察一切法，應當修學。大慧！如何說是妄想相攝受計著建立覺呢？是說妄想相的執取，錯誤的認知以及執著堅濕煖動等不眞實的妄想相與四大種；以此妄想相而建立宗旨、因由、覺想、譬喻、而生錯誤認知之執著，以不實之建立而建立爲眞實，於此『妄想相之攝取計著建立』若能如實了知，名爲『妄想相攝受計著建立之覺照智慧』；如是名爲二種覺照智慧之相。如果菩薩摩訶薩成就此二種覺照智慧之相，並且於人無我相及法無我相究竟了知，復能善知『方便無所有覺』，亦能觀察初地諸行者，即證得初地；至滿心時，若蒙佛恩而入大乘光明三昧，即得入百三昧，亦證得差別三昧，如是初地菩薩能至百佛世界面見百佛及百菩薩，能知前後際各百劫之事，光照百佛剎土，了知二至十地境相。由於十無盡願之大願、三地滿心之禪定四無量心五神通及增上戒學增上慧學之殊勝、八地現相現土之神力、九地四無礙之自在，至法雲地得諸佛灌頂，必當證得如來自覺境界。地上菩薩善能繫心於十無盡句，能成熟衆

生之善根；能作種種變化，示現光明及莊嚴報身；各自證得自覺聖樂三昧之正受的緣故。」》

「復次大慧！有二種覺，謂觀察覺，及妄想相攝受計著建立覺」：別教菩薩於親證自心藏識而起般若慧已，爲入初地，先須實證解脫道之四種涅槃正理，了知本來自性清淨涅槃、有餘依涅槃、無餘依涅槃、無住處涅槃。若不能具知此四圓寂，至少亦須先知前三，則知涅槃實際境界，諸聲聞羅漢所不能知。知涅槃解脫已，須修二種覺智：觀察覺、妄想相攝受計著建立覺。具足此二覺智已，即能簡魔辨邪，起道種智，住於初地無生法忍，是故當修此二覺智。

「大慧！觀察覺者，謂若覺性自性相，選擇離四句不可得，是名觀察覺。大慧！彼四句者，謂離一異、俱不俱、有無非有非無、常無常，是名四句。」《大乘入楞伽經》譯作：「觀察智者：謂觀一切法離四句不可得。」《入楞伽經》譯作：「『大慧！何者觀察智？謂何等智觀察一切諸法體相？離於四法，無法可得，是名觀察智。』三界一切諸法，不離一異、俱不俱、有無非有非無、常與無常等四句。菩薩摩訶薩依此四句，即能次第為眾生宣說無量佛法；若離此四句，尚無世間法可得，何況有出世間法？菩薩證悟藏識、生起般若總相智，即當修學此四句，能廣自利及廣利他故。

如何是觀察覺照之智慧？此謂證悟別教理之菩薩，依於所悟證之藏識空性，於三界一切法中，覺照諸法之自性相；覺照一切法之自性相已，便於解脫道及佛菩提道現起簡選及抉擇之智慧；由如是選擇之智慧，漸漸具足了知：三界一切法若離四句，皆不可得。如是選擇之慧，即是「觀察覺」；具足如是選擇慧者，方有可能進入初地。今觀密宗諸多「法王、仁波切、活佛、喇嘛」等，尚不能知自身之藏識何在，昧於空性正義，不入別教七住菩薩位，而妄稱活佛、初地、乃至十地之法王等、眞大妄語也。

「大慧！彼四句者，謂離一異、俱不俱、有無非有非無、常無常，是名四句。大慧！此四句離，是名一切法。大慧！此四句觀察一切法，應當修學。」

四句之具足語意為：諸法之性若離一異必不可得，諸法之性若離俱不俱必不可得，諸法之性若離有無非有非無必不可得，諸法之性若離常無常必不可得，這

「四句離」，函蓋一切法。一切證悟藏識而起般若慧之菩薩摩訶薩，皆應以此「四句離」而觀察一切法；如是「離」之四句法，含攝一切世間出世間法故；善以此「四句離」觀察一切世出世間法者，能廣利益諸有情故；由善思惟「四句離」，能增廣自身之四無礙辯故；由是說諸菩薩悟後應修此「四句離」。此「四句離」各有三句：一、異、非一非異，俱、不俱、非俱非不俱，有、無、非有非無，常、無常、非常非無常，如是總有十二句。

云何諸法之性若離一異必不可得？此謂一切法皆依一異而生。一切法依八識心王而生，阿賴耶之分段生死煩惱種子轉變而成異熟識，異熟識之無始無明隨眠斷盡而成眞如無垢識，此名眞實唯識門；阿賴耶識含藏分段生死煩惱種故，令前世意識滅已、此世意識復生，此世意識滅已、後世意識復生，如是輪迴生死無窮無盡、不得解脫，名爲虛妄唯識門。

意識生已，前五識隨生；此六識之現起，咎在處處作主（思量）之意根我不斷我執煩惱，故六識現起時意根必定隨彼攀緣一切法—遍計諸法實有而生執著。由是我見我執故，意識意根不肯承認自己無實體性，執自己爲實有不滅法

（如喜饒根登之同路人釋性圓—執著意識不滅），永絕於四種涅槃；由是邪見我執不滅，世世恒有七識現行—意識覺知心滅已復生，是故生死輪迴不斷，名爲我見凡夫。

凡夫及諸聖，於欲界輪迴生死或乘願廣度衆生中，八識具足；由有八識心王故，展轉而生一切法。然此一切法既由八識心王而生，八識中之意識及前五識復依未壞之五色根及意根末那爲緣，方由阿賴耶生；意根復依一念無明三界煩惱爲緣，由阿賴耶生，當知此七識心悉是賴耶所生，與賴耶和合爲一，故能運作無間，令衆生不能了別同中之異，說名爲一。

然虛妄唯識門之七識心，一一心各有同異；同者謂各具了別性，異者謂彼彼了別性互有不同：眼識唯了別色塵、……乃至身識唯了別觸塵，意識能了別六塵而有偏重，意根遍能了別五塵之法塵而了別慧極劣、須依意識方能於六塵中起思量（作主）性。此中七識之了別性謂一，差別性謂異。此七識心本由賴耶所生，依於賴耶而運行，亦是賴耶自性，故與賴耶是一，是名爲一。

然阿賴耶識於七識心現行運爲之間，與七識心和合運行無間，其了別性之行相極微細，唯了別七識心之心行、唯了別色陰變化，而不隨七識心於六塵中起種種分別，亦不於六塵中起種種喜貪及憎厭，其性迥異七識心，故與七識心有異。復次，賴耶於七識心運行之中，有其自性作用；而此自性作用，極為重要，為三界一切有情所不可一時或缺，然諸有情之未證別教菩提之見道位（禪宗之明心）者悉不能知。由阿賴耶識有此自性故，迥異於七識心故，說名為異。

綜觀七識心與阿賴耶間之關係，如是略說，令學人知此一異之理。然若說彼八識心王為一，不說彼八識心王各各有異之自性，則一切有情將執意識之覺知性為常不壞法，則將永沉生死輪迴，不得聲聞菩提及佛菩提，永處無明長夜。由是緣故，三世諸佛必皆為說七識心與阿賴耶有異之理；學人聞已，尋覓賴耶；逮至親證賴耶自心，證驗領受賴耶迴異「七識我」之自性實有不虛，則「覺知心我」及「作主心我」之我見隨斷；我見斷已，疑見隨斷，能知見諸方大師之是否已得三乘見道；疑見斷已，則於諸方大師之禁取所制戒，悉皆不取，能遠離之，戒禁取見則斷；三結斷已，成初果人，亦是別教七住菩薩，成習種性人。

爲令學人證得藏識空性及斷三結，發起般若智及解脫慧，三世諸佛必爲有情宣說藏識賴耶異於七識心之理；然七識心終非離於賴耶而有，七識心之證得解脫而取滅盡或輪迴生死，實依賴耶所藏七識心之煩惱種斷與不斷而有，不離賴耶所藏一切種，故七識心與空性賴耶非一非異。如是略說一異等。

識陰如是，色陰及受想行陰亦復如是，與賴耶是一、是異、非一非異；三十七道品亦復如是，與賴耶是一、是異、非一非異；佛菩提之四智與四圓寂亦如是與賴耶一異非一非異；由如是一、異、非一非異之理，展轉生起一切有爲法，展轉顯現一切無爲法，廣說不盡，限於篇幅，此處從略；要在學人之親證自心空性藏識，則能以空性賴耶之理，一以貫之，方能漸漸通達一切佛法；通達已，則能善觀：「諸法法性離一異必不可得」。能如是善觀者，得觀察智，入於初地，說法無礙，非二乘無學及諸凡外之所能知也。

云何諸法之性若離俱不俱必不可得？此謂諸法之性即是如來藏賴耶之性，賴耶與諸法俱、不俱、非俱非不俱。譬如識陰七識之現行運爲，若離賴耶，尚不能有，何況於六塵萬法中之種種運爲？是故必與藏識俱。然識陰若與藏識俱，則不能現神足通或意生身往至他處及餘世界；而現見可依意生身等，離賴耶而往諸世界度衆聞法，故說不俱。識陰既由賴耶而生，不得謂離賴耶而有，故非不俱；戒定直往菩薩初地滿心以下，戒慧直往菩薩三地滿心以下，其識陰必須與賴耶俱，方能現行運爲，故說非不俱；於眠熟位等五位中，意識偕前五識俱滅，而賴耶不滅，故說非俱；戒定直往菩薩初地滿心以上，及戒慧直往菩薩三地滿心以上，識陰依意生身離賴耶往至他方世界運爲，故說非俱；如是識陰與賴耶俱、不俱、非俱非不俱。

諸法既由識陰與賴耶之俱、不俱、非俱非不俱體性而生，則知諸法之性即是賴耶之性，識陰由賴耶生故，如是略說俱不俱等。識陰如是，色陰與受想行陰亦復如是，與藏識俱、不俱、非俱非不俱；三十七道品、佛菩提四智、四圓寂亦復如是，與第八識俱、不俱、非俱非不俱；由是俱不俱等展轉生起一切有爲法，展轉顯示一切無爲法；若一一廣說，亦如「離一異等，一切法不可得」，細說無盡；能現前細觀者，得觀察智，即入初地，能廣說法，利益人天，今且從略。

云何諸法之性若離有無非有非無必不可得？此謂諸法法性即是藏識之性，藏識與諸法是有、是無、是非有非無。諸法者，謂五蘊、十二處、十八界、二乘三十七道品、大乘別教三十七道品、二種無我法、五法、三自性，七種第一義、七種性自性、百法千法……明門、四種圓寂、四智圓明等。此等諸法名一切法，此等一切法於三界中一切現象上爲有，不得謂無；然皆由於藏識依諸因緣展轉而有，無自體性，若離七識心即無；七識若滅，此等諸法隨之亦滅，是故於實際理地說之爲無；依於因緣，由藏識生，非本自有，是緣生法，必定歸滅，故說非有；衆生無明不斷，因緣恒在，必由此等無明因緣，由藏識世世現行輪轉生死，非無衆生輪轉生死，故說非無。

譬如識陰之六識心—眼識乃至意識覺知心，於欲界中日日現行運爲，能由有情所體驗領受其自性，不得謂無，故說爲有。然見聞覺知之意識心，實依無明、業愛、種子爲因緣，由藏識流注而出，非本自有，依他而起；起已夜夜斷滅不現，五位中皆斷而不起，易起易滅；入涅槃時連同意根悉皆永滅，無常變異，幻起幻滅，終歸壞滅，非是究竟依歸，不得謂爲實有，故說爲無。

此世六識見聞覺知心，非從前世來，乃由此世未壞之五色根與意根、業愛、無明及七識種爲因緣，方得由藏識現行；以此世未壞之五色根爲依，故非由前世轉來，不憶前世之宿命故，前世之覺知心依前世之未壞五色根爲依而生故；後世之六識覺知心亦准此理，依後世之未壞五色根爲依而生，故非由此世覺知心往生至後世；覺知之六識心等，既唯一世，不通三世，故不可謂實有、名爲非有。

然世世之覺知心，能覺能熏六塵，故能造作淨染衆業，熏習諸法、令藏識中七識種熏習轉易，非無作用；凡夫因之輪迴生死，三乘學人因之漸脫生死，別教賢聖因之漸至佛地，非無作用；故雖皆唯一世，不通三世，然不可謂實無，故名非無。

識陰如是具足有、無、非有非無，色陰受想行陰、十二處、十八界、二乘三十七道品……乃至佛地四智圓明，悉皆如是，依於因緣展轉由藏識而生而顯，故皆具足有、無、非有非無之理。

一切法如是，藏識自性既是無爲法，依藏識自性顯示四種圓寂及六無爲八無爲等，故此諸種無爲法亦復具足有、無、非有非無正義。乃至藏識自心亦具有、無、非有非無體性之義；篇幅所限，不別別舉；悟者自知，勿勞贅述。如是，一切諸法與自心藏識皆具有、無、非有非無等性；若離如是有無等性，即無一切法可得，故說「一切諸法若離有無等，必不可得。」佛子若能如是於一切法，現前細觀其有無非有非無，則得觀察智；得觀察智者即入初地，能廣說法，利益人天，說法無量。

云何諸法若離常無常必不可得？此謂諸法之性即是藏識之性，藏識與諸法具足常、無常、非常非無常之性。譬如意識覺知心，不由前世轉來，依於此世之未壞五色根而漸有，五色根具足圓滿而後意識增長廣大圓滿；五色根若壞，意識隨滅；雖能轉入中陰身中，入胎受生時則永斷不起，不能去至後世；意識由有此性故，是無常法，眼等五識亦復如是。

然而衆生由無明、業愛、種子故，世世意識滅已，必由藏識持意識所造業種、及意識種，依於無明又復受生，來世之全新意識又復現行，世世如是；唯除無學聖人取無餘涅槃，方才永滅不現。意識既然世世現有，無一世無，依如來藏故說爲常。常見外道由不知此理之眞實義，外於如來藏而說意識常，故名常見外道，非佛法中所說之常；彼等妄謂意識由前世來至此世，死後復將去至後世（如四川義雲高及桃園喜饒根登與釋性圓等人之妄起此見、妄作此說），豈唯違背世俗現見之常識？亦乃悖離三乘菩提佛說正理，皆是常見外道法也。

然意識雖世世有，而世世之意識互不相屬、無有關連；各不相知，互不相到；亦非三世相續連貫之心。於世世皆有之常相中，現見世世互異，非同一心識相續連貫，故名非常。世世之意識雖夜夜皆滅，依於藏識，復於日日清晨現行，延續前夜眠熟已斷之意識；由藏識有此性故，說意識心非無常。故說意識心不離常、無常、非常非無常，若離常無常等性，即無意識心性可得。

能生意識覺知心之藏識亦復如是，不離常、無常、非常非無常。云何名常？謂藏識體恒相續，無始時來未曾剎那斷滅；乃至眠熟悶絕……等五位中皆不曾有一剎那斷滅；生一切法，爲一切有情無明之所依、爲一切有情業種、貪瞋慢疑煩惱、色陰……之所依，體恒相續，來往三世無有始際終際，故名爲常；乃至阿羅漢入無餘涅槃時，意識意根滅已，藏識仍存不滅，盡未來際，故名爲常。

於藏識體恒相續中，所含無明業種貪瞋慢……等一切煩惱之習氣種子，因於所生意根意識之熏習，令此諸種不斷變易；如是變易，亦名生死，三乘無學所未斷盡；此變易生死，函蓋十地以下三乘無學及諸凡夫；三乘無學以下復加分段生死，分段生死亦是變易生死所攝故，未外於變易生死故。如是種子之種種變易，不得謂常；煩惱障種之習氣種子斷盡，所知障之隨眠斷盡，如來藏中所含一切種永不再受熏習，究竟淨故永不變易，方得謂爲眞常，眞常唯心系諸經（唯識諸經）所說者，眞意在此；非如常見外道之以意識爲常也，其間差距不可以道里計也。印順法師不知此理，誣謂眞常唯心系諸經所說阿賴耶識同於外道神我所說意識，妄謂《大般涅槃經……》等所說常樂我淨同於外道神我。

印順法師一貫主張：「一切法空，就是諸法寂滅性，這就是涅槃；在諸法本空上，顯示諸法本寂滅，所以空也就是涅槃寂靜印的開顯。」（《以佛法研究佛法》頁一九一）如是見，名爲邪見惡見；何以故？必令無餘涅槃墮斷滅空故，違逆佛於四阿含中所說涅槃本際阿賴耶識故。

由是邪見所崇，故反對眞常唯心系諸唯識經典，不承認阿賴耶識可以經由熏習轉易成佛地眞如，故主張阿賴耶識爲唯妄，故否定阿賴耶識、不承認有此如來藏，乃誹謗云：「眞常妙有的如來行，卻因爲適應而多少有點離宗。」（《以佛法研究佛法》頁一八九）又誹謗云：「大乘經，我們是尊重初期的（平實按：印老此語謂般若經系）。眞常唯心（平實按：印老此語指三轉法輪諸經）我們認爲是適應梵學復興而離宗的；但他保存佛法的精華不少，値得我們參究。」（《以佛法研究佛法》頁一八八）

然而，眞常妙有，印老何嘗知之？誤將常見外道之意識常，等同佛地眞如之眞常。佛地之第八識眞如，不唯斷盡分段生死煩惱障種，復又進斷第八異熟識中一切所知障隨眠，四智圓明，具足圓滿，不再受熏，故第八識改名爲眞如—眞實之如，所含一切種子不再變異，故無變易生死，故名眞常。常見外道之梵我神我則以意識爲常，猶不知藏識，尚不能與別教七住菩薩所悟之阿賴耶識相提並論，何況能與佛地斷盡分段生死及變易生死之第八識眞如等量齊觀？

印老渾不知此，牛頭逗馬嘴，將佛法亂解一氣，令佛法支離破碎；故其著作自相矛盾，違逆佛意，嚴重破壞三乘正法。太虛法師已見於此，故對印老提出批評。印老自言：「但虛大師批評我：將馬鳴、龍樹、無著的一貫，糅成支離破碎了。起初，使我驚奇得有點不敢相信；龍樹、無著的一貫是什麼？但現在，我漸漸明白了。……不過，（我）總以龍樹以前的馬鳴作『起信論』爲理由，維持『先眞常而後性空』的見地。我想：龍樹以前的馬鳴有沒有作『起信論』，這在今日，應該是共明的事實，不必再勞研討的了。」（《以佛法研究佛法》頁一九五）

然而，馬鳴、龍樹、無著的一貫思想，印老至今仍不明白。馬鳴、龍樹、無著等三聖之一貫思想，皆是同一如來藏識思想，既非唯「虛妄唯識」，亦非唯「眞常唯心」，而是橫攝縱貫，一氣連枝，不可分割的。印老則將龍樹之《中論》等作，誤認作是說一切法空；將無著所說諸唯識理，誤認作是虛妄唯識；此皆大謬。

龍樹所說諸論，皆以般若宣示藏識之中道性，非謂一切法空也；印老誤會不解，說之爲一切法空之論（此容未來我會諸師得閒時註解《中論》後即可知也，據天竺青目所釋《中論》之意亦可知也）。無著所說亦復如是，然以八識心王一切種智宣說藏識之般若中道正理；印老誤會，誣爲虛妄唯識，而不知無著之藉虛妄唯識顯示「二空所顯眞如正理」—眞實唯識法。

古來即有許多「大師」不知不解般若唯識一貫不二之正理，是故馬鳴菩薩乃有《大乘起信論》之著作，顯示阿賴耶識非眞非不眞之理，宣說阿賴耶識之含藏種子在染不淨，藉由修行熏習而可轉易體質，斷盡二障後能成佛地眞如之理，故名眞如緣起；又說因地眞如有諸種子生滅變易，而體恒清淨不變、永不生滅，故說眞如生滅門；彼諸考證佛學之凡夫及印老等人，不知此理，不肯承認《起信論》之義理眞實，不肯承認是馬鳴所造，謂爲外道所造；自墮外道見中，反誣菩薩所造正義爲外道法。實則馬鳴、龍樹、無著三聖之作，各從不同觀點立論，而涵義無二，皆是同一藏識之般若正義，一貫而無異味，唯有淺深差別爾。印老認同日本學者之考證，否定《起信論》；復將龍樹之《中論》等誤認爲說一切法空；而將無著所說定位爲虛妄唯識門，則佛法之一貫義理，便因此支離破碎了。太虛法師之評責於印老者實屬正確，而印老自謂「我漸漸明白了」，其實仍舊完全不明白，故有如是種種邪謬妄想。

龍樹之法既是藏識之般若中道，故其弟子如來賢一生弘傳唯識種智正理，乃是當然之舉；已證入般若中道後，必入般若種智中熏習故，亦必以種智甚深般若利益有情故；乃印老不知此理，竟以如來賢之一生弘傳唯識而認定為非龍樹弟子，咎在印老不知唯識二門與般若之關係所致；如是，云何可謂已經漸漸明白了？無是理也。

《起信論》固含眞常唯心之理，亦含有七識心虛妄之虛妄唯識門，故亦含有陰界入等一切法空之理，如是宣說藏識空性非斷滅空之理，故非如印老所言之純粹眞常唯心也；若離阿賴耶識之非眞非不眞之理，若離陰界入一切法空之理，即無眞常唯心之理可證可說故，由是故說印老不解《起信論》之旨也。不解如是眞義，而斷言《起信論》為眞常唯心之法，則有大過。

龍樹之《中論、十二門論》等理，亦不離藏識而說陰界入空，無著亦依藏識而說陰界入空，與《起信論》法同一味，印老誤會，便錯認為龍樹無著皆說一切法空，錯認爲馬鳴所作《起信論》唯是眞常唯心，而作錯誤之斷言：「總以龍樹以前的馬鳴作『起信論』爲理由，維持『先眞常而後性空』的見地。」眞是錯得離譜了。

梵學復興所主張的常不壞神、常不壞我、常不壞梵，皆以意識覺知心及其種種變相爲常；佛地常樂我淨之常，則以第八識斷盡二障，令所含一切種究竟清淨永不變易爲常；二者立論之心，一爲意識，一爲第八識，迥然不同，云何印老妄謂「如來藏常」爲外道神我之常見？佛地眞如且置，別教七住所說之常，乃謂第八識阿賴耶體恒相續，無始時來未曾一刹那斷而不現，迥異外道之以斷滅之第六意識爲常，印老盍可妄謂「眞常唯心是適應梵學復興而離宗的」？

印老仍如常見外道之不知不解不證第七識意根，如何能知能解能證第八識如來藏之常？何況能知能解佛地之眞常妙有如來行？而竟妄謂：「眞常妙有的如來行，卻因爲適應而多少有點離宗」？實則眞常唯心與虛妄唯識是一貫的，二者與般若中道觀亦是一貫的，唯是淺深廣狹之別，無有牴觸錯乖之異，故不可妄謂眞常唯心及眞常妙有離宗；眞常妙有及眞常唯心之如來行，是具足三乘菩提之究竟地故，是印老未來世中、見道後所當勠力進修之目標故。

如是辨正，令讀者已曉妄心七識非常非無常之理，亦曉眞心賴耶非常非無常之理。既知如是，復觀一切法悉由八識心王展轉而生，八識心王不離常無常等性，則知一切諸法若離常無常等性必不可得。

一切法離四句不可得：離一異不可得，離俱不俱不可得，離有無非有非無不可得，離常無常不可得。既然離此四句則一切法不可得，故此「四句離」即是一切法。一切證得藏識而起般若慧之菩薩，於此四句觀察一切法之法門，應當修學；能令自身之觀察智現行故，能令自身速入初地故，能發起般若別相智及種智故，能廣益人天故，能令弟子衆等紹隆佛種、令佛種性綿延不斷故，是故當學。

「大慧！云何妄想相攝受計著建立覺？謂妄想相攝受，計著堅濕煖動不實妄想相、四大種；宗、因、想、譬喻、計著，不實建立而建立，是名妄想相攝受計著建立覺；是名二種覺相。」印順法師及密宗四大派古今一切大師，以及附密宗之常見外道義雲高、喜饒根登、釋性圓等人，悉墮「妄想相攝受計著建立見」，菩薩於此邪見，必須善能觀察，善觀察已，生起「妄想相攝受計著建立覺」，則能摧破一切佛門內外之常斷見邪見。

常見外道有妄想相：執意識心爲常不壞滅之法。如民間信仰者，現見意識心之夜夜斷滅，而不知其斷滅，誤以爲意識於眠熟位爲休息不動故不起覺知，此名妄想相；彼等誤認意識可以如眠熟後復醒，以爲可以意識去至來世，然因世俗之常識已現見意識不能知曉過去世，不能如醒來時之憶起昨日事，乃編造孟婆湯之故事，謂人死已去至地府，喝過孟婆湯故遺忘往世諸事，令其所計意識可以來往三世之妄想合理化。以如是妄想，建立孟婆湯情事，如是建立意識爲不滅之心，如是建立意識可以來往三世、成爲輪迴之主角；建立已，攝受如是邪見不捨，隨生計著，是名「妄想相攝受計著建立見」，四川義雲高、桃園喜饒根登及其徒衆釋性圓等人，俱是如是人，墮於「妄想相攝受計著建立見」中，同於常見外道。

喜饒根登及釋性圓極爲可愛，坦然承認義雲高及自己所悟之眞如是意識心，以陸佰萬元之廣告費，自89、8、12日起在台灣各大報第一版，連續多日以半版之篇幅，全面刊登廣告，主張：「意識不滅，可以來往三世，為輪迴主體。」老實承認自己墮處，如實招供，證明余對義雲高等人之評論無訛，故說極為可愛。不似教界諸方大師誤以意識為眞如，而又處處遮掩狡辯，謂己所悟非是意識，避之唯恐不及。

然諸方錯悟之師狡辯所悟意識變相非是意識，固有不是，不如喜饒根登及釋性圓之老實可愛，卻大有超勝於喜饒根登及釋性圓之處，所以者何？謂彼等諸人悉已知曉意識乃緣起緣滅之法─依他起性；四阿含中佛說「意、法為緣，三和合觸故生意識」之理，彼等悉已知故，是故極力撇清：自己所悟非是意識。彼等及密宗四大派古今法王等，悉知意識是常見外道者所妄計之常不壞我故。

可愛的喜饒根登及釋性圓，竟不知此，花費信衆巨額捐助善款，於各大報刊登廣告，與余諍論意識之不滅、可以去至來世。荒唐而可笑，已成為佛教界之又一笑譚；亦為少有名氣之蕭平實三字打出知名度，雖應感謝之，卻不知如何感謝？彼見幼稚、一如民間信仰故，尚不能入於密宗之列，何況入於佛法門中？而敢大事廣告，貶斥排擠諸方道場，妄爭佛教之正統！

若爲賑濟九二一地震災變，拯救群黎，本會雖小，當時尚無棲會之處，亦勉力捐贈四佰七十餘萬元賑災；若爲如是意識之滅與不滅而爭論，而耗用巨額廣告費者，是余等所不能認同者，絕不肯將信衆所捐之護法善款作絲毫之浪費。若於報紙大幅答覆，不免你來我往，成意氣之諍；是故余等僅以書籍而作法義辨正，半年之後印製成書、利益學人，辨明正義（編案：已於二000一年三月出版）。

此謂諸方墮於妄想相者極多，或如喜饒根登、義雲高、釋性圓等常見外道，堅執意識爲常不壞心，墮於我見；或如印順法師建立「不可知之意識細心」爲輪轉三世之主體識，或如達賴喇嘛之建立「不可知之極細意識」爲輪迴生死之主體識，或如諸方錯悟大師之以意識變相爲常不壞滅之主體識—如定中不起妄念之覺知心乃至四禪四空定中之覺知等；皆是未能親證藏識，而於眞如起諸妄想；攝受如是妄想相而生誤計與執著，便作種種邪謬學說之建立，名爲

「妄想相攝受計著建立見」。菩薩若能於此善加觀察，善予了知，則生「妄想相攝受計著建立覺」，能檢點諸方，能依此覺及觀察覺而入初地，善能摧邪顯正，建立佛法正義於娑婆世界，廣益今世後世學人。

此段經文，於《入楞伽經》中譯爲：「大慧！妄想分別取相住智者，所謂執著堅熱溼動，虛妄分別四大相故，執著建立、因、譬喻相，故建立非實法以爲實；大慧！是名虛妄分別執著取相住持智。」

密宗四大派法王，及附密宗外道之義雲高、喜饒根登、釋性圓等人，何故何因而起妄想相之攝受？而執意識心爲不壞法？謂彼等諸人計著堅溼煖動不實妄想相及四大種故。此謂意識覺知心之粗－如義雲高、喜饒根登及釋性圓之所執者；或如意識覺知心之略細－如密宗四大派法王所執坐中不起妄念之覺知心；或如較細－如顯教中已證得初禪二禪定中之覺知心；或如細心－顯教中已證得四禪至無所有處之定中覺知心；或如極細心－證得非想非非想定中之覺知心（於欲界中證得者）；本質上皆是計著堅溼煖動不實妄想相及四大種，何以故？此謂意識依於堅溼煖動及四大種爲緣而後能有故。

若人無有堅韌之色身，或堅韌之色身中無有溼性，或堅韌之色身中有溼性而缺煖，或無動轉之性（能令五臟六腑順利運作），四者但缺其一，皆必令色陰毀壞；色陰壞時，藏識與意根必定捨身，於正死位，中陰未現之前，意識必定不起。命根在時，意識必須以未壞之五根爲緣，方得由意根憑藉藏識而起覺知；堅溼煖動四法若缺其一，五根則壞，命根不存，意識則不現前，故說意識不實，依於他緣而起，四阿含中說之爲依他起性；喜饒根登及釋性圓等妄想相者，堅執意識爲不滅法，建立此非實法以爲實法，皆緣於堅溼煖動不實妄想相之計著而來—執著四大種之堅溼煖動性故。

乃至已證四空定者，亦復如是，堅溼煖動四大之性若缺其一，命根即壞，正死位中意識即不能現，縱有神通，亦無所用，意識滅時神通即不能現前故，神通是意識之相應法故；意識尚且不存，何況能有神通之用？必待如來藏生起中陰身、轉入中陰身已，依於中陰身之微細五根，現起微細堅溼煖動之四大體性，方能再現意識；故凡夫地之意根及藏識恒不滅，意識則依他藉緣而易起易滅，體非常住恒有，乃不實之法，云何可建立爲實不壞法？

中陰身中以食物等香爲食，維持其身中之微細堅溼煖動，得以保持七天之壽命；若不得食，乃至未滿三天即已壞失，轉入第二中陰身，至極可到第七中陰身，無能過此。若無香爲食，中陰身中之堅溼煖動即不具足；不具足故隨即衰亡，衰亡已，意識隨滅；意識滅已，意識相應之一切法悉皆隨滅不起（包括神通在內）。

中陰身位，若有受生之緣現前，則受來生：受生已，此世意識永斷，無有復起時；此世意識及中陰意識，皆由此世四大種爲緣，方能由藏識生故。今既永捨此世色陰四大種，則與此世意識永別，此世意識永滅不現，不去來世。來世意識則由來世之色陰所生五根之漸漸圓滿，而令意識漸漸圓滿具足；於處胎位前期中期，來世意識不現，故無覺知；無覺知故，能處胎中而不煩悶。至六七月起，五根（勝義根：頭腦）漸漸發育滿足五分，乃有不知胎外廣大世界之意識現起，而昏昧時多，滿足安住於彼胎中狹隘世界。

若使意識不滅，能去至後世者，則無一人能安住胎中九月，一日尚且不能故。亦應一切人於胎中皆知種種事；亦應無有隔陰之迷，此世識陰同於往世識陰，云何可謂隔陰？而現見此世識陰非同往世識陰，往世識陰必知往世事故，此世識陰不知往世事故，絕非同一識也。

如是義雲高、釋性圓等常見外道，執意識心等「非實法」，建立爲實不滅法，皆是依於堅溼煖動等四大種之性而有，即是「妄想相攝受，計著堅溼煖動不實妄想相及四大種」者；以如是妄想相之攝受及計著，而建立宗旨、解釋其建立宗旨之因由、隨生種種想、而作種種譬喻，因之誤計而執著意識之不滅，作如是不實建立而建立，名爲「妄想相攝受計著建立見」。佛子悟後能善觀察此邪見者，即名「妄想相攝受計著建立覺」，於如是妄想相之攝受、計著、建立，皆已如理作意而覺照故。

若人具足「觀察覺、妄想相攝受計著建立覺」者，必定善能摧邪顯正，救護有情向於正道，不久必入初地得道種智，住於無生法忍無所得法中。

「若菩薩摩訶薩成就此二覺相，人法無我相究竟，善知方便無所有覺，觀察行地，得初地；入百三昧，得差別三昧，見百佛及百菩薩；知前後際各百劫事，光照百剎土，知上上地相。」初地菩薩有三種心：入地心、住地心、滿地心。三心功德差異極大、不可同日而語。復有戒定直往及戒慧直往之差異，復有二乘無學迴心之初地及別教直往之初地，復有得佛加持而入大乘光明三昧之初地及未得佛加持入此三昧之初地，故初地菩薩所得功德不盡相同，以有情學佛之根性及因緣互異故，故說菩薩入初地已，應當「善知方便無所有覺，觀察行地」。

云何入地心？謂菩薩證得藏識而起般若總相智已，復學中道般若經典，通達般若別相智；隨善知識修學種智，通達八識心王之五法、三自性、七種性自性、七種第一義、二種無我法，即得入於初地，成初地之入地心。修學八識心王之五法三自性……等種智者，須依此二種覺相修學，非唯直修八識心王等法可臻也。此謂欲入初地者，必須能明辨一切妄想相，明妄想相之攝受原因，明妄想相之種種計著，明妄想相之種種建立；如是知已，即能善知諸方錯悟者之墮處，即能摧邪顯正、救護學人、護持正法。而此「妄想相攝受計著建立覺」，須由「觀察覺」而生，方能圓滿善巧。

此二覺相成就者，於人無我相及法無我相皆得成就，以能善知五法三自性……等故；由如是善知故，生起方便無所有覺，不墮有所得法中，不迷不貪有所得法。復依三轉法輪諸唯識經及《華嚴經》，觀察初地行相，如是菩薩名爲初地之入地心。如是初地菩薩，未入百三昧，未得差別三昧，未能見百佛及百菩薩，未能知前後際各百劫事，未能光照百刹土，未能知上上地相，甫入初地而住故。於此地中，有數百劫住於入地心者，有數劫住於入地心者，有數十百生乃至數生數年數月數日住此入地心者，非必皆同。

此入地心之初地菩薩，有已證解脫果者：如二乘無學迴心別教，始證藏識、由七住漸修而至者；亦如有依華嚴十地品、依《楞伽經》所說修至初地，而性障極微，因入初地心大歡喜，故能永伏不現如阿羅漢、成慧解脫者。亦有未證解脫果者，如戒定直往之初地菩薩，不樂解脫道之修證及菩提道之修證，唯樂有爲法之神通及樂來往十方佛國者；不能善滅煩惱障取慧解脫果。

云何住地心？謂菩薩入初地已，由善知方便無所有覺故，善觀察初地行相。由觀察行地故，了知應修檀波羅蜜及百法明門；由此菩薩善知方便無所有覺故，能入內門修布施波羅蜜多，餘五波羅蜜多隨分修習。此菩薩若已福德具足，必逢大善知識授以如實之百法明門。於此內門修檀波羅蜜多及修學百法明門時，名初地之住地心；此菩薩未入百三昧，百法明門未滿足故。此菩薩未能面見百佛百大菩薩，未能知前後際各百劫事，未能光照百刹土，未能知上上地相，由未具得差別三昧故。差別三昧須依佛之神力加持而入大乘光明三昧中，於三昧中一切諸佛為現身面言說，而後證得；若初地菩薩不得佛之加持、不入大乘光明三昧者，不得如是差別三昧。

得差別三昧之初地菩薩，證得十種百法明門：一者一刹那頃證百三昧，二者能見百佛世界，三者能動百佛世界，四者能到百佛世界教化衆生，五者能化百類身形以度有情，六者成就所化百類有情，七者留身住世百劫，八者知前後各百劫事，九者能以智慧入百法明門、洞達曉了，十者能以身觀百類眷屬。

若未得佛加持而入大乘光明三昧者，不能具足差別三昧，於差別三昧之十種百法明門，唯得其一其二，至多不過其三。所以者何？謂戒定直往菩薩雖於初地之住地心位有意生身，能次第至百佛世界，而不能動百佛世界，不能教化衆生，不能成就所化有情，不能……，以於智慧尚有所乏，不能証得慧門之百法明門故，不能洞達曉了故。戒慧直往菩薩反之，已於慧門之百法明門洞達曉了，而迄未修證禪定及神通，須待三地之住地心而後修之，故無意生身，尚不能至百佛世界，何況能見百佛百菩薩、能動百佛世界……等？

是故戒定直往及戒慧直往菩薩各有所長，亦各有所短，不能具足十種百法明門；如唐玄奘大師、宋朝克勤圜悟大師等，皆是戒慧直往菩薩，至少已至三地入地心，而皆不能至百佛世界；亦如今時娑婆亦有初地二地菩薩，而不能至百佛世界，皆屬戒慧直往菩薩，尚未發起意生身；由未得佛加持入大乘照明三昧，故未得證差別三昧，未具足十種百法明門，唯得第九門：能以智慧入百法明門、洞達曉了。如是菩薩智慧深妙，凡有所說，多屬末法衆生聞所未聞法，善根福德具足者方能信之，一切好樂有境界法及神通有爲法之衆生悉皆輕賤之，聞之反生煩惱而誹謗之，皆由往世未曾熏習佛菩提道及解脫道故。

菩薩證悟藏識已，親隨善知識修學《楞伽經》之五法、三自性、七種性自性、七種第一義、二種無我智，並已修集初迴向位摧邪顯正、救護衆生之功德，而能進入初地，成入地心之初地菩薩；此菩薩如何成住地心之初地菩薩？

《六十華嚴》卷二十三云：「若衆生厚集善根，修諸善行，善集助道法，供養諸佛，集諸清白法，爲善知識所護，入深廣心，信樂大法；心多向慈悲，好求佛智慧；如是衆生乃能發阿耨多羅三藐三菩提心；爲得一切種智故，爲得十力故，爲得大無畏故，爲得具足佛法故，爲救一切世間故，爲淨大慈悲心故，爲向十方無餘無礙智故，爲淨一切佛國令無餘故，爲於一念中知三世事故，爲自在轉大法輪、廣示現佛神力故。菩薩摩訶薩生如是心，諸佛子！是心以大悲爲首，智慧增上、方便所護，直心深心淳至，量同佛力、善決定衆生力佛力，趣向無礙智，隨順自然智，能受一切佛法，以智慧教化；廣大如法界，究竟如虛空，盡未來際。菩薩發如是心，即時過凡夫地，入菩薩位，生在佛家。」入初地已，若能善修善習善行，「種性尊貴無可譏嫌，過一切世間道，入出世間道，住菩薩法中，在諸菩薩數，等入三世如來種中，畢定究竟阿耨多羅三藐三菩提。菩薩住如是法，名住歡喜地。」

云何名爲安住歡喜地？「以不動法故，菩薩摩訶薩住歡喜地，多喜、多信、多清淨、多踴躍、多調柔、多堪受、不好鬥諍、不好惱亂衆生、不好瞋恨。諸菩薩住是歡喜地，念諸佛故生歡喜心，念諸佛法故生歡喜心，念諸菩薩摩訶薩故生歡喜心，念諸菩薩所行故生歡喜心，念諸波羅蜜清淨相故生歡喜心，念諸菩薩與衆殊勝故生歡喜心，念諸菩薩力不可壞故生歡喜心，念諸如來教化法故生歡喜心，念能爲衆生利益故生歡喜心，念一切佛一切菩薩所入智慧方便門故生歡喜心。菩薩復作是念：我轉離一切世間境界、生歡喜心，入一切佛平等中生歡喜心，遠離凡夫地生歡喜心，近智慧地生歡喜心，斷一切惡道生歡喜心，與一切衆生作依止生歡喜心，近見一切諸佛生歡喜心，生諸佛境界生歡喜心，入一切諸菩薩數生歡喜心，離一切恐怖生歡喜心。所以者何？是菩薩得歡喜地，所有怖畏即皆遠離：所謂不活畏、惡名畏、死畏、墮惡道畏、大衆威德畏，離如是等一切畏，所以者何？……菩薩成就如是淨地法，名爲安住歡喜地。」

以上所述，皆是初地菩薩「觀察行地」，了知初地相，是初地之住地心菩薩所應修習者，如《六十華嚴》卷二十三云：「是菩薩摩訶薩於初地中行果相貌，從諸佛菩薩善知識所，諮受請問成地之法、無有厭廢；是菩薩住初地中，於諸佛菩薩善知識所，諮受請問第二地中行果相貌、無有厭足；如是，第三、第四、第五、第六、第七、第八、第九、第十地中行果相貌，從諸佛菩薩善知識所，諮受請問成十地法、無有厭廢。是菩薩善知諸地對治法，善知諸地成壞，善知諸地行果，善知分別得諸地，善知諸地清淨行，善知諸地從一地至一地行，善知諸地是處非是處，善知諸地轉所住處，善知諸地勝進業，善知諸地得不退轉，乃至善知一切菩薩淨地法、入如來智地。諸佛子！如是菩薩善知諸地行，未發初地乃知十地、無有障礙，得諸地智慧光明，乃至知諸佛智慧光明；如大商主，多將賈人，欲至大城先問道路……菩薩摩訶薩亦復如是，住於初地而善知諸地對治法，乃至善知一切菩薩淨地法、入如來智地。爾時菩薩集大福德智慧資糧，爲衆生商主；隨宜敎化，令出生死險難惡處，示安隱道，乃至令住薩婆若智慧大城，無諸衰惱。是故菩薩常應心不疲倦，勤修諸地本行，乃至善知入如來智地。諸佛子！是名略說菩薩入歡喜地。」

菩薩如是尚未發離初地，邁向二地十地，必須先知二地乃至十地之行地相，而後能由初地出發，進向上地。然而欲入二地者，須先成初地之滿地心；

欲成滿地心者，必須具足慧門之百法明門，親證「猶如鏡像」─七識心所見一切相分皆是自心藏識所變，未曾剎那與外相分接觸。復應修集無量福德，護正法城，方得滿心。

滿心之初地菩薩住初地中，於捨壽時，若取世間果報者，來世多作閻浮提王，豪貴自在，常護正法；如四王天之四大天王，作閻浮提王，豪貴自在，常護正法。若不滿心，捨壽後雖欲取是世間果報，亦不能得。

一切初地菩薩滿心已，「能以大施（法施）攝取眾生，善除眾生慳貪之垢；常行大施而無窮盡。所作善業：布施、愛語、利益、同事，是諸福德皆不離念佛、不離念法、不離念諸同行菩薩，不離念菩薩所行道，不離念諸波羅蜜，不離念十地，不離念諸力、無畏、不共法，乃至不離念具足一切種智。」是名初地滿心住地行相。

是滿心菩薩，若「常生是心：『我當於一切眾生中為首、為勝、為大、為妙、為上、為導、為將、為帥、為尊，乃至於一切眾生中為依止』者，是菩薩若欲捨家勤行精進，於佛法中便能捨家、妻、子、五欲；得出家已，勤行精進，（然後於）須臾之間得百三昧，得見百佛，知百佛神力，能動百佛世界，能飛過百佛世界，能照百佛世界，能教化百世界衆生，能住壽百劫，能知過去未來世各百劫事，能善入百法明門；能變身爲百，於一一身能示百菩薩以爲眷屬。若以願力，自在示現過於此數，百千萬億那由他劫不可計知。」此謂初地滿心得佛加持而入大乘照明三昧，於三昧中一切諸佛爲現身面言說而得差別三昧者，發大誓願出家爲僧，復勤行精進一段時期者，方能於勤行精進後，忽於須臾之間具足如是功德。

若未滿初地心，是入地心及住地心雖名初地，仍不得如是功德；若是滿地心，未入大乘照明三昧而證差別三昧者，唯能證得慧門百法明門三昧，仍不得如是功德。若滿初地心而得差別三昧，具足十種百法明門，而未出家者，此初地滿心菩薩不能化現百身，亦不能於一一身化現百菩薩以爲眷屬；初地滿心菩薩若已出家，而未如法勤行精進一段時期者，亦不能如是化現百身；或出家勤行精進而未發大願者，亦不能如是化現百身。是名初地之治地行相與果相，若佛子善知方便無所有覺，而起般若總相智、別相智、及少分（初地）種智者，方能如是觀察初地之行相果相境界。

是故余亦期待此世有緣出家、勤行精進，若不出家長期精進勤行者，終不能成就初地之具足功德；縱得二地滿心，入住三地若不出家長期勤行精進者，終不能成就初地出家菩薩如是圓滿功德；是故一切比丘比丘尼詢余對於還俗之意見時，余悉反對還俗，此亦其因之一。

初地菩薩於入地心位、始是修道之開始；若欲進修上上地功德，必須先於自地一切功德悉能觀察；觀察自地之行相果相已，如實修學智慧百法明門，並實際踐履而親證「猶如鏡像」境界，方能進修二地。欲進修二地乃至十地之前，於未發之際，當先了知上上地相，而後發足邁向二地等；拙著《宗通與說通》所說者，其意在此。

「大願殊勝、神力自在，法雲灌頂，當得如來自覺地。善繫心十無盡句，成熟衆生；種種變化，光明莊嚴；得自覺聖樂之三昧正受故。」一切菩薩欲入初地者，有三要事：一者性障永伏如阿羅漢；二者五法三自性……等種智之具足，具有摧邪顯正之法眼；三者勇發十無盡願。如是三事，前二爲入初地所必具備條件，後一爲助緣，藉增上意樂之大悲心，令十迴向位滿心菩薩得入初地。是十無盡願，名爲大願；遍法界、盡虛空、窮未來際；虛空無盡故法界無盡，此十大願隨之無盡；未來際無盡故，此十大願隨之無盡，故名十無盡願；乃至成佛之後亦不捨十無盡願，窮未來際，故名大願。若不發十無盡願，則不能成十地行，永無成佛之期；初地菩薩由是十無盡願故能漸成佛道，故《解深密經》云：「增上意樂清淨，攝於初地。」故名大願。若十無盡願非依大悲心發，而依自我修證之私心而發者，由私心故，不名清淨，則非增上意樂清淨也。

「殊勝」者有三：增上慧學、增上戒學、增上定學。增上慧學者，謂初地滿心之道種智，乃至七地滿心之道種智，皆是八識心王百法明門乃至萬億法明門之智慧，一切種智修學熏習所得無生法忍也。增上戒學謂二地滿心所證「猶如光影」之見地與功德；謂依初地所證內相分猶如鏡像之功德，依二地道種智現前觀察及領受：內相分之種種鏡像，實由見分七識心等光影作用而顯；由是現觀及領受故，能轉變內相分境界（包括夢中境界相分）；由如是功德故，能令夢中一切貪欲瞋恚及愚癡相分轉變，自然清淨，不犯禁戒；如是隨意清淨夢中夢外一切相分及自身見分，不由戒律，不因他遮，自然清淨，故名增上戒學。

增上定學亦名增上心學。謂由初地之增上意樂及無生法忍、二地之增上戒學及無生法忍爲基礎，入三地心已，方始修證四禪八定、四無量心、五神通（此依戒慧直往菩薩所修《華嚴經十地品》次第而說，戒定直往菩薩及二乘俱脫迴心者除外）；三地菩薩由有無生法忍之道種智功德，令其修習具足四禪八定、四無量心、五神通時，威德廣大無與倫比，一切大阿羅漢、辟支佛之定境神通，不能與之相提並論，故名增上定學。復次，戒慧直往菩薩若未於初地得佛加持入大乘照明三昧而得差別三昧，起意生身遊百佛國者，至此地將滿心時，由三地無生法忍之道種智及增上定學故，自能發起「無漏妙定意生身」，有種種神通，能動大地，變一身爲多身等，能知前後各百千萬億那由他劫……乃至能化現十萬菩薩，一一菩薩各示十萬化菩薩以爲眷屬。如是定學，由增上意樂、增上戒學，增上慧學而增上之，二乘外道所不能知，故名增上定學。

如是增上戒學、增上定學、及諸地增上慧學，配合增上意樂而向上地進修，漸至七地滿心，念念入滅盡定，具足無量方便善巧波羅蜜多，故名殊勝。

「神力」者，謂八地滿心菩薩，現相現土悉皆自在，不須加行，但起作意即可隨念變現，故名神力。復次，八地之入地心菩薩，於解脫道之知見、境界、行法，已具足修證圓滿，一切解脫道之行門於己悉無功用，故名神力。三者八地住地心菩薩，證得「如實覺知諸法法相意生身」，身業隨智行、口業隨智行、意業隨智行，般若波羅蜜增上；身口意等一切所作，皆能集一切佛法，善起一切種智，念念增進。菩薩住此地中，修集一切佛法，一切魔等不能動之，名不動地；智慧念念不退轉故，名為不動地；一切世間不能測知故，名威德地；無色欲故，名童眞地；隨意受生故，名為自在地；不可壞故，名為住持地。八地菩薩具如是功德力故，常為諸佛神力所護；常為四天王、釋提桓因、諸梵王等之所奉迎，密跡金剛神常隨侍衛；善能出生諸禪三昧，能作無量諸身差別，於諸身中皆有勢力；得大果報神通力，於無邊三昧中得自在；故名神力。然八地入地心不得如是功德。

此八地菩薩滿心已，若能出家及勤行精進多時者，其後將於須臾間能證百萬三千大千世界微塵數三昧，能現百萬三千大千世界微塵數化身，一一化身示現百萬三千大千世界微塵數菩薩以爲眷屬，故名神力。若未出家，及未勤行精進多時，則不得如是功德。

「自在」者，謂九地菩薩於滿地心位，具證四無礙智，謂法無礙智、義無礙智、詞無礙智、樂說無礙智。九地滿心菩薩所證此四無礙智，一一智各有十門，以此四智十門，知如來智力，以如來音聲爲衆生說法。菩薩摩訶薩如是善知四無礙智，安住九地，名爲得佛法藏，名爲大法師。復依如是增上慧學無生法忍，現起「種類生無行作意生身」，於不可說不可說世界塵數諸佛大會中，隨衆生心而爲說法，自在無礙，故名自在。

「法雲灌頂」者，謂九地滿心菩薩，轉入十地中，證得離垢三昧、入法界差別三昧……等百萬阿僧祇三昧已，悉已善知一一三昧之功用差別，至最後三昧名爲「益一切智位三昧」，此三昧現前時，即有大寶蓮花王出現，周圓如百萬三千大千世界，一切衆寶間錯莊嚴，過於一切人天所有，出世間善根所生，知一切法如幻如化空慧所成，光明能照一切世界。同時有十「三千大千世界微塵數眷屬蓮花」，一一花上各有眷屬菩薩升坐，坐時即得各證百萬三昧，一心恭敬瞻仰此十地菩薩。

菩薩爾時以其高廣殊妙莊嚴報身，坐蓮花上，「頂上放百萬阿僧祇三千大千世界微塵數光明，照於十方諸佛大會；遶十匝已，住於虛空，成光明網，高大明淨，供養諸佛。於一一諸佛大法會上皆雨衆寶，猶如大雲。雨大供養已，還遶諸佛大會十匝，入諸佛足下。爾時諸佛及大菩薩，知某世界中某甲菩薩摩訶薩行如是道，成就受職；即時十方無邊菩薩乃至住九地者，皆來圍遶設大供養，一心恭敬瞻禮，各得萬三昧。一切十方得職菩薩摩訶薩，各於金剛莊嚴胸出一大光，名破魔賊；有無量百千萬光以爲眷屬，照十方世界示無量神力，亦來入是大菩薩胸。此光明滅已，是菩薩即得百千萬億大勢力神通智慧。」

爾時諸佛出眉間白毫相光，名益一切智；有無量無邊光明眷屬，悉照十方一切世界，圍繞十匝，示現諸佛大神通力，勸進無量百千萬億諸菩薩，……照一切世界已，集在虛空，示大神通莊嚴之事，入是菩薩頂；眷屬光明分入諸眷屬蓮花上各菩薩頂，各各皆得先所未得一萬三昧。諸佛光明悉入此十地菩薩頂時，名爲得職，入諸佛界，具佛十力，入佛數中。此菩薩於十地滿心時，諸佛授職故以智水灌是菩薩頂，成爲灌頂法王。

菩薩至此，於一念中堪受無量無邊諸佛雨大法雲，故名法雲地。於一念一時中，能於無量微塵世界，雨善法甘露法雨，滅諸衆生無明所起煩惱焰，故名法雲地。如是名爲法雲灌頂。菩薩至此地已，不久即得轉入等覺位中；於等覺位中，百劫修相好，無一時非捨身時，無一處非捨身處；福德滿足時，必當證得如來自覺究竟境界。

「善繫心十無盡句，成熟衆生；種種變化，光明莊嚴；得自覺聖樂三昧正受故。」菩薩成佛已，仍不捨初地增上意樂，不捨大願，善令自心住於十無盡句中，依初地所發十無盡句之願，以四攝法滿足一切修習佛法者，乃至令得圓成一切種智，如是盡未來際而無止息時，欲悉令衆生成熟佛法；乃至於諸未熟衆生，示現種種化身及與變化，示現無量光明莊嚴，令生欣樂，引入佛法中。諸佛如是不捨十無盡願者，皆由證得自覺聖智法樂三昧，依此三昧正受故能如是。

「復次大慧！菩薩摩訶薩當善四大造色。云何菩薩善四大造色？大慧！菩薩摩訶薩作是覺：彼眞諦者，四大不生。於彼四大不生，作如是觀察。觀察已，覺名相妄想分齊、自心現分齊、外性非性，是名自心現妄想分齊。謂三界觀彼四大造色性離，四句通淨，離我我所，如實相自相分齊住。無生自相成。大慧！彼四大種，云何生造色？謂津潤妄想大種，生內外水界；堪能妄想大種，生內外火界；飄動妄想大種，生內外風界；斷截色妄想大種，生內外地界；色及虛空俱，計著邪諦，五陰集聚，四大造色生。大慧！識者，因樂種種跡境界故，餘趣相續。大慧！地等四大及造色等，有四大緣，非彼四大緣；所以者何？謂性形相處，所作方便，無性，大種不生。大慧！性形相處，所作方便和合生，非無形；是故，四大造色相，外道妄想；非我。」

疏：《「復次大慧！大慧！大菩薩們都應當善於了知四大及造色，如何是菩薩善於了知四大及造色？大慧！大菩薩們作如是覺照：那四大及造色之眞正道理，就是四大不生。於彼四大及造色中，如是觀察四大不生。觀察之後，能覺知名與相之妄想分齊、四大及造色是自心所現之分齊、心外之法非眞實法，如是了知已，說此三種觀察所生智慧亦是自心所現之妄想分齊。這就是說：於三界萬法中觀察那四大及造色之性離三界——三界唯是自心藏識所現，由此現前觀察故，一異等四句通達清淨，即得遠離我見與我所見，於如實相之自相分齊安住。無生忍或無生法忍自相因此成就。大慧！那地水火風四大種，如何產生造色之現象？這是說：由有津潤之妄想大種，而生內外水界；由有堪能炎盛之妄想大種，而生內外火界；由有飄動之妄想大種，而生內外風界；由有斷截色法之妄想大種，而生內外地界；由此四種妄想及色法與虛空同時同處，有情誤計執著不正確之道理，使得五陰積集聚合，四大造作色陰的現象及四大造作萬物的現象便出現了。大慧！八識因爲樂於踐履種種境界故，於三界六趣中相續受生。大慧！地水火風四大種及造色，由有妄想大種爲因而成其功，非以四大種爲妄想大種之因；這是什麼緣故呢？也就是說：一切色法之形、相、處，皆是所作之方便法，無眞實不壞體性，而四大種本來不生。大慧！一切色法之形、相、處，都是由於所作之種種方便和合而生，非無形相處；由是緣故，四大種及造色等法相，是外道之妄想分別；這不是我所說法。」》

「菩薩摩訶薩當善四大造色。云何菩薩善四大造色？大慧！菩薩摩訶薩作是覺：彼眞諦者，四大不生。於彼四大不生，作如是觀察。」一切地上菩薩都必須善於了知四大及四大造色。如何是菩薩善於了知四大及四大造色？此謂一切菩薩摩訶薩應當作如是覺照：那四大與造色之眞正道理，是四大本來不生。對彼四大本來不生之事實，作如是觀察。

「觀察已，覺名相妄想分齊、自心現分齊、外性非性，是名自心現妄想分齊。謂三界觀彼四大造色性離，四句通淨，離我我所，如實相自相分齊住。無生自相成。」菩薩摩訶薩觀察地水火風四大種本來不生；謂地水火風四大種，本際皆是極微圓相，四大所造之物有變，而大種恒常不變，質量永在。若因所造之物有滅失（如木燒已），而令四大種極微原素隨之滅失者，則無始劫來有情所已用去之造色皆必令其四大種滅失，如是劫劫相續用已，應無今時諸方世界之成劫與住劫，無量劫來之使用滅失相續，必令四大種滅失相續故，則不能於虛空中復有新世界形成故。是故，物之形相處有所轉易，而說物有生滅；造成物之四大原素則是本來不生，亦永不滅，唯是改變其存在之方式爾。

若能於四大原素之本來不生，善於觀察之後，便能覺悟到名與相之妄想分際、四大及造色是自心所現之分際、心外之法非眞實法，如是善觀察、善了知已，隨即了知此三種觀察，亦是自心所現妄想之分際。此謂：依於三界萬法之生住異滅現象，於中觀察四大及造色之性實非三界萬法之本源－三界萬法唯是自心藏識所現；由能如是觀察故，於一異、俱不俱、有無非有非無、常無常四句，即能通達，並且清淨不雜邪見惡見，如是即得遠離我見與我所見，能於如實相之自相分際中安住。

云何謂「於如實相之自相分齊安住」？而不云「於實相之自相分齊安住」？此謂菩薩作如是觀察者，乃是七識心；七識心觀察四大及造色已，了知四大之造色乃是自心藏識之種子，能造色者是藏識；名與相（受想行識與四陰之相）由藏識與四大造色因緣而有，四大之造色則是由藏識所現；由是現前觀察故，曉了藏識心外之一切法皆非眞實法，皆是緣起緣滅之法；現觀了知已，知自心藏識是諸法之實相，知自心藏識所住境界即是涅槃、即是實相境界。然見分七識心如是現觀已，唯能依於如是現觀之般若智慧安住，終不能改變七識心之自性同於藏識自性，終不能以七識心入住藏識如是境界，終不能代替藏識而起造色之功能運爲；藏識自住境界唯有藏識自心能住，七識心唯能依於如是現觀藏識自性境界之智慧而住，如是安住終非藏識自住實境，故名「如實相」；故云「於如實相之自相分際安住」，不云「於實相之自相分際安住」。

云何爲「名、相妄想分齊」？此謂名與相二種妄想之分際也。名謂識陰七識及七識於色陰中所起受想行陰，如是受想行識四陰謂之爲名；相謂四陰現行之法相，譬如識陰之了別相及思量相、受陰之正受苦樂非苦樂相、想陰之了知三受與返觀相、行陰之時空轉易相續相，是謂名之相。如是等相悉由名生，名等四陰由識陰與色陰配合藏識自性種子而生。凡夫及二乘愚人不了此義，謂色陰之法實有，由無常故說非實有，而不能知色陰乃是藏識藉因緣所現；二乘愚人不了此義，謂名等四陰因緣而生，不知實由藏識藉因緣而生；乃有妄謂五陰唯因緣生、唯因緣滅者，不知五陰乃由藏識藉因緣而生、由藏識藉因緣而滅，是故凡夫及與二乘墮於「名、相」之妄想中。菩薩摩訶薩由善觀四大造色之理故，曉了「名與相」妄想之分際，遠離名相妄想。

云何自心現分齊？「大慧！彼四大種，云何生造色？謂津潤妄想大種，生內外水界；堪能妄想大種，生內外火界；飄動妄想大種，生內外風界；斷截色妄想大種，生內外地界；」有情身外之山河大地，由地大（堅硬性物質）水大（濕潤性物質）火大（堪能炎盛物質）風大（飄動之氣體）所聚集而成，是名外地界、外水界、外火界、外風界。有情之身則由內地界乃至內風界聚集而成。如是聚集，名爲造色。

由有情藏識中含藏色法斷截妄想大種，故於母胎中由藏識藉父母緣，而變生堅硬之色身；由藏識中含藏津潤妄想大種，故於母胎中由藏識藉緣變生津液內分泌及筋骨中之內水界；由藏識含藏堪能炎盛之妄想大種，故於母胎中由藏識藉緣變生內火界，保持體溫；由藏識含藏飄動妄想大種，故於母胎中由藏識藉緣變生內風界，令五臟六腑自能運行；由是故說有情色陰乃是各自藏識自心所現，非上帝造，非因緣生，非自然生，如是四種妄想大種，能令藏識藉諸外緣，將母血所含四大種變生爲內地水火風界，成就色身，名爲造色。如是造色，若無藏識所藏四種妄想大種自性爲因及四大種，若無父母及器世間四大種爲緣，即不能成就；若無無明爲因，亦不能成就。善知此者，名爲「已覺自心現分齊」者。

色陰如是，名之四陰亦復如是；謂受想行陰乃依色陰及識陰之和合運作而現行，非能外於此二陰而有故。識陰之意識及前五識，則依未壞之五根及第七識意根，能觸六塵法，故由藏識流注六識種子於六根與六塵相觸處，方有識陰之現行運作。六根則由藏識藉緣而生，非唯因緣生，非唯自然生，是故五陰俱是藏識自心所現；名既自心所現，名之相自亦爲自心所現，如是現觀而知者，名爲善知自心現分齊者。

內地界等如是，外地界等亦復如是；由共業有情藏識中有「斷截色妄想大種」，故於虛空形成山河大地石礫沙土等；由共業有情藏識中有「津潤妄想大種」，故山河大地有種種水，滋生草木；由共業有情藏識中有「堪能炎盛妄想大種」，故有堪能燒燃之種種物性；由共業有情藏識中有「飄動妄想大種」，故有大地氣流飄動等。共業有情如是於同一世界受外地水火風界之果報，善業者得善良外地水火風報，惡業者得惡劣外地水火風報；業盡時，外地水火風界生大變異，世界漸壞，轉入壞劫乃至空劫，有情轉生他處。若能如是現前觀察，善於了知者，名爲善知自心現分際之菩薩。

菩薩於三界萬法中，現前觀察彼四大不生性及造色法性，善觀察名與相之妄想分際、善於觀察自心現分際，則能了知自心藏識外之一切法，皆非有實體性，皆是直接間接由藏識自心而生，如是人，名爲「善觀外性非性者」。

菩薩如是善觀善覺「名相妄想分齊、自心現分齊、外性非性」者，隨即能知如是三種現觀智慧，即是自心所現妄想；由藏識及名色……等展轉而現故；如是而觀者，能知自心現妄想之分際。

菩薩如是於三界諸法中，觀彼四大造色之性非實，依自心藏識而有；如是現前觀察故，於一異、俱不俱、有無非有非無、常無常四句，即得通達無礙、智慧清淨，眞實遠離我見與我所見，能於「如實相之自相分際」安住；藏識無生、諸法無生、四大種無生之自相悉皆成就。

我見難斷、非獨現今，佛世已然如是；故有六師外道遍至各大城謗佛之法爲非，故有世尊踵隨其後，遍至各大城一一破斥以度衆生之事。今值末法，邪見橫流，更爲嚴重。如桃園南崁「大活佛」喜饒根登之師—義雲高，以不起妄念之覺知心爲眞如，謂此意識爲本來面目，正墮我見之中，而自謂已離我見，自謂能斷見思二惑，無有是處（詳見彼著《般若波羅蜜多心經講義》頁十八，及拙著《宗門血脈》第三三七則拈提）。如是謂爲般若智慧，則般若智慧即同常見外道，此是四阿含中、及三轉法輪諸經所破之我見故。我見不破者，而言能斷思惑我執者，未之有也。彼以如是我見我執而註釋《心經》，而開闡實相般若、觀照般若、文字般若者，悉是依於我見我執而解，名爲常見外道見，與般若無有交涉。

如此義雲高者，執意識覺知心之處於無念境界，而名之爲眞如者，正墮五陰之識陰境界，而於《心經講義》中奢言中觀，奢言「照見五蘊皆空」，皆名戲論，執五蘊中之意識不滅故。如義雲高於《心經講義》八十頁八十一頁中說「實則是五蘊本體即是眞空」，「實則五蘊諸法本自不生不滅，當體即是眞空實相，互不異之。」審如是者，則五蘊之法應從無始以來即不曾滅，是不生滅法故；若不曾滅，汝義雲高巨聖之今世應無兒時少年之時，應無父母生汝，汝色蘊是不生不滅之法故，不生之色蘊不應由父母生故。若有父母生汝此世色蘊，由受胎而出生、而長養、而少年、而青年、而至今之壯年，乃至漸入老年，不免一死者，云何可謂爲不生滅法？則應汝覺知心於夜夜眠熟位中恒現不斷，而現見夜夜斷滅，云何可謂爲不生不滅者？如是凡夫外道見而註解心經，以「巨聖」之身份行世，無乃誑唬閭閻之行乎！

義先生墮於我見之中，執之不捨，放縱徒子徒孫釋性圓等人於台灣各大報頭版，以巨額廣告費詆譭於我，強辯意識爲不滅者，堅執我見，正是我執深重；不肯實事求是，求證自心藏識以斷我見我執，翻因余之指正而心生不悅，大作廣告，以謾罵之行加於我名，何益自他？

今者義先生尚不能知《心經》所說心即是如來藏阿賴耶識，否定阿賴耶識，欲於阿賴耶識之外求覓眞如，正是心外求法之徒，云何解得《心經》？如其《心經講義》頁二九中云：《我們要講心，不是胸內主血器官、不具思意分別的肉團心，也不是起思慮作用的第七識末那意，也不是集藏一切種子諸法有漏無漏諸因之第八阿賴耶識；而所要講的心是眞實清淨如來藏心、衆生之本來面目、不生不滅之眞如心也。》

尙不能解知阿賴耶識即是因地眞如，尙不能知佛地眞如是由阿賴耶識之斷除二障隨眠而成就之理，乃否定第八識阿賴耶，欲於阿賴耶識外別覓眞如心，愚癡乃爾。

義先生不知不證其自心阿賴耶識，於今世欲覓三大無量數劫後之佛地眞如，必不可得；眞如即是阿賴耶故，非一非異故，非即眞如非非眞如故。外於阿賴耶自心，而求覓眞如者，名爲心外求法之外道也；如是而覓眞如者，窮劫亦不可得，則其著作及諸開示，云何可信？未入別教見道位故，未斷聲聞初果所斷我見故。

佛於阿含諸經十二因緣法中，一向皆說五蘊由識（名色緣識之識）生；既有能生五蘊之阿賴耶識，則當尋覓阿賴耶識，此是根本識故，此是三大無量數劫後之佛地眞如故，五蘊是阿賴耶識所生之法故，有生則必有滅故。逮至尋得阿賴耶識，證知其與五蘊非一非異之理，證知其無始以來不曾斷滅，眠熟悶絕等位亦悉現行運作，如是之時必斷我見，從此不認意識爲常不滅者，方名見道之人。

若不證此根本識，只認意識覺知心不起妄念即是佛地眞如者，尚且不入二乘菩提見道位，何況能入別教七住見道位？而奢言已知已證佛地眞如者，名爲大妄語也，證佛地眞如者唯是究竟佛故。以凡夫意識我見境界而空言所證大圓滿心中心法之勝妙，空言所修大手印法之勝妙者，皆是意識臆想境界。如是我見凡夫，而能授人以「大活佛」之名銜者，未之有也！不應有也！

唯有親證藏識賴耶者，復加修學種智法門，方能覺照名相妄想分際，方能覺照自心現分際，方能覺照自心藏識外一切法無眞實不壞性，方能覺照自心現妄想之分際。如是之人，於一異等四句方能通達清淨，方能遠離我見及我所見，方能安住於如實相之自相分際，如是方得名爲「無生自相成」。

「色及虛空俱，計著邪諦，五陰集聚，四大造色生。大慧！識者，因樂種種跡境界故，餘趣相續。」色法一向不離虛空，色陰所住之處亦有虛空，非無虛空；以有十方虛空故，世界壞時碎如微塵散於虛空，緣熟之際又復聚集成此世界山河大地。有情色陰亦復如是，恒與虛空俱；色陰所在之處，虛空不壞不𦆭不縮，虛空是無法故；色陰壞時，身中四大分解，火大水大風大漸歸虛空，地大歸於大地，大地亦在虛空；色陰形處雖有變異，四大種不變，仍與虛空俱；來世受生時，又藉父母緣，展轉於虛空攝受四大種─四大造色生，令色陰集聚；色陰聚集滿足時五色根成就，名等四陰隨之而現，是名五陰集聚，四大造色生。

然諸衆生世世五陰壞已，又復造色重生五陰，皆因計著邪諦所致。計著邪諦者，謂如常見外道之計意識爲常不壞心而生執著，亦如數論外道之計冥性爲生命之本源，亦如極微外道之計能量極微潛轉身中迅速往來作諸業用，亦如唯物論者之計四大極微元素爲生命之本源，亦如自然外道之計五陰覺知等爲自然生及自然滅，亦如因緣外道之否定藏識而計一切有情唯因緣生及因緣滅，亦如梵天外道之計一切有情及山河大地皆造物主所造，如是種種邪諦計著而自謂爲聖諦眞理。如是等人由計著邪諦故，不能斷除我見我執，必令後世五陰集聚，四大造色之事相復起，再度出生，輪迴生死，永無盡期。

何故計著邪諦者必令五陰集聚及四大造色生？謂由不斷我見我執故，令八識心王因於樂著種種境界行跡、於中踐履故，便致死已轉受餘生。

我見未斷之人，八識心王各樂種種跡境界：眼耳鼻舌身識樂著色聲香味觸境界，意識樂著如是五塵及塵上所生法；意根遍著六塵上法及前六識與受想行蘊及色蘊，亦樂著藏識自性、恒內執藏識爲我及我所（此唯真悟藏識者方知，未悟凡夫恒有此執而不自知）；阿賴耶恒於五陰起諸了別，集聚一切業種而樂執藏之。

若得見道（三乘菩提之任何一種見道），則永不認意識覺知心爲常不壞我；則於見道後漸斷我執，將意根之自我執著亦予滅除。滅除已，八識心王俱各不樂踐履種種境界，捨壽便入涅槃；住世之時雖無神通境，亦無定境，無諸神異，爲俗人所輕賤，然是慧解脫聖者。彼諸附佛法外道，以不捨意識覺知心故墮於我見；我見不斷故執著意識相應法，好樂六塵境界，故必貪求五欲及神通炫異境界，以邀名聞利養，不惜巨資，常常上報；乃至大作廣告，炫異惑眾以廣招徠，皆是意識「覺知心我」之我見不斷所致；縱有神通，爲諸俗人崇敬供養奉事，仍是凡夫外道，不入佛門。如是之人我見不斷，見惑仍存，彼之八識必定喜樂踐履種種境界，是故死後七識不滅，必定續於六趣輪迴，永無解脫之期。若以神通或持咒之鬼通爲手段，聚歛資財，假冒佛教之名而傳常見外道法，及求世俗甘露有爲法者，死後必墮三惡道，長劫受苦，難復人身；若因此而謗正法，以謗法故更謗持正法者，必墮無間地獄，受長劫尤重純苦。如是種種餘趣相續，皆因其識樂著種種境界，不好寂滅涅槃，不斷我見我執所致。有智之人當疾求覓善知識，藉善知識緣而斷我見乃至我執；我見斷已，尚不認覺知心我，了知此我是劫自家寶之賊人；了知由於此我不肯滅除，是故不斷我見我執，永絕於解脫之道，由是餘趣相續、輪迴不絕。我見若斷，始與解脫道相應，一切學人當善知此。

「大慧！地等四大及造色等，有四大緣，非彼四大緣；所以者何？謂性形相處，所作方便，無性，大種不生。大慧！性形相處，所作方便和合生，非無形；是故四大造色相，外道妄想；非我。」此段經文於：《大乘入楞伽經》作如是譯：「大慧！地等造色有大種因，非四大種爲大種因；何以故？謂若有法有形相者，則是所作，非無形者。大慧！此大種造色相，外道分別，非是我說。」

有情身內之內地界、內水界、內火界、內風界所成造色，皆是由於有四種妄想大種爲因，故地水火風等四種造色得以成就；並非以地水火風四大原素爲因。此謂三界萬法，若是有自性者、有形相者，都是所作之法，依種種方便而生，無眞實不壞性，地水火風四大原素本來不生故。

如色陰，有形相，有自性；既有形相，當知是色法；是色法故，必是依於父母、中陰、業力、意根與賴耶，及四大原素種種方便所作，先無後有。既是先無而後有，則是有生之法：有生則必有滅，無有眞實不壞體性，故說無性。地等四大雖於色陰集聚之中，由種種緣而集成色陰，然唯所造色之形相轉變，或成骨、肉，或成精血內分泌，或成身中溫暖，或成身中氣體及動轉力；造色雖有種種轉變，而四大原素於吾人身中之自相仍是極微圓相，無有轉易，本來不滅，故說不生。

由有色陰形相，故說有自性；因於造色差別，故令自性差別。如造色成骨，則成支撐吾人色陰之用；如造色成心臟，則成供給色陰榮養氧氣之用；如造色成血，則成運送榮養氧氣及運送廢物之用；如造色成暖，則成使用榮養之用；如造色成能量，則成風大動轉之用。由造色之異，故有別別自性，成就有情身口意行。

然地水火風四大極微原素，皆是圓相，本不可能聚集造色，何況能成吾人色陰？譬如積木，隨意聚集，可成種種形相；若是玻璃珠，俱是同等大小圓相，則不可能隨意聚集成種種形相。四大極微俱是同等大小圓相，亦不可能聚集造色而成色陰中種種差別—五臟六腑津液髓腦骨肉毛髮互異；皆應如極細石粉自身不能成就種種物，平攤於地。

若人以種種緣，加之以水及人工、凝結劑等，便能造種種色。若復壓磨，仍將回復細粉之狀，而其質量無有增減，唯是形相改易。吾人色身亦復如是，由有四種妄想大種，故令身中造色種種別異，成就色陰自性功能；由四種妄想大種互相配合，故令骨中不唯有地大，亦有水火風大；故令血中不唯有水大，亦有地火風大；……說之不盡，如醫學家之廣說者。凡此皆是藏識所含妄想大種之神用也，非自然性，非因緣性。

若是自然性者，必應自然發展；若由四大極微自然聚集發展，則過甚大；何以故？將人人色陰別異故。則將有人手長八尺，身唯一尺；亦將有人頭大如鼓，身小如手；……種種不合理之發展造色。然觀一切人之四大造色所成色陰，皆有一定規矩，容有大同小異，絕無大異小同。因緣性者亦復如是有此過失，是故有情色陰之四大造色，必依藏識所含之四種妄想大種，互相配合運作，方能藉地等四大種而造色—成就吾人正常之色陰。

若如印順法師堅決否定藏識，主張唯有六識者，則印老將不能依願再來人間弘法度衆，意識不去至後世故。設使印老辯稱意識可以去至後世，請問：印老意識處母胎中時，如何造色？如何成就爾身骨肉精血五臟六腑？無所能爲也。

若如常見外道之雲慈正覺會釋性圓「法師」，及其常見外道之師之祖—喜饒根登及義雲高先生，主張意識不滅，可以來往三世，請問：爾等入胎之「前六月」中，意識何在？意識若在則必有覺知故；若無覺知，則無意識，名之爲斷爲滅；佛於三乘諸經俱如是說，爾等違逆佛旨，所說與佛相反，何得自稱爲佛教？

若謂意識能去來世入胎，惟於胎中眠故不現；亦有大過，謂意識既眠，則一切無所能爲，則爾等處胎眠熟六月之中，是誰藉父母四大之緣而造色？而成就色陰？既於意識斷滅位中，而有能造色者，當知必有藏識以四類妄想大種，而藉四大種造色，方能成就吾人正常之業報身，非意識所能爲也。

設使汝等眞有所謂大神通，由大神通而令意識不滅（此是妄想，神通依意識有故），則應汝等意識覺知心於母胎中，始自入胎，終至出胎，皆能覺知了了；而現見汝等不能如是，眠熟及悶絕位中覺知心已斷故，何況有大神通？假饒汝等住胎全期中，能令意識覺知心皆不斷滅，恒時現前；請問：汝等三人於入胎後，如何造色？如何造作此世胎身之筋肉骨髓五臟六腑？汝等聞此，皆必瞠目結舌，不能答余也。何以故？謂此造色之功，非意識種故，乃是藏識依其所含四類妄想大種、方能造色故，非汝等意識所造故；造色法非自然性故，非唯因緣性故。

復次，佛於四阿含諸經中說：「意法爲緣，和合觸故生意識。」復於三轉法輪諸唯識經中，在在闡釋：意識覺知心若現起，必須具足三種俱有依，方能現起；若缺其一，必定斷滅不現。三俱有依者，謂阿賴耶識、意根末那、可用之五根身。汝等初入胎時，尚無可用之五根，意識必定不存，不能示現，故無覺知；覺知尚無，意識未起作用，何能造色成就五根？無斯理也。乃至未滿六月前，勝義五根（頭腦）之基本造色仍未成熟，汝等彼時意識尚不能於粗劣五塵而作了別，云何有能造色成就五根之功能？無斯理也。莫道處胎位，即今汝等五勝義根（頭腦）具足圓滿，亦不能知如何造色也，何況初入胎時意識滅位，而能造色？無是理也。

若知意識滅位，仍有離見聞覺知而能造色之心，當知彼心方是恒不滅心，則知意識非根本心也；易起易斷易滅，生滅無常變異之法，云何有力能通三世？汝等常見外道師徒，云何誑唬閭閻，強辯意識之不滅？強辯意識可以來往三世？可以入胎去至來世？

唯有造色之心，方是能持身者，方是能同時了別五臟六腑者，方是能令五臟六腑生長、新陳代謝、正常運作、修補損壞，乃至令五臟六腑衰老而至死亡者；凡此皆非意識覺知心之所能爲也。造色之心若一時不在，色陰四大隨即分解，色身必定腐敗；造色之心恒住身中，眠熟、悶絕、二無心定中悉皆如是，是故有人悶絕昏迷數日數年，而身不爛壞，以有造色之心持身故；意識覺知心於此無所能爲，依正常五根方能現起故，依意根及造色之心方能現起故，是故說意識爲依他起性。依他起故，易起易斷。以正常之五色根爲依故，必令此世意識不能去至來世，此世意識既以此世五根爲依而起，來世亦必定另有別依來世五根而起之意識，互不相容，互不混濫；故此世意識不知往世，來世意識亦將不知此世，各依前後世之五色根而起故。

如是，意識依他而起，易起易斷，唯存一世，不至來世，生滅有爲變異無常，非是恒存不滅不斷之法，不足爲憑；當覓彼與意識同時同處之法—造色之心—阿賴耶識，此造色心方是生命之實相故。若如釋性圓、喜饒根登、義雲高等人執意識心爲不滅者，名爲民間信仰之常見外道。若如義雲高等三人之不知不證阿賴耶識，否定阿賴耶識，於此藏識外欲別覓如來藏，別覓未來佛地之眞如者，名爲心外求法之徒也；阿賴耶識即是未來佛地之眞如故，彼等外於此眞實心而別求想像之眞如故，故名常見外道。

地等四大所成色陰，尚須假藉四大爲緣，何況依於色陰方能現起之意識，更是所作方便和合而生，今義雲高等人執意識心爲《心經》所說心，墮於常見外道見中，誤會《心經》之旨；乃竟發明「素法身」之名相，奢言：「若生前已證素法身者，此可住入無餘依涅槃。」不知不證如來藏阿賴耶識，否定如來藏阿賴耶識，而言有「素法身」可證者，無有是處，阿賴耶識正是如來藏「素法身」故。意識我見不斷者，絕非已證「素法身」阿賴耶識者故。今觀義雲高之《心經講義》中，以意識覺知不起妄念時爲佛地眞如，尚不能斷意識我見，何況能斷思惑而取涅槃？所言「素法身」者，唯是情解臆想，無有實義。

如是色陰及意識，皆依四大及造色等而有，不離四大性造色性及形相處，皆是種種方便所作和合而生，非無形相性相。若有人言：「入胎後之造色，唯依四大爲緣、自然而生五陰。不須別有能造色之心。」如是所說四大造色之相，乃是外道之因緣妄想，非我佛教釋迦世尊所說也。

「復次大慧！當說諸陰自性相。云何諸陰自性相？謂五陰。云何五？謂色受想行識；彼四陰非色，謂受想行識。大慧！色者，四大及造色各各異相。大慧！非無色有四數，如虛空。譬如虛空過數相，離於數，而妄想言一虛空；大慧！如是，陰過數相，離於數，離性非性，離四句。數相者，愚夫言說，非聖賢也。大慧！聖者如幻，種種色像，離異不異施設；又如夢影士夫身，離異不異故。大慧！聖智趣，同陰妄想現，是名諸陰自性相，汝當除滅。滅已，說寂靜法，斷一切佛剎諸外道見。大慧！說寂靜時，法無我見淨，及入不動地。入不動地已、無量三昧自在，及得意生身，得如幻三昧，通達究竟；力明自在，救攝饒益一切眾生；猶如大地載育眾生，菩薩摩訶薩普濟眾生，亦復如是。」

疏：《「復次大慧！繼續當說諸陰自性之相。如何是諸陰自性之相？這是說五陰自性之相。云何說陰有五種？謂色陰及受想行識陰五種。彼五陰中有四陰非是色法，此謂受想行識四陰。大慧！色陰之法，因四大及造色而生，彼此各各異相。大慧！並非無色之法能有四種數相，猶如虛空。譬如虛空超過數目之相，離於數相，而凡夫妄想說有一虛空；大慧！猶如此理，非色四陰超過數相，離於數相，遠離有性無性、離於四句。數相四陰者，是愚痴凡夫之言說，非是聖人賢人之所說也。大慧！聖者現觀五陰如幻，現觀種種色像離異不異等四句施設；又現觀如夢如影之士夫身，離一異等四句故。大慧！聖者智慧意趣，隨同五陰妄想而現行；若離五陰，則無聖人所證智慧意趣；以上所述，名為五陰自性之相。如是五陰自性相及所證聖智趣之執著，汝當除滅。除滅此二種執著已，於一切佛剎演說寂靜法，斷除一切佛剎之種種外道見。大慧！為人演說寂靜法時，法無我見便可趨於清淨，以及進入不動地。入不動地已，證得無量三昧及於相於土變現自在，亦證得「如實覺知諸法法性意生身」，及證得如幻三昧，通達究竟；八地以上菩薩如是得大神力、三明具足，得大自在，故能救攝饒益一切衆生；猶如大地承載養育衆生，菩薩摩訶薩以如是廣大功德而普遍救濟衆生，亦復如是。」》

「復次大慧！當說諸陰自性相。云何諸陰自性相？謂五陰。云何五？謂色受想行識；彼四陰非色，謂受想行識。」：諸陰者謂五陰—色陰及受想行識陰。色陰即是色身，色身云何名之爲陰？謂因此身之愛著不捨，故覆障智慧光明，令解脫慧及般若慧之光明不現，故名爲陰；陰者陰蓋遮障也。

受想行識四陰非是色法，依附於色陰而現行運作。愚痴凡夫不曉此四陰之虛幻，執其了別性，執其能受苦樂憂喜捨性，執其思量了知性，執其能於諸法中起種種行，誤以爲如是四陰是眞實、是常而不壞之有；誤以爲此四陰能來往三世、是衆生輪迴生死之主體，是故墮於常見外道之邊見中，不能出離生死。由執四陰實有故，遮障解脫慧及般若慧，令此二慧光明不現，常處無明漫漫長夜，故名爲陰。

「大慧！色者，四大及造色各各異相。」色陰者謂由藏識所持四類妄想大種，因意根意識不了五陰自性虛妄，由此無明故，入住母胎中，執受精卵爲我；執之爲我故，中陰意識即告永滅，往世一切覺知連繫悉滅，唯餘意根與阿賴耶識住受精卵中。此際意根之了別慧極劣，一如吾人眠熟位無二；此際純由藏識了別受精卵，依於四類妄想大種，藉母血爲緣，攝取四大，變生色身五扶塵根（肉身）及五勝義根（頭腦）。歷經九月之攝取四大而造色身，五根圓滿已，方由阿賴耶識之了別慧（非意識意根之了別慧），發動業風，頭向產門；由是業風引產故，令母體子宮收縮生產；如是由阿賴耶四大造色所變生之色身，名為色陰。以一切人甫出生已，便由意識分別而執著色身故，名為俱生斷續我見；是意識分別心所生我見故，此分別心夜夜斷已次日復續故；說名俱生者，謂不待教導思惟，自己便有如是分別執著故。如是色陰，由四大造色生，是方便所作，眾緣所成，時刻變異而長而壯而老，終必壞滅，非實有不壞法，是即色陰之自性相。

人之色陰固有一定之形相比例，然因各人之四大類妄想大種互異，故各人之四大造色各各異相，導致各人身相面相各各別異。同父同母所生諸子，亦各各有別，皆緣於各人藏識所含妄想大種之互異，是故各各異相。如是，黃種人異白種人，白種人異黑種人，……種種差異。

餘趣有情各依業種受生，異於人趣；受生時，於其趣中亦有種族差別；譬如同類為犬，亦有種種異類之犬。乃至同一對犬父母所生同胞諸犬，亦因各自藏識所有四類妄想大種之異，致令四大造色有別，出生後之色陰便因之各各異相。各各異相故，果報隨異，健壯孱弱、俊美醜陋……長壽短命等，種種異相顯焉，是名色陰自性相。

「大慧！非無色有四數，如虛空。譬如虛空過數相，離於數，而妄想言一虛空；大慧！如是，陰過數相，離於數，離性非性，離四句。數相者，愚夫言說，非聖賢也」：並非無色之受想行識可有四數，無色之法猶如虛空故。譬如虛空，超過數相，不在數中，不可言虛空有二有三；虛空不可分割故。虛空是施設法，由人之覺知無物，依於物之邊際，施設物外名爲虛空；虛空是無法，以無法故無邊無際，十方虛空不能窮盡；既是無法，不可分割，不應說虛空有二有三，故說虛空過於數相，離於數相，不在數中；而俗人依於妄想，言十方虛空唯一，無有第二虛空；如是所言一虛空者，依妄想有，亦依妄想而言，實非無色之虛空有一有二之數也。

如是，受想行識四陰亦如虛空過於數相，離於數相。云何離於數相？受想行識四陰，本是識陰一法之行相故；由識陰之眼等七識，依於色陰及藏識而起三受五受陰，復起覺想了知之想陰，而有身口意行之行陰故。若離識陰，則無受想行三陰，受想行三陰本是識陰之體性現行故。四陰者，依一識陰，方便說四，乃爲愚痴無智衆生而說有四，實無有四，何以故？此四陰非是色法故，非色之法云何可分爲四？

譬如虛空，依方便解說故，爲小兒說無水小瓶中爲瓶虛空，無水壺中爲壺虛空等，然實無有如是二種三種別別虛空，唯是同一無物，說名虛空。四陰亦復如是，唯是同一識陰，方便說四，令諸衆生易得解了，故說非色四陰實非有四，過於數相，離於數相。然識陰亦不可說之爲一，非色故，如虛空故；若說爲一識陰者，乃是依於世俗妄想而說一故。

「性非性」，性謂有法性，非性謂無法性。云何受想行識四陰離性非性？此謂受想行陰依識陰有，識陰復依如來藏（阿賴耶識）而有，故云非有法性、非無法性。識陰乃由阿賴耶識生，若離阿賴耶識，自身不能存在，故非自在；非自在法，不得謂爲實有法性。識陰雖依藏識而現，非有自在性，然若藏識存在不滅，識陰必定有復現時（唯除無學聖人捨壽取涅槃），故說非無法性。以其非有性非無性故，說其離性非性。

譬如意識覺知心，離有性無性；依藏識而生，夜夜斷滅，故非自在，非有眞實不壞法性；由依恒不斷壞之藏識生故，夜夜斷已，晨晨復生，乃至世世滅已，仍有未來世世新生之意識現行，故非無法性，《楞嚴經》卷一至卷五所說者即是此意也。凡此皆依藏識而滅而現，非其自身有能滅能現之性；唯爲凡夫離此意識我見而證解脫，施設第六意識之名，方便解說；此意識心性，其實離有性無性，唯是藏識所現種種體性之一故。

云何四陰離四句？四句謂一異、俱不俱、有無非有非無、常無常。四陰虛妄，非有實性，非無現起之現象；皆是由藏識而生而滅，與藏識非一非異、非俱非不俱、非有無非非有非無、非常非無常（詳本輯前述經文：「彼四句者，謂離一異、俱不俱、有無非有非無、常無常，是名四句。」此處准彼經文疏解，不重贅述），故離四句。

四陰如是，合爲一陰而說者亦復如是，皆是方便施設之名，爲令衆生易解易知，分說爲四；若究其實，一數亦離，皆唯空性藏識之性故。《楞嚴經》

說：「云何五陰本如來藏妙眞如性？……是故當知色陰虛妄，本非因緣，非自然性。……是故當知識陰虛妄，本非因緣，非自然性。」謂五陰固然虛妄，然非唯因緣能生五陰，非是自然能生五陰，乃如來藏阿賴耶識所生，與藏識非一非異、乃至非常非無常，故言五陰本如來藏妙眞如性；五陰本是如來藏之種種體性之一故，藏識阿賴耶即是未來佛地之眞如故，佛地眞如亦能依四大造色功能而變生欲界五陰故。

由斯正理，說有五陰、六入、十二處、十八界、百法萬法者，此等諸數，皆爲愚夫而言說，非聖賢也。一切別教聖賢所見，唯是一心—第八識如來藏；一切萬法皆是此藏識自心之現量，離第八識心外，無有諸法，故說三界萬法唯是自心。

「大慧！聖者如幻，種種色像，離異不異施設；又如夢影士夫身，離異不異故。大慧！聖智趣，同陰妄想現，是名諸陰自性相，汝當除滅。滅已，說寂靜法，斷一切佛剎諸外道見」：大乘別教聖者，現觀五陰猶如幻化，如實觀察有情種種色像，皆離一異等四句施設；又觀察如夢如影之士夫身，皆離一異等四句故（詳前所述，此處不贅）。

然諸別教聖者所證智慧之意趣，必定隨同五陰妄想相而現行，此即五陰之自性相也。譬如世間諸聖乘願再來、留惑潤生者，必取後世五陰；以有五陰故，能以所證聖智意趣教化有緣者，同入法性之海。若離五陰，不入胎造色現有出生者，尚不能有色陰識陰，何況能爲衆說法、廣利有緣？是故諸聖之聖智意趣，必同五陰妄想相齊現，故名留一分煩惱障惑而潤來生。如是諸聖之五陰自性相，及凡夫五陰造色自性相，俱名諸陰自性相。菩薩證知此慧已，復當除滅此見。除滅此見已，當爲十方佛刹諸佛子衆，宣說五陰滅盡而證涅槃寂靜之法，將一切佛刹中之種種外道見斷除。

諸外道修行者，不曉五陰虛幻，每執五陰爲常不壞我。譬如密宗中人，偏愛神話、迷信神話，每於祖師死後編造神話，謂某祖師捨世時，肉身化爲虹光身，升天而逝；實則肉身不可能升天，質量不相容故；一切已證「初禪遍身發」之學人，皆知初禪天身爲何物，皆知將來升初禪天者是以何身升天，絕非肉身；欲界天亦復如是，故密宗所述如是神話不可信也，是「神話」故，非佛語故，肉身不能化為虹光身故，佛法中不曾說有虹光身故，虹光身是密宗祖師之妄想故。

然諸聖證得無生法忍已，能取無餘涅槃而不入涅槃，能於捨壽時滅盡五陰而不滅盡，反而留惑潤生，繼續受生，乘願再來人間，又復入胎造色，現有五陰，不生諸天取世間福報。然未證二乘解脫果者、未悟證自心藏識者，必不能捨其識陰執著，依於應受之人間果報隨業受生，則非留惑潤生也。

聖者為利益有情故，受來世五陰，復於人間現有意識心；然卻以彼意識覺知心觀察眾生，及為眾生說法。爾時聖者廣說寂靜法—涅槃寂滅；謂涅槃中六根六識俱皆除滅，不觸六塵，故無覺知心，亦無作主思量心，完全無我。如是名為寂靜之法，即是《心經》所說：無眼耳鼻舌身意，無色聲香味觸法，無眼界乃至無意識界，無……等。如是依自心如來藏本際而說涅槃寂靜。

彼諸常見外道凡夫如釋性圓、喜饒根登、義雲高者，執意識覺觀之心不捨，聞之必謗云：《……比如憑空說大圓滿心中心法之觀心是錯誤的，那麼請問該如何行道？不行道與常人無異，若行道，必起念，以念制念。若不起觀，何道之有？豈不又永是凡夫之行嗎？如蕭平實你也講到你三思之後為護宗門正法，不論可不可行皆強力而為，難道這一三思不是凡夫意識嗎？》（摘自二000年八月十三日中國時報第一版釋性圓之廣告文）

然菩薩為度衆生，乃至佛地亦不能不用意識心；所異於凡夫衆生者，謂諸佛菩薩皆不認意識心為常恒不壞心，皆以所證第八識為本。諸佛菩薩為利益有情故，為令有情斷除誤認意識心為常不壞心之邪見，欲令有情斷除意識心之我見我執，故為衆生說涅槃寂靜之法：「滅盡六根六識界者名為涅槃。」然為利生說法，必須有意識覺知心，而不執著意識心、不認意識有不壞自性。如是以意識心之覺知性，能為衆生說法，能令衆生運用意識而證得如來藏，能令衆生以意識證知自己之虛妄，能思考弘法護教諸事；卻非如釋性圓、喜饒根登、義雲高等人，不知不證第八識如來藏，而以意識處於一念不生之際，名為證得佛地第八識眞如。余責彼等誤認意識為眞如，為彼等說明意識之虛妄，令捨如是我見；不意彼等反責余未斷除意識心，而主張意識心為常恒不滅心、為輪迴生死之主體。如是名為常見外道之我見也。

睽彼三人之「所證」，以意識心住於一念不生之境，名之爲已證佛地眞如，而反嘲謗阿賴耶識爲妄心，不知阿賴耶識方是未來佛地之眞如，錯認意識爲眞如。如是修證，依二乘菩提解脫道言，未斷意識我見，不入聲聞初果。依別教佛菩提道言，未證第八識阿賴耶空性心，不入七住位；未印證能取之意識心空幻（意識捨離一切法而獨住於定中，仍是能取心故），執意識心爲常不壞者，則未完成四加行之「印證能取空」，未得忍位，尚非六住滿心菩薩。

於三乘菩提俱未見道，未斷見惑我見，而言能入修道位中修習何等甚深廣大之法者，皆名戲論；於佛法中，未見道者，永不入修道位故；未斷見惑所斷意識我見者，永處凡夫邪見無明長夜，尚不能入見道位、不入初果，何況能成「巨聖」？成「大活佛」？無斯理也！處凡夫位而妄評正法，於所未聞法心生驚懼，起大煩惱：恐失名聞利養及諸信徒眷屬。如是未見道者，而空言所證佛法何等深妙者，皆是臆想情解所得，都無實義。

菩薩親證五陰空相，現觀意識之依他起性及易起易斷、不通三世，如是現觀而斷我見，印定能取六塵之意識心空幻不實，而不妨繼續運用虛妄之意識修道弘法護教；此時意識名為無漏有為法，直至佛地究竟佛位莫不如是，永不斷除意識之現行，然終不認意識為常不壞心也；乃至以此意識教人現觀意識自己之虛妄，令成初果人。菩薩復令諸初果人迴入大乘別教中，求佛菩提道之見道：悟證自己之第八識如來藏。若得證悟第八識阿賴耶識，即可了知二轉法輪般若諸經，成七住菩薩。此時菩薩復令此諸七住菩薩初果聖人，進修一切種智，修習《楞伽經、解深密經、成唯識論》等，邁向初地二地無生法忍果。然此菩薩及諸從學菩薩，於此過程中，益加深細證驗意識之虛幻，無生法忍日益深細；而不捨棄意識，以意識為工具，進修上地無生法忍，漸至佛地；乃至成究竟佛已，亦恒不捨棄意識心而度衆生，然終不認意識為眞，必定自始至終一向宣說意識虛妄，令諸學人速斷意識我見。何以故？謂意識心若滅，一切法必皆不現，聖智意趣尙不現前，何況神通有為之法？更不能現也。是故《心經》說：於自心藏識本際位中，乃至「無苦集滅道，無智亦無得」，是名究竟涅槃。然諸佛菩薩斷盡意識我見我執、斷盡意根我執已，終究不捨意識意根；已斷我見我執，而令染汙意根意識轉成清淨意根意識故，已成無漏有為法故，必須藉意根意識方能履行十無盡願以利有情故。然諸凡夫未斷意識我見我執、未斷意根我執者，不得以佛菩薩之意根意識不滅，而責佛菩薩爲凡夫也，否則即成謗聖。

諸菩薩摩訶薩已證無生法忍果已，當於此界及餘一切諸佛剎土，摧破常見外道見，不令如是等常見外道留存於世，要予斷除。是故一切戒定直往之初地以上菩薩，除應斷此界之外道邪見，尚應去至百佛世界摧滅常見外道等邪見。戒慧直往之初地、二地，及三地之入地心、住地心菩薩，尚未成就四禪八定、五神通前，雖無意生身與輪寶，不能去至他方世界摧滅常見外道等邪見，亦須先於此土摧滅常見外道見等；至三地滿地心或四五地時已有意生身及輪寶，則亦應至十方十萬佛剎摧滅常見外道等邪見，爲救護學佛人向正道故，爲大悲心故。是故佛於此處叮嚀曰：「……說寂靜法，斷一切佛剎諸外道見」。

「大慧！說寂靜時，法無我見淨，及入不動地。入不動地已，無量三昧自在，及得意生身、得如幻三昧，通達究竟；力明自在，救攝饒益一切衆生；猶如大地載育衆生，菩薩摩訶薩普濟衆生，亦復如是」：菩薩依四加行（煖、頂、忍、世第一法）而雙印能取所取皆空，入聲聞初果，斷除我見，從此不認意識意根為常不壞心；復求別教所修佛菩提果—求證生命法界實相；故隨善知識參禪，尋覓第八識如來藏—涅槃之本際。逮至證得第八識如來藏已，始入別教七住位不退中；復受學一切種智，熏習領納《楞伽經、解深密經、成唯識論》等，漸入初地；至初地已，方名已於佛菩提之見道究竟通達。通達已，了知自地相及上上地相，依於猶如鏡像、猶如光影、猶如谷響、如水中月、變化所成、非有似有等修證領受而證滅盡定，入於六地滿心位。轉入七地加修善巧波羅蜜多，證得念念入滅盡定，至滿心已，蒙佛加持，授予「引發如來無量妙智三昧」而入八地（此諸過程及修證等，詳見拙著《宗通與說通》詳述，此勿贅述）。

菩薩入初地已，於佛菩提及二乘菩提既已通達，當遵佛旨：「說寂靜法，斷一切佛剎諸外道見。」佛說此語，非單為利益眾生，亦為利益此說法菩薩，所以者何？謂菩薩於此娑婆及十方世界為眾生「說寂靜法，斷一切佛剎諸外道見」時，不唯能斷外道見，亦且能令自身般若慧源源而出，利益自己之深入無生法忍。如世俗法中之教學相長，菩薩亦復如是，於「斷外道見，說寂靜法」時，不唯利益衆生，亦令自身之無生法忍增上、道種智益趨深細。如是教學相長故，法無我見日益清淨，漸漸轉進而入不動地。

如是爲衆生「說寂靜法、斷外道見」者，確實有此大利，余所親證「猶如鏡像、猶如光影」者，悉由如是「顯正、破邪」之緣而得，以此緣故能隨心所欲而轉變夢境相分，證實佛語不虛。由是緣故，於此隨順佛語，勸進一切眞悟者：當爲衆生說寂靜法、斷一切佛刹諸外道見。菩薩爲衆生說寂靜法，及斷除諸外道見時，能令自身法無我見日益清淨故；由法無我見日益清淨故，能次第轉進諸地乃至不動地故。

如是謹依佛語，爲衆生說寂靜法及斷除外道見之菩薩，爲佛教正法命脈之延續，奮勇直前，義無反顧者，得名大精進菩薩；如是菩薩不久得入遠行地，常於十方世界破邪顯正，廣益有情。由法無我見清淨故，無有分毫我見我執，何況有絲毫私心？故能化長劫爲短劫，速入遠行地，不依佛力而自能遠行十方、遠行無邊佛法智慧，不久即由善巧方便波羅蜜故，證得念念入滅盡定，恒處寂滅境—寂靜極寂靜。

如是菩薩必蒙佛力加持，授予「引發如來無量妙智三昧」，由是而入第八地—不動地。入不動地已，由如來所授彼三昧力故，即得獲證無量三昧；故能於相於土變現自在，但起作意即得變現，不須作意後之加行，故名自在。由是自在故，增一意生身：於三地滿心或四五地所得無漏妙定意生身外，復得「如實覺知諸法法性意生身」；亦得八地如幻三昧，三界萬法於此菩薩無有絲毫拘繫之力，而由此菩薩自在運轉，以於如幻三昧通達究竟故。

如是菩薩得大神力、三明具足、得大自在，十方世界一切人天之所恭敬供養，普能救濟攝受及饒益一切衆生；猶如大地載育一切衆生，此第八地至第十地之大菩薩普遍救濟衆生亦復如是，以心平等故，以得如幻三昧故，以究竟漏盡故，以善觀衆生根性故，以得大神力故，以於相於土變現自在故。

「復次大慧！諸外道有四種涅槃，云何爲四？謂性自性非性涅槃、種種相性非性涅槃、自相自性非性覺涅槃、諸陰自共相相續流注斷涅槃，是名諸外道四種涅槃；非我所說法。大慧！我所說者，妄想識滅，名為涅槃。」』

疏：《復次大慧！諸外道有四種涅槃，云何為四？此謂第一、「諸法有自性」之非性涅槃；第二、「種種相有自性」之非性涅槃；第三、「覺察自相自性非性」涅槃；第四、「五陰自共相相續流注斷」涅槃；如是名為諸外道之四種涅槃；非我釋迦牟尼所說正法。大慧！我所說者，乃是妄想識滅除，名之為無餘涅槃。》

諸外道輩，於無餘涅槃生種種誤解，歸納為四種。佛門中之末悟三乘菩提者亦復如是，於涅槃生種種誤解。每有鄉愿者語余曰：「你說你的法，我說我的法，何必評論誰對誰錯？」然觀此經佛所說法，一再提示外道邪見而析辨之；《大般涅槃經》四十卷中，亦一再提示外道邪見而析辨之；《解深密經……》等亦復如是，一再提舉外道邪見而析辨之。

學人當思：以世尊貴為三界導師之尊，何必與彼粗淺外道一般見識？為難外道？乃至踵隨六師外道之後，遍至各大城一一破斥六師外道？此因無他，乃是藉破除邪見之說，能令聞者易於解知佛法與外道分際，由是即得建立正知正見，易於證得三乘菩提；故我世尊紆尊降貴，不辭勞苦履諸大城，一一舉示外道邪見而破斥之，令佛法三乘菩提易得顯了。玄奘菩薩亦作是說：「若不破邪，無以顯正」，意亦在此，是故歷十八國設無遮大會廣破外道。余近年來之破邪顯正，意亦在此。於《楞嚴經》中，世尊曾舉外道五現涅槃邪見而破斥之，今於此經復舉如是四種外道涅槃邪見而破斥之，舉佛法中之涅槃而對照之，則令學人易知涅槃正理；知已則易修證，不入歧途。故余亦藉摧破邪說而顯正理，學人可藉破邪之舉，而輕易建立正見故。

「性自性非性涅槃」：性謂諸法，性自性謂諸法自性；有諸外道誤計諸法雖有自性，而自性非性，終歸壞滅；以一切法自性非性，終歸壞滅，以為涅槃。此乃斷見論者之涅槃見，謂彼斷見論者，遍觀察一切法，覓其不壞之自性眞如而不可得，乃以一切法自性非性為涅槃，主張一切法滅壞已，名為涅槃。

如是邪見，遍存於今時佛門中，非唯外道有。如印順法師主張一切法緣起性空，以一切法緣滅為涅槃，而不承認涅槃之本際有第八識如來藏恒不生滅，以五陰滅已一切法空為涅槃，即是「性自性非性涅槃」，成外道見。

涅槃絕非一切法空，一切法空者即是斷滅見故。是故佛於四阿含中，不許比丘說：「如來涅槃後無，如來涅槃後有。」（詳見《雜阿含第一0六經》）。亦不許比丘說：「漏盡阿羅漢，身壞命終，更無所有。」（詳見《雜阿含第一0四經》）。此謂無餘涅槃乃是「五蘊十八界一切法空」，然是依於如來藏而有「五蘊十八界一切法空」，不得外於第八識如來藏而言蘊處界一切法空，否則涅槃即成斷滅，即成蘊處界無因有緣亂起亂滅，故不應如印順法師以「一切法自性無性」爲涅槃也。

復次，涅槃者乃依有情之根本心而說，不應函蓋有情身心外之一切法非性而說涅槃；有情身心外之一切法自性，與無餘涅槃無關故。

「種種相性非性涅槃」：此謂因誤會故，計欲界定、未到地定及四禪四空定中之境相非有眞實不壞之法性，終歸於滅，以此滅相爲涅槃；復執諸定中之覺知心不壞，以此爲涅槃。

欲界定有入有出，未到地定及四禪四空定亦復有入有出。此諸定境，種種相異；雖同是定，而重重入細，定相各別。然皆有入有出，有爲變異，何以故？謂此諸定境悉依覺知心意識而有故，意識復依色陰五根而有故，色陰五根及意識復依意根與阿賴耶識而有故；色陰五根及意識既依他而起，起已念念變異，皆是有爲法；是故種種定相之性亦悉是有爲變異之法，無有常恒不變不壞之眞實自性。外道見此種種定相自性非有實性，而觀意識覺知心自由出入種種定境，自由安住種種定相，乃謂諸定種種相性非性，而覺知心不滅，如是以爲涅槃。《楞嚴經》所說外道五現涅槃，攝在此中。

「自相自性非性覺涅槃」：此謂有一種外道，觀察初禪乃至四禪之定相，皆悉變異無常；復觀此諸定境中之覺知心自性，亦是變異無常；如是雙觀，名爲觀察「自相自性非性」；一類外道作如是覺，以滅卻定相及定中覺知心爲涅槃，而不捨色蘊。如是覺者，於四禪定境中，滅卻覺知心自我，作涅槃想，則入無想定中，無有覺知心，無有六塵；雖然寂靜，而非涅槃，身見未斷故。由未斷身見故，後時復起一念，覺知心復起，五陰儼然，仍在輪迴，不入涅槃，是名「自相自性非性覺涅槃」。

「諸陰自共相相續流注斷涅槃」：此有二者，一者謂諸陰壞滅爲涅槃，二者謂覺知心不動爲涅槃。前者如諸初學佛者，以爲修行者死滅名爲涅槃，死滅後之五陰相續流注已斷故；然此實非涅槃，仍將轉至來世五陰繼續流注故。後者謂有諸多佛門外道及附佛法外道，以爲覺知心不動即是相續流注斷；然實相反，覺知心現行不斷，則意識種子流注相續，不可謂之爲斷。彼諸愚人誤計爲：妄念不起即是相續流注斷；然五陰之自相或共相，一旦現行，必定流注相續。譬如意識覺知心現行時，意識種子流注不斷；意識種子流注斷時，意識隨滅，即無覺知者。眠熟位之意識雖斷，然色陰種子之流注相續仍然不斷，唯至捨壽時方斷；然捨壽後必定重新入胎，不入涅槃；入胎已，又復相續流注。五陰之自相相續流注如是，共相（一切欲色界有情）之五陰相續流注、及無色界有情之四陰相續流注亦復如是。由是說此二種外道涅槃爲虛妄想。如是四種涅槃，皆非佛所說之正法。

「大慧！我所說者，妄想識滅，名爲涅槃」：佛說四種外道涅槃已，隨說佛法中之涅槃眞義：妄想識滅已，不復出生來世妄想識，是名佛法中之眞實涅槃。

妄想識謂意識也。八識心王，唯有意識能生種種妄想；由意識有見分、自證分及證自證分故，而有現量比量非量；前五識唯有見分，末那無證自證分（依一般有情而言），故無比量與非量。由於意識具足現量比量非量故，是故唯有意識是妄想識；比量及非量往往令意識起虛妄想故。如是，佛說意識滅已，名為涅槃。

眠熟、悶絕、正死位、無想定、滅盡定，意識皆滅，云何不名涅槃？謂此五位意識雖滅，然此五位境界非恒—斷而復續；非恒相續故，五位境界滅已，意識復生；意識復生已，十八法界復現，意識隨又起諸妄想，故此五位皆非涅槃。如眠熟已，次晨復現意識覺知，故名為醒；如悶絕位，後因五勝義根功能恢復致令意識覺知復起，故名為甦；如正死位後，藏識轉入中陰身中，復具微細五根，致使中陰位意識覺知復起，故名中陰意識；如無想定與滅盡定位，依入定前未斷之身見，或依入定前預設之五塵境，於定中忽起意識覺知而轉入四禪八定中、或者回復欲界覺觀，入散心位，故名出定。

如是五位，意識雖滅，後必復起，故非涅槃；佛說意識斷滅已，名為涅槃，云何此五位中有情意識斷滅已，不能永滅而成涅槃？竟又復生意識覺知而處三界境界中？謂前三位有情因我見我執不滅，故意識斷滅唯暫時滅，非能永滅，故不成就無餘涅槃；無想定位有情覺知心我見雖滅，而色界身見不滅，故令身見煩惱引生意識而出無想定，退入四禪定中，色界身見是我執故。我見我執不滅者，俱不能證有餘涅槃故；不證有餘涅槃者，必不能證無餘涅槃故。

滅盡定位意識雖斷，然因阿羅漢猶未欲取無餘涅槃，於入滅盡定前，已先預設出定境界條件；待彼出定之預設狀況實現時，意識覺知必定由意根末那之作意思量而現行確認，乃至出定；由未欲取涅槃故，未欲令意識永滅故，入滅盡定，而非入無餘際。是故滅盡定位仍非無餘涅槃，故名爲無心定—無覺知之意識心故。

大慧白佛言：「世尊！不建立八識耶？」佛言：「建立。」大慧白佛言：「若建立者，云何離意識？非七識？」佛告大慧：「彼因及彼攀緣故，七識不生。意識者，境界分段計著生，習氣長養藏識；意俱，我、我所計著，思惟因緣生；不壞身相藏識因，攀緣自心現境界，計著心聚生，展轉相因。譬如海浪，自心現境界風吹，若生若滅亦如是。是故意識滅，七識亦滅。」

疏：《大慧菩薩白佛言：「世尊！您不是建立八種識嗎？」佛言：「我建立八種識。」大慧白佛言：「如果您建立八種識的話，云何謂離意識爲涅槃？而非離七識爲涅槃？」佛告訴大慧：「七識之所以不再出生者，是以彼意識爲因、及彼意識攀緣斷故。意識覺知心，是依境界分段之誤計與執著而生起，以其長久熏習之氣分而長養藏識煩惱種子與藏識自性：意識現起時，必定與意根同時同處運作，是由於對自我及我所產生誤計與執著，而起種種思惟妄想因緣，因此而生意識；以具有不壞身相之藏識爲因，攀緣自心藏識所現境界，並誤計執著六識心聚爲我，由是我執不斷而生意識，如是展轉相因而令藏識無明煩惱種子長養。譬如海浪之湧現及止浪一般，自心藏識所現境界風吹，而令意識海浪若生若滅，亦是一樣之道理。由此緣故，意識眞實斷滅時，第七識意根亦隨之而滅。」》

大慧白佛言：「世尊！不建立八識耶？」佛言：「建立。」大慧白佛言：

「若建立者，云何離意識？非七識？」大慧菩薩如是問者，乃因佛於初轉法輪阿含諸經中，已曾說無餘涅槃境界是五陰十八界滅盡，不復受後有五陰十八界，名爲無餘涅槃。十八界者謂六根六塵六識，六根中之無色根爲意根末那識，六識謂眼耳鼻舌身意識；意根合六識，總有七識，合名識陰。識陰配合五色根（色陰），轉生受想行三蘊。五色根簡稱爲色，受想行識四陰合稱爲名，總稱爲名色。佛於四阿含中，復說有「緣名色之識」，有「名色所緣之識」，名中識陰既有七識，加此「名色緣識」之識，則有八識。今者世尊謂意識永滅已，不復生後世意識，名爲無餘涅槃，而未說意根亦應滅，如是似無意根第七識，則應第七識爲涅槃本際之阿賴耶，則與四阿含中所說八識不符，是故大慧菩薩爲諸衆生之生疑者，作此一問。謂若佛是建立八識者，應說無餘涅槃是七識俱滅，而非六識俱滅故。

佛告大慧：「彼因及彼攀緣故，七識不生。」此段佛語，爲倒裝句之梵文語法。若依華言語法，當如是譯：「七識不生，彼因及彼攀緣故。」於《大乘入楞伽經》中譯作：「以彼爲因及所緣故，七識得生。」求那跋陀羅依涅槃義故，譯作「七識不生」；實叉難陀則依輪迴煩惱義故，譯作「七識得生」，俱無過失。此謂聖者證有餘依涅槃，捨壽後取無餘依涅槃，實乃依意識之淨業熏習及梵行建立故，令七識心於捨壽後永滅不現，不復有後世一至七識復生，故譯作：「以彼意識為因及所緣故，七識不生。」眾生則以意識之染業熏習及誤計執著故，令後世七識心於捨壽後復因之而生，入胎受生，世世俱生，是故譯作：「以彼意識為因及所緣故，七識得生。」一從涅槃譯意，一從輪迴煩惱譯意，俱皆如法；何以故？謂不論得證涅槃或致輪迴，皆必依於意識之淨染熏習而成辦故。

「意識者，境界分段計著生，習氣長養藏識；意俱，我、我所計著，思惟因緣生；不壞身相藏識因，攀緣自心現境界，計著心聚生，展轉相因。」意識覺知心乃易起易斷之法，故與分段境界相應。舉凡有境界法，皆必分段生滅；如禪定，必有入定出定分段，必有起滅時；如神通，必有境界分段，必有現與滅時；如化身，必有境界分段，必有現與滅時；如世人苦樂捨受，必有境界分段，必有現與滅時；如五陰，必有生時死時分段，必有生與滅時；如是，意識覺知心必於如是境界分段之六塵中運爲，意識自身必有生與滅時。若離境界分段之六塵萬法，意識即無所能爲，是故意識不能住於涅槃本際，涅槃非是境界分段之六塵法故。

意識之所以世世出生——前世意識滅已，後世意識復生；皆因前世意識不能曉了境界分段之虛妄，因之而生誤計，妄想執著其自身實有不壞，由是誤計執著故，計著熏習之氣分、增長藏識中所含藏之意識我見煩惱種子，故令後世五根爲依之全新意識，由前世意識所熏而成之種子現行，復有意識，名之爲意識依境界分段之計著而出生。

由如是理，知意識於境界分段之種種六塵萬法中之計著熏習，能長養藏識中之貪瞋無明種子，名之爲意識習氣長養藏識。

意識習氣之長養藏識者，皆因意俱故；若無意根同時同處，意識尚不能現起，何況有諸誤計與執著？意識以意爲根故，秉意根之作意而現起故，秉意根之作意而斷滅故，秉意根之作意而作種種分別，乃至秉意根之作意而作種種出世間法之聞思修證故；若離意根，意識覺知心一切無所能爲。

復次，意識觸六塵運爲時，有三俱有依：如來藏識，意根，正常之五色根。若缺其一，意識則不能現行，何況能覺能知？意識現行既必以藏識爲俱有依（藏識是執持意識種子者），由藏識秉意根之作意而流注意識種子，令意識現行，當知意識與藏識非一非異。由如是關係，意識之種種熏習，必定影響意根之習氣及執著性；如是，意識意根由意識之種種熏習故，習氣轉變—世俗人益趨貪瞋愚癡、修行者益趨清淨有智。

如是習氣漸漸轉變者，皆因藏識持意識種及意根種故；此謂意識之熏習，必定轉易藏識中之意識意根種子；若人熏習我見不斷（如義雲高、喜饒根登、釋性圓等人之執意識為不滅不斷者），則將令我見習氣長養藏識中之我見種子，是名意識由境界分段計著而生已，所熏習氣長養藏識種子，令藏識含藏意識之我見種子不斷增長。如是意識之我見習氣增長，必定增長來世之意識俱生我見；亦必增長意根之此世來世我執習氣，意根因意識之熏習而長養習氣故，意根之熏習所成習氣必令藏識所藏意根我執種子增長故。由如斯正理，說意識由意俱，及我我所計著之習氣而長養藏識，令藏識於捨身後復生中陰身而不入涅槃；中陰生已，復由以中陰五根爲俱有依之微細意識而起我見我執，不捨我所，故又受生於三界六道。

然此習氣之熏習，除意識之三種俱有依外，要在邪思惟因緣。我見我執者，謂意識誤計覺知心自己爲常不壞者（以為今夜眠熟斷已，次晨復能自起，不須依他而起），名爲我見；意根依意識如是見，而執覺知心意識及恒時審度思量作主之自己爲常不壞者，並內執阿賴耶體性爲我用，內執阿賴耶本體爲我所（如是內執，一切凡夫有情恒有，而不自知；唯別教見道者能知），名爲我執；由如是我見我執故，令世世意識壞已重生，令世世意根不斷不壞，故有衆生輪迴生死。而此我見我執，由邪思惟生，以邪思惟爲因緣；謂衆生因於自身之不正觀察，或因於惡知識之邪教導（如釋性圓、喜饒根登之教導信衆，謂意識覺知心為不滅者），隨後於覺知心上起不正思惟，執覺知心意識爲常不壞者；由是「意俱，我、我所計著，邪思惟因緣」，而生意識習氣長養藏識我見我執種子之現象，故說「習氣長養藏識：意俱，我、我所計著，思惟因緣生」。

「不壞身相藏識因，攀緣自心現境界，計著心聚生，展轉相因」：此段經文，於《大乘入楞伽經》譯作：「藏識爲因、爲所緣故，執著自心所現境界，心聚生起，展轉爲因。」此謂意識之熏習種種境界分段法，而生習氣長養藏識所藏我見我執種子者，乃是以一向不壞之藏識爲因（藏識自無始以來具有恒存不壞之體，故名不壞身；有如是不壞身，能為一切證悟者所親見及領受，故名不壞身相），以一向不壞之藏識爲緣，故能生「習氣長養藏識」之現象。由如是現象，使令藏識執藏意識意根我見我執種子；有如是種子故，有如是不壞身相之藏識爲因故，有如是意識意根攀緣自心藏識所現境界爲所緣故，誤計及執著自心與境界之心聚又復生起，令義雲高、喜饒根登、釋性圓等類人之意識意根於捨身時不能滅除、不能入涅槃，而必生起中陰意識乃至未來世之常見外道意識。如是，意識我見習氣長養藏識種子，藏識復以所藏意識我見種子而生世世我見意識，相續不斷，展轉互相爲因。

心聚者，謂根塵識三法爲一心聚。如眼根對色塵而生眼識，眼識等三法界爲一心聚；耳根對聲塵而生耳識，耳識等三法界爲一心聚；……乃至意根對法塵而生意識，意識等三法界爲一心聚，是名心聚。亦如意根對定境法塵而生意識，意識等三法界為一心聚。

七識心現行熏習諸法而長養藏識中所藏種子，名為現行熏種子；藏識依於七識熏習所得種子，復能令七識心賡續現行，是名種子生現行。如是，現行熏種子，種子生現行，眾生因此輪迴三界六道，無窮無盡；要須熏習無我見（熏習意識依他起性、易起易斷之無我見），方能斷除我執而證涅槃。然不論眾生輪迴生死之有漏法熏習及現行，抑或三乘菩提出三界無我法之無漏法熏習及現行，皆須依六識心聚之熏習，方能成辦，是故一切菩薩及阿羅漢皆必須有六識心聚共十八界法於三界中熏習善淨無漏法。由意識意根熏習無我法，斷除意識意根之自我不壞邪見，不復欲令自己不滅，故捨壽時滅除自我而不受生，名為無餘涅槃。

習氣長養藏識者，悉依心聚無明，計著心聚而生。譬如義雲高、喜饒根登、釋性圓等人，堅執意識心為不滅者，即是計著心聚。如是計著心聚者，依於常見外道世俗我見及不解基本聖教而生，依於密宗祖師之邪教導而生，依於執著意識能了知諸法而生，依於執著意識覺知心而生；如是我見無明，即是一念無明之見一處住地煩惱；彼諸徒衆依義雲高、喜饒根登、釋性圓……等人，熏習「意識不滅」之我見，如是熏習所成氣分，長養彼等諸人各自藏識中之我見我執邪見，則令各人藏識中之見一處住地煩惱種子增長；如是說彼習氣長養藏識者乃因計著心聚而生，不捨意識我見故。

「譬如海浪，自心現境界風吹，若生若滅亦如是。是故意識滅，七識亦滅」：海水本無浪，因於風吹，是故浪起。海水如藏識，海浪如七識心，海風如六塵境界；藏識海水由六根故現起六塵境界風，致令七識海浪相續而現，七識浪恒欲覺知六塵故。海風若息，浪則不生，唯餘海水平靜無波；六塵境界風若息，七識浪則不生；七識浪若滅，藏識則捨五色根，是則十八界俱滅，唯餘藏識海水無浪而住，則成無餘依涅槃。

欲令六塵境界風息者，當令七識於六塵不取不捨；不取不捨故能離六塵境界，不取而欲捨者，必取定境中法塵；取定境法塵者，其意識不能滅除；意識不能滅除者，第七識則必不滅；意識與意根不滅者，永不能成辦無餘涅槃境界。欲成辦涅槃之修證者，首要之務在於斷除我見（常見外道所主張之常不壞滅之覺知心）；我見斷至極微細者，我執則斷。我執斷盡已，成就有餘依涅槃：意識覺知心對自己之執著斷盡，意根對自己（作主思量之我）之執著斷盡，於捨壽前，仍不妨有意根意識現行，而不執著；捨壽後，意識永滅不現，意根隨之永滅；藏識中之我見我執種子斷盡故，不生中陰身，故無中陰之意根及微細意識，永滅無餘，十八界俱滅，名爲無餘依涅槃，究竟寂滅。

若人不斷我見，堅執意識不滅，而云能離意識之執著者，無有是處；如斯等人，必以臆想思惟涅槃，不滅意識，必墮外道所計涅槃，永沉生死有海；意識是三界有法故，涅槃則離意識三界有法故。

若人斷盡意識我見及執著者，能令意根之執著，隨於意識無我見之熏習而斷除，則成無學聖人；無學聖人捨壽時，以不欲令意識覺知心現起故，滅除想陰（了知之心），覺知心自己永遠不復現前，故令意根隨之永遠不現，唯餘如來藏離見聞覺知而不生中陰、不入母胎，永不再現行於三界中，名爲無餘涅槃。絕非如常見外道執意識不滅，欲以意識入住無餘涅槃。是故佛說：意識滅已，七識（意根）亦滅，名爲無餘涅槃。

既然涅槃後非無—有第八識如來藏離見聞覺知、亦不作主思量，不復現行於三界；無餘涅槃復是滅盡十八界者，則六識與意根（末那識）俱滅，則知一切有情恒有八識，是故世尊建立八識，非不建立八識。

爾時世尊欲重宣此義，而說偈言：

我不涅槃性，所作及與相；妄想爾燄識，此滅我涅槃。
彼因彼攀緣，意趣等成身；與因者是心，爲識之所依。
如水大流盡，波浪則不起；如是意識滅，種種識不生。

疏：《爾時世尊欲重新宣示此眞實義，而以偈說言：
「我」是沒有涅槃性的，「我」是所作法而且是有相的；
妄想及爾焰識，這二法滅除即是我所說之涅槃。
彼意識爲因及彼意識之攀緣，
意根之我與我所計著及邪思惟而成辦有情之五陰身；
與意根意識及諸法攀緣作因者，是藏識心，

藏識心爲眼等七識之所依。
譬如水之瀑流如果已經流盡，波浪就不會再現起了；
猶如此一道理一般，意識如果永滅不起，
其餘六種識，就不會再生出了。》

「我不涅槃性，所作及與相；妄想爾燄識，此滅我涅槃」：世俗人所說之「我」，即是義雲高、釋性圓等人所說之「不滅意識」，執此心不滅者名爲我見。然此「我」不具涅槃之不生不滅性，依於意根之觸法塵而欲了別，方由藏識生故，佛說「意法觸三因緣生意識」故，是藏識與「意根法塵及觸」等因緣所作之法故，意識有覺知心相，與六塵相法相到故，故名「所作及與相」。

此「意識我」一旦現起，則必覺知自我，分別自我，計自我不滅不壞；然此「意識我」不具涅槃性，有生有滅、有起有斷故。涅槃無生滅，非生滅法；如佛云：「涅者不生，槃者不滅」，唯有不生滅法，方得具有涅槃性。「意識我」既有生滅，則非涅槃法，於眠熟、悶絕、無想定、滅盡定、正死位中，悉斷滅不現故；於中陰身入胎後永滅不現故，後世乃另一全新意識故，不能藉等無間緣連繫前世意識故，故無涅槃性。

涅槃是恆不斷法，遍一切時中相續不斷，窮久遠前無量劫如是，盡未來際亦復如是；意識尚不能於夜夜眠熟位相續不斷，何況前後際無量劫？唯是藏識遍一切時不斷，於前後際無量劫中皆永不斷，故非滅法；永不滅故永無有生，無生無滅故名涅槃，是故佛說：「一切衆生本來常住涅槃。」是名「本來、自性、清淨、涅槃」。如是涅槃，一切有情本自有之，而不能證，故名凡夫；定性二乘無學亦所不知，故名爲愚，而非凡夫。

大乘別教菩薩由證如來藏故，於藏識上領受本來自性清淨涅槃，漸漸了知涅槃唯是虛妄想滅及爾燄識（意識）滅，餘如來藏不重入胎受生，名爲無餘涅槃。菩薩由證此故，斷除我見我執，虛妄想隨滅，成就有餘依涅槃；捨壽時，虛妄想不起，爾燄識亦永滅，亦無來世意識復現，如是即是佛所說之涅槃（然菩薩不入涅槃，依受生願而受未來生）。然藏識所住涅槃「境界」，非本無後有，故非有生；非有生故永無有滅，故名涅槃。

菩薩證涅槃已（阿羅漢亦如是），無有任何境界，非如定境之入定十天半月可以炫人；無有五通，非如鬼神之有五通可以示人；亦不能自生外道所說甘露，亦不能求天神賜與甘露，甘露是有境界法、有爲法、有漏法故，無關涅槃故。如是涅槃之修證，純是無爲法、無漏法、無境界法，無所得法，唯證者自知，不可示現，不能示現，非諸俗人所知也。是故佛於此偈中說：虛妄想滅及意識滅者，名爲涅槃。是故佛說：涅槃非所作法，非有相法。

「彼因彼攀緣，意趣等成身；與因者是心，爲識之所依」：由於意識所生我見我執熏習爲因，及彼意識攀緣諸法爲緣——不捨六塵（含定境中法塵），及意根恆審思量性，虛妄邪見計著我與我所，及邪思惟等衆緣，而和合成就有情身心；然而作爲意識及色身等之眞正根源（因）者，其實是藏識自心，此自心才是意根與意識等之所依。

「如水大流盡，波浪則不起；如是意識滅，種種識不生」：譬如河流大水如果流盡了，便不再有波浪生起；猶如此一道理無二，意識之識流若已永滅不現，其餘種種識浪亦將不復生起。

佛道固不排斥神通，而非以神通爲主要；故慧解脫阿羅漢皆無神通，俱解脫阿羅漢雖有禪定，而多無神通，如蓮花色、舍利弗、須菩提……等聖者悉無神通，唯有漏盡通。然漏盡通非屬神通，乃是解脫慧之盡智或無生智。菩薩五十二階位，須至三地住地心起，方始修學四禪八定及四無量心，於三地即將滿心前，方始修學神通，爲攝衆方便故，及爲修證四地「如水中月」現觀故。此修學次第詳見《華嚴經十地品，十地經，解深密經》等佛示聖教，此處從略。讀者欲知其詳，請閱拙著《宗通與說通》。

如是涅槃正理，非民間信仰之喜饒根登、義雲高等人所能知之；乃至全球佛教第一導師之印順法師亦不能知之，唯能猜測臆度涅槃之眞義。

印順法師云：《涅槃是不能是有、或是無的；這些相對的語句，都不過是戲論，戲論是不足以表示涅槃的。》如是知見，是正知見。印老又云：《『雜阿含經』漸傾向於涅槃的眞實性，所以「說一切有部」以爲：「實有涅槃」、「一切法中」，唯有涅槃是善是常。赤銅鍱部說涅槃空，當然也不會說涅槃是沒有。著重於涅槃空的說明，於是乎諸行空性、涅槃空性，可說有二種空性了。如『小部』『論事』注說：「有二空性，蘊無我相與涅槃。此中無我相一分，或方便說繫屬行蘊；但涅槃則無所繫屬。」從聖典的施設名言來說，有為諸行本性空，所以離有為諸行（煩惱、業、煩惱業所感的報體）的涅槃，也說為空。直從涅槃說，一切語言都是戲論，空也是不可說的。但從諸行空，空卻諸行而可名為涅槃，當然雖不可說，而也可說是空（是滅、是出離等）了。依諸行滅而施設涅槃，諸行空性與涅槃空性，果真是條然不同的二種空性嗎？》（摘自印順法師著《空之探究》頁一二一）

果眞是有條然不同的二種「空」，但非條然不同的二種「空性」，謂「依諸行滅而施設之涅槃」是「諸法空相」，而非「諸行空性」；依「諸行永滅而唯餘藏識」所施設之涅槃，可如印老名之爲涅槃空性；二者是一而二，是二而一。「依諸行滅而施設之涅槃」乃二乘菩提，依於五蘊十二處十八界之無常而說空，非有實體法，故名空相，不得言空性；此是依於意識等五陰十八界永滅，施設涅槃名相，非是眞實涅槃，故唯得名「諸行空相」，即是《心經》所言「諸法空相」，不得說為「諸行空性」，諸行無有眞空之性故。

「涅槃空性」乃依於意識等五蘊滅後永不復現，唯餘藏識住於離見聞覺知境、不思量境、不自覺知境，永無七識心現行，施設此境名爲無餘涅槃；此涅槃依空性藏識而有，可如印老施設「涅槃空性」一名，然實依於藏識空性自住境界而施設者；是故諸法空相或諸行空相之涅槃，實即依於藏識之二乘菩提而施設，本質不得外於大乘別教之藏識涅槃空性；是二而一、一而二之法。故說有二種空，非有二種空性，一爲「諸法空相」，一爲「藏識空性」，能證知此，方能眞知四種涅槃。

今觀當今全球佛教第一大師之印老，尚不知此；彼諸徒衆，可知之矣！何況民間信仰之「巨聖」義雲高與「大活佛」喜饒根登，及彼等徒子徒孫之釋性圓、釋性海、釋能性等民間信仰層次之假名法師，云何能知能證涅槃？而欲以意識心入涅槃（彼等否定阿賴耶識而計執意識為不生滅法故。詳義雲高著《心經講義》頁二九及頁七九之第九第十行），乃竟登報謗余及大談漏盡通；如是執著外道常見及民間信仰神通有爲法者，以神通及欲界天之甘露法爲佛法證量有無之依據，於漏盡通之涅槃境及涅槃知見，何嘗夢見在？不可與語；涅槃即是漏盡通故。

今者於此段經文及重頌中，佛說意識永滅、種種識永不復生，名為涅槃，與余所說無餘涅槃完全無異；彼義雲高及徒子徒孫猶執意識為不生滅法（詳見彼等二〇〇〇年八月十二、十三日於臺灣各大報，以釋性圓、釋性海名義刊登之詆譭正法廣告文），余依大乘別教漏盡通之證量，說四種涅槃，彼聲聞阿羅漢尚不能完全知解，何況義雲高、喜饒根登、釋性圓等人，猶在民間信仰等常見外道見中，不知最粗淺之十八界法，未入佛門，竟敢狂言能知能證漏盡通，高捧為巨聖與大活佛，眞無智人也。

「復次大慧！今當說妄想自性分別通相。若妄想自性分別通相善分別，汝及餘菩薩摩訶薩離妄想，到自覺聖；外道通趣善見，覺攝所攝妄想。斷緣起種種相妄想自性行，不復妄想。大慧！云何妄想自性分別通相？謂言說妄想、所說事妄想、相妄想、利妄想、自性妄想、因妄想、見妄想、成妄想、生妄想、不生妄想、相續妄想、縛不縛妄想，是名妄想自性分別通相。」

疏：《「復次大慧！今當宣說妄想自性分別之通相。若於妄想自性分別之通相，善加分別了知者，汝及其餘菩薩摩訶薩，即能遠離種種虛妄想，到達自覺聖智境界；於外道一切意趣善能知見，便能覺知能取所取一切虛妄想。如是菩薩能斷除依緣而起之種種法相妄想自性之心行，不復再起虛妄想。大慧！如何是妄想自性分別之通相？這是說：言說虛妄想、所說事虛妄想、相之虛妄想、利之虛妄想、自性之虛妄想、因虛妄想、見虛妄想、成虛妄想、生虛妄想、不生之虛妄想、相續虛妄想、縛與不縛虛妄想，這些稱爲妄想自性分別之通相。」》

「妄想自性分別通相」：一切凡夫有情皆有虛妄想，於三乘菩提未曾見道故；聲聞有學聖人亦有虛妄想，於有餘依涅槃尚有不知者故；聲聞無學聖人亦有虛妄想，於無餘依涅槃尚有不知者故（未證知涅槃之本際故），於禪宗明心者所證本來自性清淨涅槃尚無所知故；辟支佛亦有虛妄想，於十二因緣中之一一有支，各有阿賴耶識之現行運爲，而不能證知，故起虛妄想，由未證知禪宗明心者之本來自性清淨涅槃故，由未證知涅槃之本際故（詳見拙著結緣書《邪見與佛法》及本詳解第一二三四輯中散說）；禪宗之初明心菩薩亦有虛妄想，於別教菩提之見地尚未通達故，尚未眼見佛性故，於漏盡通之四種涅槃尚有未知者故；禪宗之見性菩薩亦有虛妄想，於過牢關者如何能得有餘涅槃功德正受尚未能知故，於初地無生法忍尚未能知故；禪宗過牢關菩薩亦有虛妄想，於初地無生法忍未能知故，於漏盡通之最後一種涅槃（無住處涅槃）未能知故；初地菩薩亦有虛妄想，未生起二地無生法忍道種智故；……乃至等覺地亦有虛妄想，未證得無住處涅槃故，自心異熟識未能如佛之眞如與五別境及善十一心所法相應故，未具足四智故。唯有究竟佛地於一切法正遍知覺，方無虛妄想。

此諸虛妄想之自性，謂疑見不斷故；疑見不斷者，謂於上地智慧有所不知，恒生疑見臆想故，是名三乘有學無學賢聖之虛妄想自性。由如是虛妄想自性，引生種種虛妄分別，是故，妄想自性分別之通相，即是虛妄想所生之不如理作意分別；唯有究竟佛地，方能斷盡虛妄想之自性分別。此處經文佛說「妄想自性分別通相」，乃說愚痴凡夫未見道者之妄想自性分別通相，總有十二：言說妄想、所說事妄想、相妄想、利妄想、自性妄想、因妄想、見妄想、成妄想、生妄想、不生妄想、相續妄想、縛不縛妄想，具知如是十二種妄想自性分別者，名爲證得「妄想自性分別通相」。

「大慧！云何言說妄想？謂種種妙音歌詠之聲，美樂計著，是名言說妄想。大慧！云何所說事妄想？謂有所說事自性，聖智所知；依彼而生言說妄想，是名所說事妄想。大慧！云何相妄想？謂即彼所說事，如鹿渴想，種種計著而計著，謂堅溼煖動相一切性妄想，是名相妄想。大慧！云何利妄想？謂樂種種金銀珍寶，是名利妄想。大慧！云何自性妄想？謂自性持：此如是；不異惡見妄想，是名自性妄想。大慧！云何因妄想？謂若因若緣，有無分別；因相生，是名因妄想。大慧！云何見妄想？謂有無一異俱不俱，惡見外道妄想，計著妄想，是名見妄想。大慧！云何成妄想？謂我我所想，成決定論，是名成妄想。大慧！云何生妄想？謂緣有無性生計著，是名生妄想。大慧！云何不生妄想？謂一切性本無生，無種因緣生無因身，是名不生妄想。大慧！云何相續妄想？謂彼俱、相續，如金、縷，是名相續妄想。大慧！云何縛不縛妄想？謂縛因緣計著，如士夫方便，若縛若解，是名縛不縛妄想。於此妄想自性分別通相，一切愚夫計著有無。」—

疏：《「大慧啊！什麼是言說妄想？是說種種勝妙聲音、唱歌、讚詠之聲，覺得美妙而生喜樂故誤計執著，是名言說妄想。大慧！如何是所說事妄想？是說有所說事之自性，是聖人智慧所證知之境界；依彼聖人所說事之自性，而生言說妄想，是名所說事妄想。大慧！云何爲相妄想？是說對於彼聖人所說之事，猶如野鹿口渴而生妄想一般，種種誤計執著而計著，也就是對於堅溼煖動相之一切法產生妄想，是名相妄想。大慧！如何是利妄想？謂貪樂種種金銀珍寶，是名利妄想。大慧！如何是自性妄想？是說對於自性如是受持：此自性一定如是，決定非餘；與惡見妄想無有差異，是名自性妄想。大慧！如何是因妄想？是說對於因或緣，作種種有無之分別；如是分別由因相而生，是名因妄想。大慧！如何是見妄想？是說有無一異俱不俱等惡見外道妄想，計著如是妄想，是名見妄想。大慧！云何成妄想？是說心中生起我我所想，堅定執著而成決定不移之議論，是名成妄想。大慧！如何是生妄想？是說緣於諸法之有無，而生誤計執著，是名生妄想。大慧！如何是不生妄想？是說誤計一切法本來無生，以爲一切法都是由於無種因緣所生無因身而生，是名不生妄想。大慧！云何爲相續妄想？是說計著彼法俱故相續不斷，如金屬針類與絲線和合故相續，是名相續妄想。大慧！如何是縛不縛妄想？是說對於繫縛因緣之誤計與執著，猶如世人以繩爲因緣而生若縛若解之想，是名縛不縛妄想。於此十二種妄想自性分別之通相，一切無智慧者於中妄計而執著有無。」》

「大慧！云何言說妄想？謂種種妙音歌詠之聲，美樂計著，是名言說妄想」：妙音者，譬如人間音樂演奏（包括現代音響雷射CD片……等所現妙音），及欲界天之音樂演奏等，皆名妙音。歌謂人或天人之歌唱，如人間之情歌、醒世歌、軍歌、宗教崇拜歌……等。詠謂以詩或偈讚歎某人某事或其功德。世間有種種妙音歌詠之聲，於如是妙音歌詠之聲，分別其爲美妙之聲而生喜樂，誤計爲世間至善至妙之法而生執著，名爲言說妄想。

「大慧！云何所說事妄想？謂有所說事自性，聖智所知；依彼而生言說妄想，是名所說事妄想」：三乘聖人所證有餘涅槃（漏盡通），是無所得法、無境界法；證知意識等六識虛妄故，證知五色根及意根末那識虛妄故，證知六塵變異無常故，於十八界不復執著，是名有餘涅槃，都與有爲有境界之三界神通無關。

二乘無學所證無餘涅槃（漏盡通），是無境界法、無所得法；無餘涅槃位中，意識意根俱滅，五色根及六塵悉滅，無知者、無覺者、無我、無我所，究竟寂靜，五陰十二處十八界永滅不現故，都與有爲有境界之神通無關。

禪宗證悟者（別教七住菩薩）乃至初地二地所證本來自性清淨涅槃（漏盡通），乃是依於所證自心阿賴耶識而說；覺知心意識參禪而悟—覓得自心第八識—故能現觀此如來藏之本來自在不滅、非由他生，現觀此如來藏有能生諸法之有性與無形無色之涅槃空性，現觀此如來藏於六道輪迴中之清淨性（不貪不厭六塵萬法），現觀此如來藏之涅槃性（體恒不生不滅、寂靜而住）；意識覺知心如是現觀已，證知本來自性清淨涅槃「境界」是無境界法、無所得法，與有爲有境界之三界神通無關。

佛地之無住處涅槃（漏盡通）亦復如是；不住生死—永離分段生死及變易生死故；不住涅槃—永不入無餘涅槃故；如是「住」者名爲無住處，一切生滅永盡無餘—第八識眞如中唯帶舊種，不受新熏，永無變易；如是無住處涅槃唯佛能得，亦是無境界法、無所得法，都與三界有爲有境界法之神通無關。

如四種圓寂，佛菩提智亦復如是；菩薩明心—證得第八識如來藏，故能證得四種涅槃之一—本來自性清淨涅槃；由證得此涅槃故，出生般若—佛菩提智，不共二乘無學，不共三界一切有「大神通」之凡夫俗人。由是般若之總相智，漸修唯識種智及集福德，次第而至初地起無生法忍慧—初地道種智，從此漸修唯識行，乃至佛地，悉是慧學，無有境界及與神通；此慧不共世間大神通者，非彼所知；復不共二乘無學，故名增上慧學。

世間大神通者，謂已證得四無量心及非想非非想定者，復修神通加行而得五種神通；如是五通乃三界之至高者，故名世間大神通；然非如三地滿心之出世間神通，未知意識覺知心之虛妄故，未知神通是緣起緣滅法故，未證三乘菩提故。

世間神通依禪定高下而有差別，證得未到地定者所得神通勝於欲界中人所得神通，證得初禪者所得神通勝於未到地定人所得神通，……乃至證得非非想定者所得神通勝於無所有處定者所得神通，三界神通之極，無過於非非想定者加修四無量心所得五通。今觀義雲高、仰諤益西、喜饒根登、釋性圓……等人，尚且未證三界最淺之未到地定，縱使眞有神通（余不信其有），亦不過是三界中最粗淺之神通，何有可羡者？欲界天人能降甘露與世間人，而其境界仍是世間最粗淺之報得神通，無可欣羡者。

佛菩薩唯授人以解脫道及佛菩提道二種甘露法門，從來不授人以欲界有爲法之甘露物。初禪以上悉皆棄捨欲界之甘露法，悉滅鼻舌二勝義根及鼻舌二識與香味二塵，不食欲界天之甘露，唯以禪悅爲食，即令天身得以長養不壞；二禪天亦復如是，以禪悅長養天身，不食欲界天之甘露；禪定若退，天身隨即衰滅乃至不現，此乃余所親證者——謂色界天人皆以禪悅爲食，永離欲界天之甘露色法，棄之如敝屣。乃義雲高及喜饒根登等人，猶於人間作法，求欲界天人賜降甘露，冒名謂爲佛菩薩所降，如是沾沾自喜，謂爲有佛法之證量，而稱爲巨聖、大法王、大活佛，欺瞞初機學佛人。

佛菩薩從來不傳「求降甘露之法」，此是欲界天之有爲法故，與佛道無關故；縱使義雲高等人能每日求得一大桶甘露，三餐唯服甘露，不食人間煙火，如是窮盡其壽，亦不能於解脫道及佛菩提道二甘露門有絲毫助益，唯能助長有爲生死；甘露是欲界天物故，是三界中最低層次之欲界法故，何須故作神祕、廣事宣傳？此是天竺密宗傳來之法，乃是鬼神天神假冒佛菩薩名義所傳之欲界法，非佛法也。

世間之大神通者，尚不能知二乘菩提之漏盡通（有餘及無餘涅槃）；二乘無學之漏盡通修證，尚不能知別教七住菩薩所證漏盡通（本來自性清淨涅槃），云何義雲高及喜饒根登……等人無有神通，假藉咒術鬼神之力所顯小小神異者，能知禪宗明心者之漏盡通——本來自性清淨涅槃？如是涅槃，二乘羅漢辟支佛等所不能知，云何義雲高等徒衆俱未能入三乘見道，而能證知？而於報紙大幅廣告中奢言漏盡通？皆名「所說事妄想」也。

事自性者，謂聖人以覺知心證知解脫道之涅槃及佛菩提道之般若，如是二種智慧之本際，雖然要依自心如來藏而顯而生，然卻不得離於三界內之五陰十八界意識覺知心而證；若離意識覺知心，即無能證解脫道之無我及佛菩提道之無我；此二無我之修證，既須假藉陰處界而證，陰處界是三界內之事，而非出三界之理體如來藏，故說爲事。

般若慧及涅槃慧，悉由意識覺知心（事）所證得；依覺知心而說之智慧，即是依覺知心而有之智慧，如是智慧之自性，即名事自性，爲諸已證聖智之人所知。二乘聖人捨壽而入無餘涅槃時，此二種智慧亦滅，由依意識覺知心之證蘊處界空而有，故說爲事自性。如是事自性，必須三乘見道以上者方能知之：二乘有學無學聖人能知有餘無餘涅槃慧之事自性，大乘已明心之菩薩必知般若慧及本來自性清淨涅槃慧之事自性，乃至具足證知此三種事自性。

若如印順法師、惟覺法師、達賴喇嘛、密宗諸法王，及常見外道之義雲高、喜饒根登、仰諤益西、釋性圓……等人，聞余所說聖智所知之事自性時，唯能依余所說事自性而生言說妄想，終究不解余所說義。乃至如釋性圓、釋性海等人之聞而生惱，於報紙上公開刊登廣告誹謗於余，彼等所造誹謗之文及私下憤恨怒斥余者，皆名言說妄想，是名所說事妄想。

「大慧！云何相妄想？謂即彼所說事，如鹿渴想，種種計著而計著，謂堅涇煖動相一切性妄想，是名相妄想。」《入楞伽經》譯爲：「大慧！相分別者，謂即彼可知境界中熱溼動堅種種相，執以爲實；如空陽焰，諸禽獸見，生於水想，大慧！是名相分別」：相妄想者，謂於他人所說可知境界，依彼境界中之堅溼煖動所現種種相，如鹿渴想，而生種種計著，執以爲實；如是妄想不離相故，名爲相妄想。

譬如仰諤益西主持「佛」降甘露法會，實非佛所賜降，乃是欲界天有情之感應而降者，與佛法無關。此謂佛法唯有三乘菩提—共大乘之二乘菩提之解脫道，及不共二乘之佛菩提般若種智；除此而外，皆非佛法；而彼諸信衆以如是欲界天所賜之甘露色法，於甘露之堅溼煖動起諸妄想分別，謂甘露有其美味，並謂「受甘露之極大加持，親自印證佛法眞實不虛」。

然觀仰諤益西所著《佛法精髓》書中所示，於佛法上口氣雖大，而語焉不詳，謂緣起法爲佛法精髓；於佛法之二主要道—解脫道與佛菩提道—絲毫不知，云何得名爲佛法之精髓？睽其所說「緣起大法」，亦復語焉不詳，遠不及台灣各佛學院甫畢業之法師所說條理分明；如是智慧，尚未能知緣起法之表義，何況能知緣起法中密義？如是大法王仰諤益西者，讀余所說般若總相智之著作，尚不能解了，何況能知解余著作中所論述之道種智？聲聞見道尚不能證得，何況大乘別教之見道？而言彼所求得之甘露，能加持服用之法師居士增益佛法之證量，皆是「相妄想」也。

學人當知：甘露色法乃欲界天之有漏有為世間妄法，解脫道及佛菩提道乃無漏無為出世間法，云何無漏無為之出世間法得以有漏有為之欲界天法而加持之？無斯理也！而彼信衆見彼天降甘露之事（縱令真有其事），於彼色法之堅溼煖動中，心生種種計著，執以為實，妄計眞是佛所降賜，妄計服食之後能益佛道之修證。猶如渴鹿之逐陽焰，妄計為水，逐之不已；彼諸信衆亦復如是，於緣起緣滅之甘露色法上，作種種能益佛法修證之妄想，皆不離相，故名「相妄想」。

「大慧！云何利妄想？謂樂種種金銀珍寶，是名利妄想」：若人以欲界中種種有為法，冠以佛法名相，炫異惑衆，以邀名聞恭敬，冀得種種利養及金銀珍寶者，是名利妄想。舉凡收受錢財，聚而不散，視為己有者，皆名「利妄想」也。如是利妄想，因貪而生，乃三界中最粗之無明，與淫欲之貪同等，是欲界中法，行人宜應遠離。

「大慧！云何自性妄想？謂自性持：此如是；不異惡見妄想，是名自性妄想。」《大乘入楞伽經》如是譯：「云何自性分別？謂以惡見如是分別：『此自性，決定非餘』，是名自性分別。」此乃自性見外道也。如是自性見外道，今已普遍存在佛教界及附佛法外道中。譬如密宗四大派法王喇嘛仁波切及一切上師，皆以意識覺知心修定，坐至不起妄念之欲界定中，便謂如是名為一心不亂，蓮花生「大士」以此名為成究竟佛，復度二十五人如是「成佛」。密宗四大派古今一切法王大師莫不如是，皆執意識一念不生時之自性為眞心，決定非餘；若有他派（如覺囊巴）否定此意識為眞實心，說應空彼意識及我見我執煩惱，不應空此如來藏，名為他空而非此藏識斷滅空，彼四大派便消滅之，誣之為破法者。

然意識心永為意識，永不可能經由修行而轉變為第八識眞心。如是之理，淺顯易解，而諸密宗四大派法王仁波切等悉皆不了，墮於自性妄想中，於意識自性堅持惡見：「此如是，決定非餘。」與惡見妄想無二無別。

乃竟有四川義雲高者，否定阿賴耶識，外於阿賴耶識而覓自心眞如。彼諸徒衆乃至於言語間貶抑云：「蕭平實只能證得阿賴耶識，我們是證得佛地眞如。」一切已證阿賴耶識者，若熏習種智而證初地無生法忍已，悉皆知證阿賴耶識即是未來佛地之眞如，非眞非不眞，與佛地眞如非一非異。今者義雲高、仰諤益西、喜饒根登、釋性圓、釋性海……等人，懵於此理，復未親證阿賴耶識，而否定之；妄謂阿賴耶識外別有如來藏可證（詳見義雲高著《心經講義》），猶墮最粗淺之「事妄想」中；復由釋性圓二人出面刊登廣告，耗費五六百萬台幣，於報紙上公開主張意識心永遠不滅，堅執意識心恒常不滅，而否定余所說法。於余所述意識於五位斷滅之事實都不信受，強說黑馬爲白馬，執意識自性不捨，而非議余所證之阿賴耶識爲非有證量，即是此處經文所說者也：「謂以惡見如是分別：『此自性，決定非餘』，是名自性分別。」以釋性圓等現成之人與事而舉例說明，學人閱已即知自性妄想之自性，此即義雲高、釋性圓等人之貢獻也。

「大慧！云何因妄想？謂若因若緣，有無分別；因相生，是名因妄想」：有諸學人昧於正法，不知不證涅槃實際之阿賴耶識，於因於緣而作諸法有無之分別，而言緣起性空——一切法空。或於因緣作諸法有無之分別，而言意識有二：有妄念意識及無妄念意識；乃以無妄念意識為諸法緣起緣滅之因。如是虛妄想者，乃由「因相」而生，故名「因妄想」。

如印順法師云：《……『寂調意所問經』作：「我分化成若干千色」。自體——我，與法界不二，而變現為地獄色、……佛色，這顯然是世俗所傳流轉與還滅（十法界）中的自我了！大乘法的眞如、法界等，本是涅槃的異名。在無二無別中，漸著重於佛果，更引用為「佛法」所否定的眞我，早已滲入「大般若經初分」——十萬頌的『般若經』。》（摘自印順法師著《印度佛教思想史》頁一六一）

「我分化成若干千色」之我，乃是第八識—假名我，而非印老所言「世俗所傳『流轉與還滅中的自我』」；何以故？謂世俗所傳『流轉與還滅中的自我』乃是十二因緣所說名色（色陰與七轉識），如是七轉識及受想行陰俱皆依附色陰而生，無能持身，云何而能「分化成若干千色」？云何能變現為地獄色、人色……乃至佛色？無斯理也。若『流轉與還滅中的我』七轉識，有力能變此等諸色，則一切惡人捨壽已，不須受三惡道眾生色，能由自意變現為天色——造惡業而生天享福，無有因果可言！則天理不公，輪迴無義也。然今現見三惡道有情欲捨惡色重受人身天身而不可得，乃至地獄尤重純苦惡色之身仍不能捨，故知變現為地獄色、人色……乃至佛色者，絕非『流轉與還滅中的我』，而是一向不作主、離六塵覺觀之第八識；此識方是一切有情之眞正法界也。

復次，印老所謂「大乘法的眞如、法界等，本是涅槃的異名」，正是顚倒見。印老既謂涅槃為一切法空——十八界俱滅，則涅槃是空無，不得名為空性，唯名性空；既如是，則爾印老所知「大乘法的眞如、法界」，即是空無；空無之涅槃無異斷見，非是佛法。佛眞意旨謂：涅槃及法界本是眞如之異名。涅槃依第八識眞如而顯故，法界悉由第八識眞如而變現故，不可如印老之顚倒其說也。

然涅槃法界與眞如本體，非異非不異，印老不應說為「無二無別」；如無餘依涅槃乃依第八識眞如斷盡見思惑種，不復變現意根及色陰故十八界俱滅，依眞如住如是位，施設無餘依涅槃，不可謂外於眞如而有涅槃可得，故涅槃非異眞如；然眞如未斷盡煩惱障見思惑種之前，不可謂已有無餘依涅槃可得，故眞如與無餘依涅槃非不異。如是眞如與涅槃非異非不異，不可如印老謂爲無二無別也。是故印老不應言：「在無二無別中，漸著重於佛果，更引用爲『佛法』所否定的眞我，……」何以故？謂佛所說「我分化成若干千色」之假名我，乃是萬法之因，是能變現色法之第八識，而非阿含諸經所否定之外道眞我，外道眞我是流轉與還滅中之自我故，七轉識所攝故。印老如是虛妄想者，名爲「因妄想」，由未了知根本因，依於臆測因相，不如理作意之邪思惟而生，與惟覺法師、聖嚴法師及附佛教外道之釋性圓、義雲高……等人同墮於意識我中。

譬如印順法師所云：《……「初期大乘」的發展傾向，終於出現了「後期大乘」的如來藏說。如來藏說的興起，是「大乘佛法」的通俗化。如來，也是世俗神我的異名；而藏是胎藏，遠源於『梨俱吠陀』的金胎神話。如來藏是衆生身中有如來，也可說本是如來，只是還在胎內一樣，沒有誕生而已。大乘以成佛—如來爲目標的，說如來本具，依「佛法」說，不免會感到離奇。但對一般人來說，不但合於世俗常情，衆生身中有如來，這可見成佛不難，大有鼓勵人心，精勤去修持實現的妙用。稱之爲「藏」，又與印度傳統神學相呼應，這是通俗而容易爲人信受的。……如來藏、我的思想，適合世俗常情，一般人是樂意接受的，但對「佛法」來說，**是一更大的衝擊**！部派佛教也有立「不可說我」、「勝義我」的，但只是爲了說明流轉中的記憶與作業受報，不是所迷與所證的如實性。而且，（胎）藏與我，都從婆羅門教的教典中來，這不是向印度神教認同嗎？》（摘自印順法師著《印度佛教思想史》頁一六二）

印老如是考證之印度佛教思想史，極爲荒唐離奇，如來藏說絕非後期大乘方出現故，絕非由初期大乘發展漸成故，初轉法輪四阿含中已有故（詳見拙著《真實如來藏》舉示，及本詳解所舉阿含諸經佛說名色緣識正理）。印老不解阿含諸經佛眞意旨，依先入爲主之密宗應成派中觀邪見爲基礎，昧於阿含諸經所說如來藏理，攀緣婆羅門教及印度神教之胎藏、金胎、如來、藏等神話，強行混為一譚；更言如來藏是印度神我之我，更言如來藏我思想衝擊聲聞阿含佛法，極為荒唐離奇！

何以故？謂如來藏之假名我，佛已具說於四阿含諸經，非因「初期大乘的發展傾向，終於出現了後期大乘的如來藏說」，如拙著諸書之屢屢舉示四阿含中早已宣說第八識如來藏，非未曾說。大乘如來藏說，既已說於四阿含中，則三轉法輪之所謂「後期大乘」經典宣說如來藏法，何曾衝擊聲聞阿含佛法？必須是如印老認定涅槃為一切法空之空無見者，見三轉法輪諸經之宣說如來藏而不能證得者，方有可能因於誤解阿含、誤解如來藏法，故有衝擊之感；於我會中諸多已證如來藏者而觀，阿含諸經與三轉法輪諸經所說法界因、涅槃因，無有異味，等同一味。所異者唯在：阿含雖亦說如來藏，而偏顯涅槃之修證；三轉法輪諸經兼示二乘涅槃，而偏顯如來藏一切種智之修證，何嘗有絲毫衝擊？不唯如是，三轉法輪諸經更建立聲聞阿含法義於不敗之地，令一切外道乃至諸天之天人天主不能稍嫌一詞。爾印老自不能知其中密意，誣謂如來藏「假名我」同於婆羅門教教典所說之我，誣謂認同印度神教。

古時印度神教婆羅門教……等，多知七識心之非自在性，依於事實現觀，知必須有恒不生滅之法，方能令夜夜斷滅之意識朝朝復起，故主張有眞我不滅，如是思想無有絲毫邪謬；佛觀如是因緣成熟，是故示現於人間以化度之。彼諸人等所以不能自入佛道者，皆因智慧不足，不能觸證自身本有之如來藏，故生因妄想，妄認覺知心爲恒常不壞心，或認覺知心之種種變相（如一念不生之境中覺知心及四禪四空定等境中覺知心）爲恒不壞心，墮於常見外道法中。佛爲令彼諸人去除此我見，故設五陰十二處十八界等法爲方便，宣示其妄，令離我見我執。然我世尊已於四阿含中處處密意說如來藏，非未曾說，非因「後來之佛教發展而漸有如來藏說」；爾印老兀自不解，不可謂佛於初轉法輪中未曾說也。如是，印老於法界因、涅槃因，由誤解故生諸邪見，不如理作意故生種種虛妄想，皆得名爲因妄想，如是妄想由因相而生故；即是佛說「若因若緣，有無分別；因相生，是名因妄想。」

云何名爲「若緣，有無分別；因相生」之因妄想？如印順法師云：《……緣起與空性，不是對立的，緣起就是空性，空性就是緣起。從依緣而起說，名為緣起；從現起而本性空說，名為空性。出發於緣起或空性的經典，所說各有所重，而實際是同一的；說得不同，只是應機的方便。》（摘自印順法師著《印度佛教思想史》頁一二九）

緣起與空性固非對立，然緣起非即空性、非異空性，不可如印老之妄謂緣起與空性是一無二。緣起可名性空，不得名為空性；緣起之法必定復依緣散而滅，其性非實不壞，是無常空，得名緣起性空—緣起與性空是一非二。然空性者非謂諸法空相，非謂緣起性空，乃謂有情皆具之第八識如來藏，印老不應將空性與性空混為一譚。

依緣而起者得名緣起，然現起而本性空者不得名為空性，唯可名為性空。以緣起為重之經典謂阿含聲聞佛法，側重聲聞法而略說大乘菩薩法故；以空性為重之經典謂般若及唯識諸經，側重如來藏空性之中道智及種智而略說聲聞緣覺法故。其中有同有異，同者謂解脫道，三乘與共；異者謂佛菩提道，唯大乘有，不共二乘，絕非如印老所說「實際是同一的」；可如印老所說「是應機的方便」，學佛法者種性異故。不得向緣覺乘種性者說大乘法，不得向菩薩種性者說聲聞法，不得向聲聞種性者說菩薩法；種性異故，法道異故，所證異故，由是佛說「一切賢聖皆因無為法而有差別」，具載於《金剛經》中，不可謂實際同一也。印老如是邪分別者，乃是依於緣起法，作有無分別；此分別者依於因相之種種緣而生，對因相生諸妄想，名為依緣所生之因妄想。

復如印順法師所言：《……即使徹悟無生的菩薩，也修度化眾生，莊嚴佛土的善行，決不如中國所傳的野狐禪：「大修行人不落因果」。龍樹「性空唯名」的正確解行，是學佛者的良好指南。》（摘自印順法師著《印度佛教思想史》頁一三四）

如印老所說：「即使徹悟無生的菩薩，也修（平實註：是「必修」，非「也修」）度化眾生、莊嚴佛土的善行」，然若無有根本因—第八識如來藏，則爾印老一生所修「度化眾生」之善行，悉皆不能莊嚴佛土，必成斷滅空故；尚無能持所修善行之第八識持種心，云何能以之莊嚴佛土？無斯理也。

復次，中國所傳的禪宗絕非野狐禪，一向不說「大修行人不落因果」故，一向宣說「大修行人不昧因果」故；如百丈野狐公案之說「不昧因果」，眾所皆知，云何爾印老誣謂中國所傳的是野狐禪？

三者，「中國所傳的野狐禪」，能令學人證得第八識如來藏，證已即能現觀涅槃之本際，親證「本來自性清淨涅槃」；以之爲根本智，能生後得智，漸起般若別相智，乃至能證初地二地無生法忍而起道種智，非爾印老所能知也。如是「中國所傳的野狐禪」，遠勝於印老所傳的「外於自心藏識的緣起性空及一切法空的斷見般若」，印老所傳之法墮於無因論之兔無角法故（詳見第二輯中疏解），「中國所傳的野狐禪」能證根本因第八識故。

四者，龍樹所傳《中論》及《大智度論》所說，絕非「性空唯名」，實是以如來藏之中道性及涅槃性而說，中道依如來藏而顯，是藏識性故。如溼性，乃依水說，依水而顯，不得外於水體而說溼性；中道性與涅槃性亦復如是，依藏識而有，是藏識之性，不得如印老外於藏識而說中道及涅槃，否則即成心外求法之外道。是故龍樹之弟子如來賢，一生以唯識種智法門宣說龍樹之中道般若，法無二味，前後一貫，無有絲毫牴觸；不知不解如印老者，便謂法有異味，印老墮於文字言說相故。

五者，若龍樹《中論》等作，是「性空唯名之學」者，則一切法空、萬法緣起性空之後，既無第八識持種，應死後成斷滅空，一切人修善造惡及爾印老「弘法度衆」等行，悉皆唐捐其功，無果無報故，不去至後世故，成斷滅無故。若印老所說「中觀大乘是性空唯名論」爲正確者，則外道斷見者所說一切法空亦應是佛法所說般若。是故《中論》及《般若經》所說絕非性空唯名，而是由恒不生滅之藏識所生名色及一切法性空唯名，彼諸所生名色與一切法，依藏識而緣起緣滅，非有恒不壞滅之實體，其性是空，唯是表義名言及顯境名言之所顯示，故說名色及展轉所生一切法性空唯名，不可外於藏識而說性空唯名，亦不可說如來藏識是性空唯名；性空唯名之一切法悉依藏識而緣生緣滅故。

印老著作之所以有此種種邪見與錯謬，導致所說佛法支離破碎者，咎在未能證解法界之根本因——如來藏，復受密宗應成派中觀邪見所囿，故否定根本因藏識。否定阿賴耶識已，則外於自心藏識而求佛法，悖違世尊依心說三乘法之本意，則成心外求法之徒，處處句句成就邪見邪解，誤導衆生，斫喪佛法根本；故說印老於「因相」未明，於「因相」生種種虛妄想，即是佛說「若因若緣有無分別，因相生，是名因妄想。」

「大慧！云何見妄想？謂有無一異俱不俱，惡見外道妄想，計著妄想，是名見妄想」：有外道謂生命本體是有，以見聞覺知心（含一念不生之覺知心及四禪四空定中之覺知心）為常不壞心，若人說此心緣起歸滅，非是常恒不壞法，則生瞋恚，如義雲高、釋性圓、喜饒根登……等人，墮於三界有中，以三界有法為佛法修證之目標，故求欲界天之甘露漿，堅持「意識是不滅的」。此是常見外道所墮之有。

有諸外道現觀陰入界皆幻有，皆無實體，而言一切法空，主張一切法緣起性空。現觀陰入界萬法緣起性空已，隨順現觀一切法緣起性空之根由，知必有因令一切法緣生緣滅，知必有因令眾生起無明種而受生輪迴。然因出世間慧不具足故，不能覓得根本因，遂斷定為無；由誤認無此根本因故，便墮無見，謂一切有情皆是緣起緣滅，唯憑父母及四大為緣而生，老死則滅，無有前世後世，成唯物論之斷滅見，名為無見。

復有外道執著「身命是一」，故執「身異命異」之見。復有外道執「我與色蘊是一」，或執「我與色蘊是異」，乃至執「我與識蘊是一」，或執「我與識蘊是異」，成就一異惡見妄想。譬如四川義雲高及其徒衆（桃園喜饒根登、釋性圓、釋性海……等人）堅執意識不滅，堅執意識爲常不壞心：《……還說什麼『無常來時意識必滅』，你爲甚麼連佛法邊都不沾？實則是意識隨業所轉，無有滅時，無常來時意識轉入中陰，中陰階段後又轉入輪迴，意識是不會滅的！正因爲如此才有凡夫衆生輪迴世界之諸苦，隨識帶業來生受報。》（詳見臺灣新聞報二千年八月十四日第一版廣告文）如是義雲高及釋性圓、喜饒根登等人，執意識與我是一，實有大過。

一者，若意識是恒是常是不壞者，則入胎時，爾義雲高、釋性圓……等人應無胎昧——應處胎時了了能知處胎，意識由前世來故，此世住胎及入胎時有意識故；然現見爾等皆有胎昧，皆有隔陰之迷——由前世識陰與此世識陰非同一識故，致有隔陰之迷——前世識陰與此世識陰相隔故。

二者，爾等之意識若是常不壞者，亦應爾等之意根亦是常而不壞、本來自有、非由他生，則爾等應有二實相心，應有二涅槃實際，常不壞之意識由意根為緣而生故。若爾等意識意根皆為常不壞之本來自有心，則應爾等有三實相心，亦應有三涅槃本際；一一涅槃本際各具四種涅槃，則應爾等悉有十二涅槃可證。然觀事實非能如是，意識既以意根為緣，藉藏識中之意識種子流注為因而生，則非本已自有之心；藉因及緣而生者，亦必依因及緣而斷；如入涅槃時之意識永斷不現，是可滅之法，然實相心非是可滅之法。如入滅盡定及無想定，亦如眠熟及正死位、悶絕位，皆依意根為緣而暫斷，可斷之法即非實相心。如意根緣無明種，由藏識生，無始劫來未曾刹那斷，猶非可謂實相心，云何易起易斷之意識可以是實相心？無斯理也。意根云何非實相心？可斷可滅故，如無學聖人入無餘涅槃，意根永斷，永遠不現，故非實相心。

唯有第八識永不斷滅，無量劫來與意根俱，世世皆生唯有一世壽命之意識；無量劫來恒離六塵見聞覺知，恒不作主思量；至無學位已，捨壽時入涅槃，意根意識俱滅，唯餘第八識離見聞覺知而無所住，永不復生意根意識，名為無餘涅槃之本際，此方實相，非可謂意識為實相心也；是故爾等不可謂意識是恒是常、是不斷滅法，不可執意識與識陰是一，不可執意識與我是一也。

世俗常識謂「身異命異」，此是未見道之學佛者所有之一般常識，命根依身而有故。意識則依於世世之命根而別別各有，非能來往三世。意識依命根身根而有，身根命根世世互異，是故世世意識互異，此世意識非即前後世意識，故有隔陰之迷。爾等釋性圓諸人若聞此理，違爾所說，必生瞋恚，不能安忍，堅持「身異命一、身異而意識一」，墮於一異惡見中。

佛法則不如是，不說意識由命根身根而生，說命根實依八識心王之現行，合五十一心所法及十一色法而顯有；說意識與識陰色陰命根非一非異。何以故？謂此世意識與前世意識非一故。前世意識以前世之五色根及意根爲依，藉無明種爲緣，由藏識朝朝生起，熏習諸法、長養習氣；一世終了，轉入中陰身中重新現行，依於彼世所熏習氣而受此世生；入胎時，前世意識永斷不現，至此世胎身五根圓具時，方得由此世五根及意根爲緣而由藏識流注意識種子，現有此世意識。此世意識尚未熏習諸法記於五勝義根（頭腦），故出生時懵無所知；前世意識所熏習法，由於前世五根壞已，不復記憶，轉入藏識中成隨眠法，須具他緣（如修得宿命通，或入定及夢中）方能與此世意識所造業等相應，故前世意識與此世意識非一。此世意識未得如是諸緣時，唯能與此世五勝義根所記錄之熏習法相應故；由斯正理，說此世意識與此世五陰非異。

然亦說此世意識與此世五陰非一，謂此世意識現行時，恒帶往世意識所熏習氣故，此諸習氣非因此世五勝義根而有故，故名非一。如是，義雲高及釋性圓、喜饒根登……等人，墮於一異惡見妄想中，余以書面勸彼等捨離，而彼等諸人反生瞋恚，以五六佰萬台幣之廣告費，於臺灣各大報誹謗於余，如是名為「計著虛妄想」，不肯捨棄，名為見妄想，因邪見生故。

復有外道，計有不可知之自性（或謂冥性），謂此自性與五陰俱，故令五陰恒有種種覺知及種種性用；五陰壞已，此自性不壞，重又受生，故令後世五陰生種種用。若人問彼自性何在？彼則答曰：「此自性不可知、不可證，而有如是自性。」如是亦墮俱見，成外道惡見妄想，是名見妄想，因邪見生故。

復有外道計五陰外有一神性，造諸萬物有情，名為造物主。此一神性不與有情五陰俱，造有情已，令諸有情五陰十八界自行運為，彼神性外於有情五陰而作考核，於有情五陰壞已，便作死後之審判，令有情永入地獄或永生天國，墮於不俱之惡見妄想中。

此亦有大過：若有情身心俱由造物主所造，唯物所成，而無自身無始本有之藏識法者，則有情死已，應一切皆滅，云何有法可由造物主審判後而生天國地獄？無是理也。

若謂死已，非全斷滅，而有一分覺知心不滅者，則彼一分覺知心應係由造物主之神性分出；若如是，則應有情於世間皆必遵從造物主之吩咐而行善拒惡，不應有故違者被判入地獄。若造物主如是審判者，亦有大過：自己判一分自己入地獄或生天國，無是理也。造物主分出一分心性而藉泥土等色法造出有情身心，令彼所造有情於世間生死熏習者，非有實義；造物主既有能力創造世間及諸有情，復是全知全能者，則不須如是作爲，於實相中無意義故。

尚有其他多過，暫置不論。如是「神與陰不俱」者，名爲外道惡見妄想，由邪見生；若有人欲拯拔彼等，彼等反生瞋恚，欲依彼等所奉聖經而「剪除異端」，認爲他教他派是魔，欲強令他教他派順服一己之見，故有十字軍東征及耶回二教互諍互戰等事；是名「不俱」外道惡見妄想，計著如是妄想者實由邪見而生，故名見妄想。

「大慧！云何成妄想？謂我我所想，成決定論，是名成妄想」：譬如喜饒根登、釋性圓……等人，於台灣各大報刊登廣告，堅持意識不滅，如是名爲以意識我及我所想，成爲決定論，起諸言說文字，名爲成妄想，非圓成實。

謂彼等於理作邪分別，執著佛所說之幻有意識覺知心，堅持不捨，墮於我及我所想中，決定不易，名爲於圓成實性生妄想。圓成實正見者，謂意識覺知心證知自己是幻有不實，證知別有第八識如來藏之圓滿成就諸法實性；如是依於藏識圓成實之「本來、自性、清淨、涅槃」之我空法空實相，成決定論，而起言說文字以度衆生者，方名聖人自覺聖智般若。若執意識不滅如釋性圓及喜饒根登……等人者，俱是於理起虛妄想，名爲成妄想，俱墮常見外道之我想及我所想故。

「大慧！云何生妄想？謂緣有無性，生計著，是名生妄想」：謂佛門中有一種人，於諸法有無中，生諸妄想；如印順法師等密宗應成派中觀師，主張不須有七八二識，唯憑無明爲因及父母與四大元素爲緣，即能成就吾人五陰，名爲生妄想。《大乘入楞伽經》別譯爲：「云何生分別？謂計諸法若有若無，從緣而生，是名生分別。」

如印順法師、達賴喇嘛、創古仁波切等人，否定第八識如來藏及第七識意根已，謂佛法即是緣起性空、一切法空。於如是「因妄想」中，分別有無：說陰入界悉空，空故不墮有邊；復謂一切法空即是般若，而此一切法空之般若法是法住法位、法爾常住，是故非無。此類人等不知蘊處界等一切法皆由藏識生，不知般若不得外於自心藏識；彼諸人等說蘊處界等一切法從緣而生，而說般若佛法外於藏識唯依緣生，俱名生妄想也。

「大慧！云何不生妄想？謂一切性本無生，無種因緣生無因身，是名不生妄想。」《入楞伽經》譯爲：「大慧！不生分別者：謂一切法本來不生，以本無故；依因緣有，而無因果，大慧！是名無生分別。」

如是「不生妄想」，云何名之爲虛妄想？謂如印順法師、達賴喇嘛等應成派中觀師，誤會一切法不生之意，以爲一切法本無、未生，不依諸法法種，唯憑無明因及父母緣與四大元素緣，而生此世五陰無因身，名為「不生之虛妄想」。一切法本不生者，乃因一切法非即非離自心藏識，由藏識持種而依因緣出生，非如印老及達賴等人外於藏識種而憑外因外緣能生。由一切法是藏識所生故，一切法與藏識非一非異，而藏識本來不生，是故佛說「生即不生之性」，故說一切法不生。若人不知此理，外於自心藏識而隨人說一切法本無生者，即同印老等人之否定藏識而說一切法不生，即成「一切有為法本不生」之虛妄想，名為「不生妄想」。

「大慧！云何相續妄想？謂彼俱、相續，如金、縷，是名相續妄想」：相續妄想者，謂彼法與此法俱，是故相續不斷；如是作想，名為相續妄想。如金屬縫針與絲縷和合，故相續不斷，而作相續不斷之想，故名妄想。

金針與絲縷和合故相續不斷者，乃是緣起法—由金、縷、人工合成，不應外於人工，而獨言金與縷合故相續不斷，若人如是說相續不斷者，名為相續虛妄想；若言：依人工而有絲縷和合相續不斷者，則非相續妄想，如是相續之說是正見故。

佛法亦然，由藏識所藏七轉識之無始熏習煩惱無明及七識種，而有世世之五陰十八界相續不斷，如是說十二因緣者，則非相續妄想；佛於四阿含中，處處以「名色緣識，識緣名色」之理而說十二因緣、而說四諦八正故；佛一向如是說，未嘗否定「名色緣識」之識、而說十二因緣。

今者印順法師、達賴喇嘛、創古……及民間信仰之義雲高、釋性圓、釋性海、喜饒根登……等人，外於「名色緣識」之識（阿賴耶識），而說「因於無明故有世世之五陰十八界相續不斷，令眾生輪迴生死。」猶如外於人工而說金縷相續，所說生死相續之理，即成相續妄想。

如今民間信仰者義雲高、釋性圓、釋性海、喜饒根登……等人，更以六百萬台幣之代價，公開於台灣各大報之第一版及其後之再刊，由釋性圓、釋性海「法師」具名，以半版及四分之一版篇幅公然主張意識不滅、可以往來三世，主張意識是眾生輪迴之主體識；如是諸人，尚未知解佛說聲聞法中之基本知見，如是之人可名之為佛教之法師乎？其知見猶在民間信仰層次，焉得名為佛門法師？

更荒唐者爲釋性海及釋能性「法師」，於報紙刊登廣告，作如是言：《前幾天能性法師說他在三昧中見到蕭平實是一隻癩蛤蟆變的，他只要輕輕施展一下功夫，就可以將他打現原形，到時候他的弟子們就會看到他四腳朝天、可憐兮兮的醜樣，只是現在因緣不成熟，所以他未施功力，放他一馬。》（摘自二千年八月二十六日自立晚報）

義雲高既是「巨聖」，修持當在四地以上，早已超越三地，方可名爲巨聖；三地聖人之住地心尚不可稱爲巨聖故。然此巨聖，禁不起余之明說其墮處，便生惱怒，縱令徒子徒孫造此謗法謗余之惡行，更作人身攻擊。猶如昔年蘇東坡自謂「端坐紫金蓮，八風吹不動」，佛印法師一句「放屁」，便將他打過江來；義雲高既是巨聖，又道「心極謙虛慈悲」，卻因余之勘破其墮於意識境界、未曾見道，而心生惱怒，縱使徒衆於各大新聞媒體全面謗法謗余，乃至作人身攻擊；顯見已經惱怒至極、急怒攻心而口不擇言矣！如是巨聖義雲高，其聖何巨之有？如是之人，聖在何處？

性海與能性二人，滿腦子《封神榜、西遊記》之民間信仰神道思想，一心想著施耐庵西遊記中之種種妖精神變，喜樂不已，成日裡口言神通，以神通之有無，作為佛法有無證量之勘驗標準。能性法師更是荒唐，打坐時不好好修三昧，於無覺無觀三昧不生喜樂，竟在欲界覺觀中作白日夢，夢見余為蛤蟆所變；又說要施展功夫，將余打現出癩蛤蟆原形，令余四腳朝天。平實期盼有此一天、早日來臨，何以故？能證實能性「法師」確有此能，可免其妄語罪故。如是夢語神話，而雲慈正覺會之喜饒根登信之，而義雲高巨聖信之，不加阻止，更以六百萬台幣代價而刊登於台灣各大報上？眞是民間信仰之輩，上下同心，無有二意，非是佛教法師也，遠不及附佛法外道也。

復次，爾等既於「三昧」中，夢見余是蛤蟆精所變，則是承認余有神通，能作變化身；現見汝等皆無此能力，不能變化色身；如是，汝等神通遠不及余，焉有能力將余打現原形？眞乃夢語神話也；荒唐無稽之至，而彼愚癡徒衆迷之信之，不知醒覺，踴躍捐輸錢財由彼胡亂浪費，誠可哀哉！

如斯等人，不知佛法解脫道，不曉大乘別教菩提道，外於佛菩提及解脫道，而以神通之有無，作為佛法証量有無之依據，愚痴已極。如斯輩者，皆應親到佛光山、法鼓山或全台顯教法師住持之寺院精舍聞熏共修，熏習基本佛法知見，方得遠離民間信仰之邪知邪見也，否則終不能免除密宗內之鬼神邪法所崇也！如斯輩人，必墮相續妄想及縛不縛妄想中。

「大慧！云何縛不縛妄想？謂縛因緣計著，如士夫方便若縛若解，是名縛不縛妄想」：縛不縛妄想者，謂依意識爲我，不捨此意識我，欲令此意識覺知心離於繫縛，以之住於「大解脫、大圓滿」境界；猶如世俗人於繩之縛與解中，生於繫縛及解脫之想，是名縛與不縛之虛妄想。

密宗四大派古今一切法王，悉墮此妄想中，發明大手印、大圓滿法，以意識爲恆不滅心，欲以此意識心體離於三界繫縛，住於涅槃之境，狂言「輪涅不二」。

譬如紅教、白教、花教等古今一切法王喇嘛，及義雲高、釋性圓、喜饒根登……等人，悉認意識覺知心不起妄念時即是佛地眞如，以此「佛地眞如」不被五塵拘繫牽轉，名爲已得解脫、已證涅槃；便以佛自居，自謂即身成佛，如是即名不縛妄想。由如是不縛妄想，反觀衆生繫於五塵，名之爲縛，是名縛妄想；合此縛與不縛之虛妄想，名爲縛不縛妄想。亦如密宗黃教宗喀巴等人，下至今時之達賴、創古，及顯宗印順法師等人，否定七識八識，唯認六識；彼等諸人主張五陰滅及意識滅，名爲涅槃；又恐他人譏之爲斷見，乃別施設意識有細心不壞（如印順法師說），或別施設意識有極細心不壞（如達賴喇嘛等人所說）；以意識之是否繫縛於諸境，而分判其已否証得解脫，非如佛以十八界俱滅爲無餘涅槃，非如佛以意根意識之我執我見斷盡爲有餘涅槃，故說彼等諸人皆墮於縛不縛之虛妄想。

云何名爲縛與不縛之正知見？謂諸佛菩薩現觀意識於眠熟等五位悉滅，須有三種俱有依（藏識現行及意識種、未壞之五根、意根末那識），方能滅已復起，由是斷意識我見，從此不認意識不滅，証得斷我見之須陀洹果。復歷緣對境觀察處處作主恆審思量之意根我，依於意識方能覺知分別，依於未壞之五根方能攀緣六塵；復觀此心恒於三界中現行，執著自己不欲捨滅、內執藏識爲我而不肯捨、外執意識等六而不肯捨，恆欲觸知六塵而不肯捨，遂成我執；現觀此心執我不捨已，乃歷緣對境而漸斷之，我執斷盡即成無學，斷盡分斷生死，是名有餘涅槃；捨壽時，由無「我見我執」故，六七識永不復起，不復有後世之意識意根出現於三界，永斷不現，名爲無餘涅槃，名眞無我。

今者密宗諸人及印順法師、常見外道民間信仰之義雲高、釋性圓、釋性海、喜饒根登……等人，悉以意識不滅，能住涅槃，以之爲解脫；此乃外道涅槃，非眞涅槃，仍將受生輪迴故。

釋性圓及喜饒根登等人不唯我見不斷，更外執意識相應之外法—如鬼神通及欲界甘露漿……等，已墮欲界外法繫縛，何況能斷我見我執？我見不斷者，而言能斷意識之自我執著，無有是處！

密宗祖師擅長發明佛法名相，於佛法外別創密宗之四加行（密宗之修行法道違背佛法四加行，不能契應故），別創種種三昧及智慧名相，冠於佛說三昧智慧之上，以爲超勝於顯宗之祕密方便修証法門，謂爲果地修証法門，翻誣顯宗爲因地粗淺之修証法門；猶如小學生發明另一數學名相，冠於大學生所修微積分之上，謂爲超勝於微積分之究竟數學，而嘲笑大學生所修微積分學問之粗淺；及至入其法中探究之後，不過是小學生所修之加減乘除法。

密宗祖師所造一切密續（包括一切口訣及岩藏密續），皆依自身妄想創立，非有實質，唯是名相；皆以意識觀想自身成就佛身名爲成佛，……乃至以意識住於一念不生之境、不受五塵所轉，名爲解脫（詳見紅教中有第二佛尊稱之龍欽巴尊者所集密續中，大圓滿大手印之教法），皆是以意識住於觀行境中，以意識不著六塵爲解脫，保持意識常常覺醒不昧，謂爲一心不亂、成究竟佛（詳見蓮花生大師應化史略書中所載）。如是執著意識不滅者，名爲我見；我見未斷者名爲見惑未斷，未斷我見而能修道斷思惑者，無有是處！見惑思惑俱在者，尚不能証聲聞初果，而言已証解脫涅槃，而言已証佛菩提果，而言諸佛果地修証，而於報紙刊登廣告，與余議論漏盡通，無有是處！悉名「不縛妄想」。

不縛著，非以意識不被五塵所縛、不被一切法所縛，名爲不縛；饒汝義雲高……等人能入二禪等至位中不觸五塵，唯住覺知心自境而不起妄念，依舊是縛；執意識不滅、不肯斷我見故，意識心不論住於何種狀況皆名爲我故。非以意識住於不執著意識自己，而可名爲不執我；非以意識離我見之想，而可名爲斷我見；如是自謂已斷我執我見者，名爲不縛妄想。應以意識現觀自己非常非恆非不壞心，而斷我見，了知意識自我非常恆不滅性，方可名爲斷我見；由如是斷我見之見地，起修意根我執之斷除，方可名爲斷思惑，成就有餘涅槃，是名眞實不縛；非如義雲高等人及密宗古今一切四大派法王之墮於不縛妄想也。

密宗最究竟法《仰兌》所說大手印大圓滿最勝心中心法之開示，悉皆以意識如是安住，而名之爲解脫，名之爲不縛，皆墮不縛妄想中，不斷「意識不滅」之我見故；彼等諸人以如是欲界之粗淺境，反觀衆生不信佛、不學道者，名之爲縛，以己爲不縛；如是諸人悉皆不知：凡執意識不滅者皆名爲縛，我見所縛故；如是不知自身在縛，以爲已離縛，名爲不縛妄想；而觀衆生在縛，名爲縛妄想。合此縛與不縛二種虛妄想，名爲縛不縛妄想，密宗四大派古今一切法王悉墮此妄想中，何況民間信仰之義雲高及喜饒根登等人，能不墮其中？

若有密宗行著，依《仰兌》所說大圓滿心中心法，令意識住於所想之無生、離戲、專一、離執……等境界中者，俱名爲縛；如俗人以繩作結而繫己足無異。佛法中眞正之無生、離戲、離執……等，乃依斷除「意識我」見，依斷除「意根我」執而得故，非可如密宗作無生離戲離執之想者能得無生離戲離執故。若有密宗行者謂：「我以意識住於無生、離戲、離執……等境界已，復捨離之，於如是境悉無所住，唯住意識自心內境，名為解脫。」斯人則如俗士凡夫以繩自繫其足已，隨後復自解之，自謂已得解脫，是名不縛妄想，自繫縛已又復自解故，非佛法也；如是解脫，從緣生故；緣生之解脫，後必隨緣而壞故，此非眞解脫也，故名「不縛妄想」。唯有自心如來藏之本來自性清淨涅槃，方是眞實解脫，非從緣生故，本自有之故。非以意識入住任何境界得以名為解脫也，斷意識意根之我見我執方是解脫也。

「於此妄想自性分別通相，一切愚夫計著有無」：於如是十二種妄想自性而生分別之共通相中，一切無智慧之凡夫產生了誤計，而執著諸法若有若無。如是十二種妄想自性分別之通相，乃因未得聲聞初果斷我見之見地而生。若能現觀意識之依他而起、易起易斷，則斷我見；我見斷已，方能遠離此十二種妄想及計著。若如義雲高、喜饒根登、釋性圓……等人妄認意識不滅著，未斷我見，尚不能入於六住賢位，奢言巨聖及大活佛，寧非逾越乎！

如是，世尊以十二種妄想分別，而說妄想分別之通相—謂不斷我見。一切學人聞已讀已，莫謂「世尊喜歡批評別人」。世尊住世四十九年，不斷舉示外道邪見而破斥之；由如是破斥邪見故，學人能速了知正見邪見之分際，諸菩薩衆亦能藉之遠離似是而非之外道邪見，迅速發起正慧—佛菩提智與解脫慧。如是破邪而顯正，乃是一切証道之人所應爲者，唯除無慧無悲無勇之人。是故一切學人莫因善知識之破邪顯正而生煩惱，應生感恩之心；善知識破邪之說，如此段經中佛說，俱爲救諸學人遠離邪見而入正道故，故應感念其恩—無人肯造此干犯衆怒之事故。

「大慧！計著緣起而計著者，種種妄想計著自性。如幻示現種種之身，凡夫妄想，見種種異幻。大慧！幻與種種，非異非不異。若異者，幻非種種因；若不異者，幻與種種無差別；而見差別，是故非異非不異。是故大慧！汝及餘菩薩摩訶薩，如幻緣起妄想自性，異不異有無，莫計著。」

疏：《「大慧！外於自心藏識，誤計執著緣起法能生諸法而生計著的人，會依虛妄想而分別種種依於緣起所生諸法，誤計及執著諸法各有不同之自性。猶如魔術師以幻術示現之種種色身，凡夫虛妄想，見有種種色身眞實非假、異於幻術。大慧！幻術與所變之種種身，非異非不異，不應起想。若幻術與所變種種身異，則幻術非是種種身之因；若幻術與所變種種身無異，則應幻術即是種種身，則二者應無差別；然而現實上可見有差別，是故幻術與所變種種身非異非不異。是故大慧！汝及其餘菩薩摩訶薩們，對於如幻及緣起而生虛妄想分別自性，及對於二者是異是不異、是有是無等，皆莫生誤計及執著。」》

「大慧！計著緣起而計著者，種種妄想計著自性。如幻示現種種之身，凡夫妄想，見種種異幻」：無智凡夫外於自心藏識，誤計及執著「由於緣起之法能生種種法」，復於緣起法及種種法而生計著。譬如印順法師及達賴喇嘛……等應成派中觀師，計著緣起性空之法，謂緣起性空之法性常住，而不承認緣起性空之法性乃依自心藏識而有，是名計著緣起而計著者。彼等諸人種種妄想，計著緣起之自性爲有；計著緣起自性之法爲法住法位、法爾如是，故皆主張一切法空即是般若，誤計實相爲一切法空，誤解三世諸佛之實相。

如斯等人，外於三世諸佛實相之第八識，計著緣起，謂緣起性空即是法如、眞如；然恐他人責彼同於斷見，遂別建立意識細心或極細心爲緣起諸法之所依、爲三世因果之聯繫者，復墮「因妄想」中。

至於附佛法外道義雲高，則外於現前第八識阿賴耶，不知不證阿賴耶識，而謂能證佛地眞如，令諸徒衆外於第八識而覓如來藏眞如，（詳見義雲高著《般若心經講義》頁二九）名爲心外求法之徒，阿賴耶識即是眞如心體故。而彼所謂心經之眞如心，則謂爲「有情一念觀心爲是」（詳見同書七九頁），墮於常見外道所說常不壞滅之意識界—以意識爲眞如，執意識爲常不壞者，執意識爲佛地眞如，如是外道名爲巨聖，正是佛說「種種妄想計著自性」者；以意識爲眞如者，必執著意識相應法故。

其隨學者則更公開承認彼等所證爲意識，如釋性圓……等人更公開刊登廣告，謂意識不滅，乃至無常來時意識亦不滅；於余所說「眠熟等五位中意識必滅」之理不知不證，堅執意識不捨，具足常見外道見。如是諸人計著意識故，必定於意識起種種妄想計著自性，是故執著意識相應境界，以意識相應境界之證得作爲佛法有無修證之證據；由是計著意識故，計著能求欲界天之甘露、計著欲界之有爲神通，依此二種欲界有爲法之實現，作爲已証佛法，而不知此二法與佛法全然無關——不與解脫道及佛菩提道相應故，如是諸人即佛所說「種種妄想計著自性」者。

猶如擅於幻術者（如今之魔術師），以幻術示現種種之身像——如幻化出人身鳥身貓身等——凡夫愚迷不曉其幻，妄謂所見種種身像實有，異於幻術。彼義雲高、仰謌益西、喜饒根登等人之信徒亦復如是，見彼諸人種種魔術幻化甘露等物，執爲實有，不知因幻而有，見彼所幻化物異於幻術而有，亦名「種種妄想計著自性」。

「大慧！幻與種種，非異非不異。若異者，幻非種種因；若不異者，幻與種種無差別；而見差別，是故非異非不異。是故大慧！汝及餘菩薩摩訶薩，如幻緣起妄想自性，異不異有無，莫計著。」幻術與所變種種身像及物，非異非不異，不可謂是異，不可謂非異。如果幻術異於所幻化之甘露等種種物，則幻術不應是甘露等種種物之因；如果幻術不異於所幻化之甘露等種種物——幻術即是甘露等物—則幻術與所幻化之甘露等種種物應無差別；而現見有差別—所幻化之甘露等種種物由幻術所現故，是故非異非不異。

是故大慧！汝及餘菩薩摩訶薩，對於如幻等法之緣起妄想自性，莫起「幻術與所幻物是異是不異、是有是無」等想，亦莫誤計及執著。

何故佛囑菩薩眾等「莫於幻與種種物而生計著是異是不異」等？謂幻術與所幻之種種物，非異非不異，然皆是依於計著緣起法而生計著；乃至義雲高及喜饒根登之徒眾如釋性圓……等人，竟於魔術所幻種種物而起妄想計著，皆與三世諸佛菩薩所證實相第八識眞如阿賴耶識無關，與佛法無關；既與佛法無關，而於幻與所幻種種物上計著自性（謂食彼欲界天所幻之甘露能增益佛法修証等），於佛法言之即爲無義；於無義事相中，生起妄想，討論幻術與所幻物是異或不異者，即是戲論，與佛法無涉故，是故佛說應離。

爾時世尊欲重宣此義，而說偈言：

心縛於境界，覺想智隨轉；無所有及勝，平等智慧生。

妄想自性有，於緣起則無；妄想或攝受，緣起非妄想。
種種支分生，如幻則不成；彼相有種種，妄想則不成。
彼相則是過，皆從心縛生；妄想無所知，於緣起妄想。
此諸妄想性，即是彼緣起；妄想有種種，於緣起妄想。
世諦第一義，第三無因生；妄想說世諦，斷則聖境界。
譬如修行事，於一種種現；於彼無種種，妄想相如是。
譬如種種翳，妄想衆色現；翳無色非色，緣起不覺然。
譬如鍊眞金，遠離諸垢穢；虛空無雲翳，妄想淨亦然。
無有妄想性，及有彼緣起；建立及誹謗，悉由妄想壞。
妄想若無性，而有緣起性；無性而有性，有性無性生。
依因於妄想，而得彼緣起；相名常相隨，而生諸妄想。
究竟不成就，則度諸妄想；然後知清淨，是名第一義。
妄想有十二，緣起有六種；自覺知爾燄，彼無有差別。
五法爲眞實，自性有三種；修行分別此，不越於如如。

衆相及緣起，彼名起妄想；彼諸妄想相，從彼緣起生。
覺慧善觀察，無緣無妄想；成已無有性，云何妄想覺？
彼妄想自性，建立二自性；妄想種種現，清淨聖境界。
妄想如畫色，緣起計妄想；若異妄想者，則依外道論。
妄想說所想，因見和合生；離二妄想者，如是則爲成。

疏：《爾時世尊欲重宣此義而說偈言：

衆生心繫縛於種種境界，覺想等世間智隨諸境界流轉；
於無所有及最勝處若能了知，平等心及智慧就出生了。
由妄想分別故有種種自性，於緣起法觀之則種種自性無；
虛妄想或取著諸法等，依緣起法之現觀則非是妄想。
依種種支分緣生之法，現觀如幻則皆不能成就實性；
彼諸緣生之法有種種相，依彼相而生之妄想則不能成就實性。
彼諸支分所生種種相是過失法，皆從心繫縛於相而生；
妄想之人於相之過失無所知，遂於緣起正法起虛妄分別。

此諸妄想法等，即是彼諸依緣而起之法；
虛妄分別有種種法，於依緣而起之衆法中起諸妄想。
世諦及第一義諦二法，第三種義諦則是無因生；
依虛妄分別而說世諦，依世諦而斷虛妄分別則是聖智境界。
譬如衆修行者之事相上，於一實相上有種種妄見出現；
於彼實相而言並無種種之不同，皆因妄想相故有如是種種妄見。
譬如各人眼目生種種翳障，各人妄想差別故而見種種不同色像，
然而各人眼中之翳實無色相、非有色像，於緣起正觀不能覺知者亦然。
譬如精鍊過之眞金，遠離汙垢穢雜一般；
亦如虛空無有雲翳時，虛妄想清淨了以後也像是這樣。
無有妄計分別性，而能有彼緣起法；聖者觀察皆非實有；
衆生建立見及誹謗見，全部都由虛妄想生而壞其宗旨。
虛妄想若無法性，而能有種種緣起法生起者；
則是無法具有有法之性，則應有法能從無法中生起。

依「法界因」起於虛妄想，而得有彼緣起諸法；
色相與名等四蘊常相伴隨，而生種種虛妄之想。
究竟觀察緣起妄想，不令成就，則能超度種種虛妄想；
然後知見便清淨了，如是名爲第一義。
緣起之虛妄想有十二種，緣起之緣則有六種；
自覺眞如而知爾燄時，彼十二種妄想及六種緣起其實並無差別。
五法是眞實有的，三種自性也是這樣；
修行者觀察此五法三自性，其實都不外於眞如。
種種法相及緣起法，由彼名故起虛妄想；
彼諸妄想之相，都從彼緣起而生。
覺悟之智慧善於觀察，無緣亦無虛妄想；
成就眞實法已，無有一法可得，云何而起妄想覺知？
衆生於彼眞實法生妄想自性分別，所以佛建立了二種自性；
由有種種妄想故見有種種法相，清淨的眞實法則是聖人所行境界。

虛妄想猶如畫布上之顏色，於緣起之種種相中衆生妄計故起分別；

若於實相不如是分別者，則彼所說種種分別皆墮外道論中。

以虛妄想而爲人說所想，是因種種妄見和合而生；

遠離此二種虛妄想者，如是則爲圓成實。」》

「心縛於境界，覺想智隨轉；無所有及勝，平等智慧生」：凡夫衆生由於不明陰界入虛妄故，其心一向繫縛於有境界法；繫縛於有境界法故，覺察了知之世俗智隨於種種境界而運轉。此不特一般凡夫如是，乃至自稱修學佛法者亦如是；如民間信仰者義雲高、仰謂益西、喜饒根登、釋性圓、釋性海……等人悉皆如是，以作法求天人賜降甘露作爲佛法，以唸咒驅役鬼神辦事作爲佛法，以粗淺之鬼神五通冒稱自身有神通，如是種種有境界法作爲佛法，其心縛於種種境界，意識覺知心於諸境界覺察了知，故有世間俗智隨諸境界流轉不息。

如是等人，以有境界法作爲佛法修証之証量，完全不知佛法二大甘露法門（佛菩提道與解脱道）俱是無境界法、無所得法，唯是智慧；翻以余之不曾示現神通、不曾求得欲界天人所賜甘露瓊漿，而謂余於佛法上無有証量，竟於報紙刊登廣告，謗余「拿不出實際東西，當然是騙子」，謗余為「無道人，只有一招——只會講空假話」（詳見二千年八月十二日起台灣各大報），於佛菩提道無境界法、於解脫道無所得法，完全不知；以附佛法外道之民間信仰思想，以西遊記及封神榜等言情小說之思想（詳見自立晚報二千年八月二十六日第五版釋性海所撰四分之一版廣告文），妄想佛法同於封神榜書中之情節，而責余為無証量者。

然余以親証藏識之般若，而說總相智（如《禪—悟前與悟後》），彼等諸人已不能解，墮於有境界法及有所得法故；余以般若別相智，著作『護法集、公案拈提』，彼等更不能知解，讀之茫然，謂為空假話；何況余依道種智所著之《眞實如來藏、楞伽經詳解⋯⋯》等，彼等更云何知？

義雲高等人於余諸著作所述般若之總相智、別相智及種智，云何完全不解？謂彼等諸人皆是附佛法外道之民間信仰者故，執著欲界甘露漿及神通等有境界法、有所得法，「心縛於境界，覺想智隨轉」——一心追求有所得法、有境界法，故起世間覺想智，隨諸境界流轉。

如《佛藏經》中佛云：《舍利弗！若有比丘受是教已，聞空無所得法，即自覺知：我先受者（有境界法）皆是邪見。於空無所得法無疑無悔、深入通達，不依一切我見人見；舍利弗！我說此人名爲得清淨梵行。》今者釋性圓等人身爲比丘，讀余諸書所說無所得、無境界法，而不能知「我先受者有境界有所得法皆是邪見」，反造誹謗之文，刊登於報紙，謗余謗法，堅持種種有境界法（神通）、有所得法（甘露漿）爲佛法証量之表現；堅持意識不滅──成就我見人見，如是人非是得清淨梵行者。

佛又云：《舍利弗！若有人受如是教已，聞空無所得法，即時驚畏；是人可愍，無有救者，無有依者，直趣地獄。何以故？舍利弗！於佛教中驚疑畏者，是人則爲具足惡道；所以者何？我常自說：有所得者是惡道分。……何以故？於佛法中成就身見，不在僧數。》如是，釋性圓、釋性海、釋能性……等一切義雲高及喜饒根登座下諸比丘輩，凡認同彼等邪見我見者，皆不在僧數，非是佛教之法師；彼等諸人執意識不滅，成就身見（我見）故，是故佛說如是諸人「不在僧數」。

如斯比丘等人，好樂有所得法，名爲與佛諍，非是佛弟子，如佛云：《舍利弗！乃至於法少許得者，皆與佛諍。與佛諍者皆入邪道，非我弟子。若非我弟子，即與涅槃共諍，與佛共諍，與法共諍，與僧共諍。舍利弗！如是見人，我則不聽出家受戒；舍利弗！如是見人，我則不聽受一飲水以自供養。若人除捨如是不善貪著事者……是人爲斷諸貪著故，但勤修習無相三昧，於無相三昧亦不取相；是人通達一切諸法皆是一相，所謂無相，舍利弗！是則名爲於聖法中柔順法忍。得是柔順法忍，乃名是我弟子，能消供養，不空受身。所以者何？舍利弗！我是眞實相法，不可入不可取，不可捨不可貪，不可說、斷語言道。》（佛藏經卷上）

今者釋性圓等人，公然主張意識不滅，公然主張有境界之神通及有所得之甘露漿爲佛法，與佛相違，與佛相諍；背涅槃道，與法相諍；背菩提道，與正見僧相諍，非是佛之弟子，尚不應受人一杯飲水供養，何況種種供養？乃竟以衆人捐助之巨資，遍於台灣各大報紙公然謗佛（主張意識不滅），公然謗法（主張有所得法為佛法証量之表現），公然謗僧（成就身見，背於諸僧所說無我見故）。如是釋性圓等人非佛弟子，一切佛弟子衆，皆應默擯之，不與同行，不與言語。

如是諸人非眞比丘，將來必墮惡道，學佛法者莫與之相隨，莫從之受法，以免捨壽後得惡道果報；何以故？若信受彼有所得法已，必定驚疑余所弘傳之無所得法故；以驚疑故，必謗無所得法，成就惡道罪故；是故佛說：「若有人受如是教已，聞空無所得法，即時驚畏；是人可愍，無有救者，無有依者，直趣地獄。何以故？舍利弗！於佛教中驚疑畏者，是人則爲具足惡道；所以者何？我常自說：有所得者是惡道分。」釋性圓等人隨義雲高及仰諤益西修學甘露神通等有所得法，反以有所得法而謗增上慧學無所得法，已非僧數，非眞比丘，具惡道分，云何余已眼見其惡，而坐令善良無辜之初機學人隨彼同入惡道？云何令余無慈無悲默置不言？

若有學人聞余法已，讀余書已，而能証解無所得法—如來藏增上慧學—斯人名爲已証般若，便知余於十年前早已「拿出實際東西，當然不是騙子」，已將如來藏般若正義，具述於諸書中故。便知余是眞正之「無道人」，無諸「有所得法之道」故；余只有一招—只會講般若空話，只會講「有境界法假」之假話故，是名釋性圓恭維於我之語：「蕭平實是無道人，只有一招—只會講空假話。」余今敬謹領受此恭維語。

佛說「無所有及勝，平等智慧生」，若人於余上來舉例所述，能証知藏識之無覺無觀、證知藏識於一切境界法中皆無所得者，是人名爲証得勝智，住於三界最勝處，一切天人天主尚不能知其智慧之少分，何況民間信仰之義雲高及釋性圓常見外道而能知之？是名無所有及勝處。是人依其所証無所有智慧，住於此三界最勝處，自有平等心及智慧源源而生，漸漸成就初地通達位之種智功德，了知五法三自性及七種第一義、七種性自性、二種無我，成就聖智—初地無生法忍道種智，永離甘露法及欲界神通等有生有滅之法。

「妄想自性有，於緣起則無；妄想或攝受，緣起非妄想」：依義雲高、仰諤益西及釋性圓……等人而言，由彼諸人虛妄想所起分別故，見甘露漿及鬼神通等有種種自性，妄謂其求得之欲界甘露漿等色法，能益學人佛道，執著其種種欲界自性，甘露漿等法是欲界法故，不到色界故。若人有智，依於緣起法而現前觀察之，則知甘露神通等法，皆是無常生滅、幻有終無之法，非是實相之法。（何況彼等求得之甘露是否魔術障眼法所變，仍待魔術師協會之檢驗，信衆不應迷之。）

若人了知彼等「妄想自性有」，於緣起法中現觀其「有」皆無眞實；而以自己之覺知心有，分別彼等之妄想與攝受取著有境界法，則自身覺知心所生智慧雖仍是緣起法（智依意識心有故，意識依衆緣而有故），然已不是常見斷見外道之虛妄想，是正智故。

「種種支分生，如幻則不成；彼相有種種，妄想則不成」：種種支分者，謂十二有支一一支分；此一一支分各有法生。若人有智，能於一一支分所生法，如實觀察，則知一一支分悉皆如幻，皆不成就實性；亦知五陰十八界俱是因緣所成，不能成就實性；更能了知依於五蘊十八界方能向欲界天乞求甘露，方能有欲界神通，便知甘露漿及欲界神通俱是因緣所成法，皆不具常住不壞之實性；了知凡此一一支分……乃至甘露漿等，皆如幻化，暫有不實故。

彼諸緣生之法，展轉變生種種法相；愚人迷惑，不知其假有性空，無常必滅，依彼種種有所得法、有境界法而生妄想，不起正知正見，則不能成就佛法修証上之眞實不壞法性。

「彼相則是過，皆從心縛生；妄想無所知，於緣起妄想」：彼相者謂由十二有支之一一支分所生一切法相。謂衆生因無明支、行支……乃至生支及老死支，展轉所生一切虛妄想之種種法相，皆是有過失之法，皆是從七識心被境界繫縛而生。十二因緣之一一支、一一法相，尚且是繫縛，佛令弟子衆等應依還滅觀修行，滅十二支，尚不許認意識爲眞，尚不許認意根爲眞，云何民間信仰之義雲高及釋性圓、喜饒根登，猶執意識相應之欲界甘露神通等有漏有爲法？如是民間信仰常見外道輩，乃竟欲與顯密諸宗爭佛教正統？無斯理也！

佛門內則有應成派中觀邪見，依於虛妄想，於佛法無知，妄謂佛於四阿含中不曾說七八識，妄謂原始佛教教典唯說有六識，是故彼等依此虛妄想而否定二三轉法輪所說第八識如來藏，謂實無如來藏，唯是安名假立。如是等人（如宗喀巴、月稱、寂天、阿底峽、達賴、印順法師……）不解四阿含正義，不解緣起法中佛說識緣名色之理，外於「識緣名色」之第八識而求緣起正義，遂於緣起法作種種妄想，乃至著書立說、遺害後人，是名：妄想無所知，於緣起妄想。如斯等人悉皆不得緣起正觀，心外求法故；何況民間信仰之義雲高、仰諤益西、釋性圓、喜饒根登……等人，尚執意識爲不滅者，於佛法知見其淺無比，尚無資格受學印順及達賴之粗淺緣起觀，云何能得緣起正觀？而言能授人以緣起大法？無有是處！

「此諸妄想性，即是彼緣起；妄想有種種，於緣起妄想」：以上所舉十二種妄想法，即是彼種種依緣而起之法，何以故？此謂十二種妄想法，皆依於不如實知緣起所生法而有故。如仰諤益西起虛妄想：「甘露漿是佛菩薩所賜，我能作法求得，即是具有佛法証量。」凡此皆因不知甘露漿是欲界天人之日常飲食之法；不知諸佛菩薩絕不以此三界最低之有爲貪欲法賜與佛子，不令佛子起欲貪故；不知如是欲界有漏法之甘露漿爲緣起緣滅之法故，假饒仰諤益西「大法王」能晝夜三時各服一次甘露，日日如是，滿千萬歲，終不能得緣起正觀，終不能知「緣起大法」，於其解脫道及佛菩提道之修證，無有絲毫助益。

莫道仰諤益西如是，欲界天人亦復如是；如忉利天人日常以甘露爲食，長養欲界天身，日日服之，滿一千歲已（忉利天一日夜為人間一百年，如是三十日為一月，十二月為一年，彼天人壽命一千歲），猶於佛菩提道及解脫道無有絲毫增益，何況向天人求甘露之仰謂益西等人，於佛法上云何能有助益？而妄謂服食少分甘露一次，即能於佛法修証上得大利益，名爲妄想。

此等妄想法，依彼緣起法之甘露而有故，不離甘露緣起法，是故佛說「此諸妄想性，即是彼緣起」。一切菩薩悉應如是証解：妄想雖然有無量種，名爲種種想，但一切妄想皆是於緣起所生法上，依於不如實知其緣起性空而生，故起妄想，生遍計執性。如是名爲：「妄想有種種，於緣起妄想。」

「世諦第一義，第三無因生；妄想說世諦，斷則聖境界」：佛法唯有二種眞實義—世俗諦與第一義諦，若有人主張外於此二諦，別有第三種眞實義者，彼第三眞實義乃是無因生—非眞佛法也。

世諦謂世俗諦，即二乘菩提所說一切法緣起性空。此是解脫道，與大乘佛菩提共，佛菩提所攝故。世俗諦云何名爲世俗之眞理？謂二乘菩提所說蘊處界一切法緣起性空之眞理，乃是依世俗、依世間之五陰十二處十八界等世間法，而說一切法緣起性空，令衆生了知意識與意根皆是有爲有漏法，若欲求証有餘涅槃者，必須斷此「意識不滅」邪見，及斷此「執著覺知作主心我」之我執；若欲求証無餘涅槃者，捨壽時必須永斷意識與意根，令此二識我永滅不現。能如是者，名爲已証二乘菩提之解脫道，與密宗及民間信仰者所求甘露及欲界神通完全無關。解脫道乃依五陰十二處十八界之緣起緣滅性而說，依於世間有漏有爲法而說無漏無爲之二乘涅槃，故名世俗諦。此蘊處界緣起性空之理，乃是世間之眞諦，世間眞諦無過其上，故名世諦。

然此世諦雖爲三乘學人所必修証之理，仍非出世間之第一義諦。此謂三乘學人若修二乘世諦，証得有餘涅槃，成阿羅漢，而仍不知涅槃之實際，不知本來自性清淨涅槃，不解十方一切法界之實相。唯有親証自心藏識──能隨時隨地領受第八識如來藏之種種自性者，方知無餘涅槃之本際，方能証知十方一切法界之實相，已親証藏識之本來自性清淨涅槃故，故說菩薩未入涅槃而能証知無餘涅槃之實際，名爲菩薩不可思議。

菩薩由証自心藏識所得不可思議般若，能入初地無生法忍而生道種智，乃至次第進修種智而至佛地，親証佛地無生法忍、四智圓明，具知世間出世間法，一切人天及二乘無學所不能測。如是般若眞諦，一切世間出世間法無過其上，故名第一義諦。此第一義諦函蓋二乘世諦之解脫道於其中，故函蓋四聖諦、八正道、十二因緣等一切世諦，而証知四阿含所說二乘菩提之四諦八正十二因緣中諸阿羅漢所不知法（未來別著《阿含正義》將述及之，此處從略），故名第一義諦。

若人外於此二諦，別說有第三諦者，彼第三諦乃無因生—由虛妄想而生。此二諦云何非爲無因生？謂此二諦以有情各自之第八識如來藏爲因，依自心藏識處於凡夫位，而說一切衆生本來常住涅槃而不能証得；依自心藏識處於明心位（証得如來藏阿賴耶識），而說菩薩証得本來自性清淨涅槃；依自心藏識處於斷盡意識我見及意根我執位，而說三乘無學証得有餘涅槃；依二乘不迴心無學聖人捨壽時，斷滅意根與意識，令意根意識永不復現之藏識本際，而說二乘無學入無餘涅槃；依佛地藏識唯有無漏法種，不再有種子變易，而亦永不滅除八識心王，四智恆明，永離分段生死及變易生死，說名已証無餘涅槃；依佛地藏識（真如）永斷二種生死而不住生死，依佛地藏識（真如）永不同於二乘滅度之住於涅槃灰身泯智境，而說無住處涅槃——不住生死亦不住涅槃。

二乘無學証有餘涅槃、無餘涅槃，而不証本來自性清淨涅槃，不明法界實相，故名二乘涅槃爲世諦。菩薩七住唯証本來性淨涅槃，而証知法界實相故名第一義諦；乃至初地能証慧解脫而不証，三地滿心能証俱解脫而不証，俱名第一義諦；六地証俱解脫而不入涅槃，亦名第一義諦；同是有餘無餘涅槃，而非世諦，已証法界實相心故，俱名第一義諦。

然四種涅槃，乃依藏識所住不同境界而分別施設，非外於藏識眞如而有涅槃可得。此四涅槃雖有世諦與第一義諦之分，然皆依第八識爲因而有，非無因而有也。

密宗黃敎應成派中觀，外於藏識說有涅槃，即是無因而生之第三諦，西天月稱、寂天，及藏密阿底峽、宗喀巴、土觀、歷代達賴法王，皆此輩人；今之印順法師受此邪見荼毒心靈，轉而荼毒其隨從者，皆是無因生之第三諦，依虛妄想而生。

密宗之白紅花教所說大圓滿心中心法及大手印法，則以意識入住一心不亂之中，作涅槃之觀；主張意識一心不亂時即變為眞如，以此意識眞如住於六塵中不動不轉，名為証得涅槃，名為輪迴涅槃不二，簡稱輪涅不二，以此為眞諦。如是外於自心藏識因，而說有大圓滿眞諦及大手印眞諦超勝於顯宗之究竟佛果功德，余今名之為無因生之第三諦，意識非是涅槃因故，意識非是法界因故，意識非是般若因故，是名第三諦無因生。

依於衆生不解陰處界之實相，而生種種妄想，故依世諦而說四聖諦─陰處界滅盡為無餘涅槃，故依世諦而說我見我執斷盡者名為有餘涅槃，而不為說陰處界之實相本際，難信難知難証難入故，故說「妄想說四諦」。若人能依世諦之觀行，斷盡「陰處界有自性不壞」之邪見（如喜饒根登及釋性圓之執意識不滅），我見斷已即成聲聞初果聖人；若人能依世諦斷我見已，進斷意根我執，則成聲聞四果聖人，住於有餘涅槃境界；如舍利弗、蓮花色、須菩提……等阿羅漢，皆無神通，亦未曾嚐甘露漿，然是已證漏盡通之四果聖人。

「譬如修行事，於一種種現；於彼無種種，妄想相如是」：譬如世間有衆多修行者，各各探求實相，而有種種修行事；然而此諸種種修行之事相上，所欲探求之實相其實皆是同一實相，卻因不如理作意故，而有種種妄想出現，各謂自己所知所証是實相，往往不服眞善知識語，翻謗眞善知識爲「肉胎凡夫」，爲「癩蛤蟆之化身變現」，是名：於一實相有種種妄想出現。

然於眞正証得藏識之諸多菩薩而言，不論其般若慧之深淺，皆無如是等種種妄想。此諸菩薩皆悉了知：彼諸妄想種種現行者，皆因凡愚昧於唯一實相所致，了知妄想相之本質不外如是。

「譬如種種翳，妄想衆色現，翳無色非色，緣起不覺然」：譬如衆生眼目生翳，翳障之厚薄廣狹種種差別，令各人妄想差別多端，是故衆人所見種種不同之虛妄色像各各現前，所見非一。然而翳障本身並無色像，非有色像，衆生卻因同一無色非色之翳障而觀見種種不同之色像；於緣起正義不知不解者亦復如是，皆因同一無明所翳，致令衆生於緣起法不得正觀，於緣起之唯一正理而生種種虛妄想。

「譬如鍊眞金，遠離諸垢穢；虛空無雲翳，妄想淨亦然」：黃金未經精鍊前，含有雜質，不名眞金；至精鍊已，純而無雜，名爲眞金，此時一切汙垢雜質皆已除去。亦如虛空一片清朗而無烏雲及塵翳，佛子們之虛妄想清淨了以後也是像這樣—明淨無雜無垢。

然欲清淨諸妄想者，必須了知實相；欲了知實相者，必須親証自心藏識；親証藏識已，隨眞善知識修學種智，則能因於善知識之破邪顯正而淨諸妄想，則能漸漸令心明淨猶如眞金，令心明淨猶如無諸雲翳之虛空；若善知識不破邪顯正者，則不能令証悟者速淨妄想，是故佛爲大慧菩薩等人宣說妄想分別自性之通相，令諸菩薩淨除種種虛妄想。余今亦如是效法世尊，舉諸大師邪見，以示會中諸証悟者，令知諸方大師之妄想分別通相，冀諸已悟同修淨除種種妄想，心得明淨猶如無雲虛空。然卻因此招來義雲高及喜饒根登之大怨惱，登報謗余；手筆之大，比之於總統選舉猶有過之。而余仍將一本初衷，繼續破邪顯正，欲令一切佛子悉皆淨除妄想故。

「無有妄想性，及有彼緣起；建立及誹謗，悉由妄想壞」：一切有情皆由緣所起法不斷現行，是故輪迴生死，不証涅槃；然一切有情之種種緣起法現行，皆因妄想法而來，無一有情非因虛妄想而生緣起法。

虛妄想即是無明，因無明故，起種種邪思惟；邪思惟因緣故，種種妄想生起，遂有種種外道見，是故無明即是種種虛妄想之自性。若無無明，即無妄想自性；無妄想自性，則無種種緣起法之現行與壞滅，便離分段生死乃至變易生死。若人欲斷生死輪迴，必須斷緣起法──令陰處界不生；欲令陰處界不生者，當令虛妄想不生；欲令虛妄想不生者，當令無明斷除；欲令一念無明斷除者，當現觀陰處界（特別是意識覺知心）之生滅無常，而斷我見，然後進斷意根之我執；欲令無始無明斷除者，當尋覓自心藏識，由親領受藏識之涅槃性無我性，而返觀意識覺知心等五陰十八界之生滅無常，如是破無始無明已，進修般若道種智，漸至佛地而斷變易生死，斷盡無始無明。除此而外，無別佛法。莫修密宗之明點菩提心及遷識法，莫修密宗之無上瑜伽雙身修法，莫求欲界天人假藉佛菩薩名賜降欲界天之甘露，莫求欲界神通有漏有所得法，皆不離建立見及誹謗見故。

建立見及誹謗見，皆由妄想而生，無明所罩故。由妄想生故，不免他人依正理摧壞之；故說「悉由妄想壞」。譬如喜饒根登及釋性圓，以六百萬廣告費，在報紙作大廣告，堅持意識覺知心不壞，指責余所說「無常來時意識必滅」爲邪說；如是等人名爲附佛教之常見外道，建立意識不斷不滅者，墮於建立見中（詳第三輯中佛語開示）；如是等人與佛諍、與余諍、而佛不與之諍，余亦不與之諍，但舉其邪見，依理剖析而示學人，令知其謬，咸皆遠離邪見。是故佛說意識不去至後世、不由前世來，說意識於四位間斷（眠熟、悶絕、無想定、滅盡定），於正死位（中陰身滅時）永斷，不去至後世。余亦如是說，理必不越此故。

義雲高及喜饒根登……等人，昧於如是世俗常識及基本知見，而以巨資刊登大幅廣告，公然與佛諍、與余諍、非佛門中人也；佛門中人必定不違佛語故，何敢輕易悖違佛語？而彼諸人竟以巨資廣告，公然悖逆佛語，如是邪教而可名爲佛教者，一切邪教亦皆是佛教也！無怪乎密宗將印度教之淫欲雙身修法說爲佛教中最高密法，無怪乎密宗將外道妄想之遷識法說爲佛法，無怪乎密宗純依密續不依經典而可說爲佛法，違佛語者亦可名爲佛法佛教故！眞是末法期中之末法。

然此種種邪見，不應於此時出現於佛教中，應當佛滅後萬年方可出現而謂爲佛法──假名佛法；是故余於《狂密與眞密》書中將一一舉例破之，將如是種種邪見驅離於佛門之外，但不與彼等外道見者在報紙上相諍，而以書籍賡續破斥流傳之。

密宗如是墮於建立見中，一切外道亦復如是，無明所蓋，起諸無量虛妄想，種種建立，皆是子虛烏有之法：如一神教之造物主、一貫道之無極老母、數論外道之冥性、自然外道之涅槃、極微外道之極微能力、練氣者之宇宙能量……；無一非是依於妄想所建立之法。如是建立見，皆因妄想而建立；由妄想建立者必非眞實法，若遇有智之人，即得依據現量比量而証明彼等皆是非量，故說建立見必因妄想而壞其宗旨。

誹謗見亦因妄想而生；如密宗應成派中觀師之否定七八識，於本有不斷不生之法亦謗爲無──謗無第八識。此實無明所蓋而生之虛妄想，墮誹謗見中；由妄想生故，必由妄想而壞其宗旨，故余以《眞實如來藏》而破斥之，重建玄奘菩薩「眞唯識量」之宗旨，今世後世無人能壞，唯除人間已無証悟者住世。

「妄想若無性，而有緣起性；無性而有性，有性無性生」：依世諦二乘法而言，說妄想無眞實性，由無明起邪思惟、依陰處界而生故；然依實相第一義諦觀之，妄想非無實性。此謂妄想及無明，皆有根本依，非由虛空無因忽生，故能因於無明妄想而有種種緣起法—陰處界及展轉所生一切緣起緣滅之法；此根本依者謂實相心也。

無明妄想絕非依於虛空而有、無因忽生於有情心中；若無明妄想依虛空而住，而能忽生於有情心中，則一切有情修道欲斷煩惱及無明者，皆爲無義；虛空是人所建立之非實法故，虛空與有情心無繫屬故，虛空無盡必令無明斷不可盡故；無明斷盡而成佛已，必將無因復由虛空而生無明於有情心中故；若虛空所藏無明可由某一大力修行者而斷盡者，應彼修行者成佛時一切衆生皆同成佛道，虛空唯一無二故，有情共因同一虛空無明而生起緣起法故。

當知無明非無因自有，非依虛空而有，皆依有情各各獨立之自心第八識而有，依各自本有之第八識阿賴耶而含藏。各人但須斷盡自心藏識一切無明隨眠，則虛妄想永斷不生，永離變易生死；成佛已，不復無因忽生無明又復輪迴，自心眞如之一切無明隨眠已斷盡故；斷盡一切無明隨眠已，永不復生一切虛妄想故，是故永離分段死及變易死。他人之第八識所藏無明，與己無干，不須待他人藏識無明皆斷已、而後自己方能成佛。如是斷愚証智修行証果之因果如實成立，本自如是，而無差謬。

無明妄想自身本是緣所起法，本自無常變易，可由修行而斷除之，故依二乘世諦說爲無性。然一切凡夫衆生之虛妄想起已隨滅，滅已復生，悉依自心藏識所藏無明妄想隨眠而有起滅，非有自生之性。無明妄想之自性者，實即藏識中無明隨眠之自性也，故說妄想有性而非無性，此乃依第一義諦而說也。

由妄想有如是性，故有種種緣起性；若無如是性，則妄想滅已，不應後時復生別別妄想；妄想滅已成無法故，無法不可謂爲有法故；既非有法，則不應能生有法，則不應有種種緣起法而生。若無法而具有有法之性，則應一切三界有之法皆可於無法中生起。審如是，則應一切女人皆應無因忽而懷孕生子，亦應一切男子不須女人而能生子，無法可生有法故；亦應虛空中忽然處處出生有情，無法可以亦是有法故，有法可以從無法中生故。然實非是，皆必須依本有之法，方能生本無今有之法；是故無明妄想等法，依第一義諦言之，非無法性；以有自心藏識為其法性故，而有種種本無今有之緣起法生住異滅，是故自心藏識及所藏隨眠即是無明妄想之法性也；非如應成派中觀師所說「無明可以憑空而有，不須依附於第八識而有」—無法而能生有法。

「依因於妄想，而得彼緣起；相名常相隨，而生諸妄想」：一切妄想以藏識所藏無明隨眠為因，妄想復與緣起法作因，方能復依藏識而有種種本無今有之法緣起緣滅，故說「依因於妄想，而得彼緣起」。

緣起法生起已，色陰相及六塵相便隨於名（七轉識及受想行陰）而互相隨逐—「相」隨於「名」而運作，「名」隨於「相」而運作；相名和合似一，眾生不覺，便墮身見，起虛妄想，以身為我，妄計身有覺知，妄計身滅則覺知心永滅，是故偈言：「色相滅已，受想行識隨滅。」是名身見。

依身見而生斷常二見。如有一類人，見他人身壞命終，覺知心不復現前，屍身如死物；推斷應有常恆不壞之心，而覓不可得，遂謂為無，乃謗第八識，謂無此本來無生之識，墮於誹謗見中，成就斷見，密宗黃教古今一切達賴法王仁波切悉墮此見，印順法師亦不免焉。

然因此理墮於斷見，佛所不許；彼等爲免他人責爲斷見，乃別立「不可知之意識細心或意識極細心」爲「相、名」之根本識，復墮常見，意識是常見外道所說之「常不壞滅眞我」故，是外道神我梵我故。

若謂「細心」非是意識之細心，而是六識外別有之細心，則爾等應成派中觀師不應否定第七識，細心外於六識而有故。若謂「細心」外於前六識及意根而有，則爾等不應否定第八識。若「細心」同於常見外道所說「不可知之我」，則爾等不應如印老諸書謗誣如來藏為外道神我，爾印老所建立之「細心」同於外道神我故。若爾等所建立「不可知之細心」，其體性離見聞覺知、恆不壞滅、恆不作主思量、是輪迴三世因果之主體，則體性即是第八識如來藏，何須否定如來藏而另建立「不可知之細心」？只須承認：「有如來藏，而我等不能親証」，即可天下無事。不須否定他宗能証如來藏者爲「中國所傳的野狐禪」，不須如月稱之造《入中論》以否定第八識，不須如宗喀巴之造《入中論善顯密意疏》，不須如土觀之造《宗派源流》，不須如印老之造《妙雲集、花雨集、如來藏之研究、空之探究、以佛法研究佛法……》等書以否定如來藏。如是諸人造種種論，謗誣佛說如來藏第八識爲無，墮誹謗見，佛說如是等人名爲一闡提人，因謗菩薩藏而斷善根故。

等而下之，則如喜饒根登及釋性圓、義雲高，公然堅執意識爲不滅法，墮於建立見之我見中，翻謗余法爲非；於余諸書所說藏識密意不能知見，名愚痴人也！何以故？彼等諸人悉以有境界法、有所得法爲佛法之証量故，名爲民間信仰層次之常見外道，披佛法外衣竊取佛教資源者，名爲大賊，佛於《佛藏經》中，如是說爲佛法之大賊故。

如斯等人，於「相、名」二法常相隨中，不了實相，而生種種虛妄想，悖逆佛語佛旨，皆因不知不曉妄想之自性所致。若人欲免如是諸人種種過失者，當速依二乘世諦而作現觀，斷除「意識不滅」之我見；復應速依大乘第一義諦親証自心藏識—第八識阿賴耶，証此如來藏已，漸漸了知妄想自性，道種智般若便得次第生起，故說一切人欲証般若者，當速求証自心如來藏，莫隨名師妄想邪見及常見外道妄想而入歧途。

「究竟不成就，則度諸妄想，然後知清淨，是名第一義」：修行者若能善於觀察妄想分別之自性及緣起法之自性，究竟了知此二自性，不令此二自性成就及現行，就能超度種種虛妄想；超度種種虛妄想已，所知所見悉皆清淨無瑕，如是住於正見之地，名爲第一義諦。

妄想分別之自性，名爲遍計執性，於一切法普遍計度而生執故；緣起法自性者，謂一切法從緣而起，無自不壞常住體性，緣起諸法若現起，必依他緣，故名依他起性。緣起法云何依他而起？譬如意識是緣起法，以藏識中之意識種及無明爲根本因，以往昔世之行支爲生因，以藏識意根及五勝義根爲緣，方能現起；若無藏識意根及五勝義根爲緣，則不能現起，則無覺知；無覺知，則無受想行陰，諸法不現；故說意識是依他起性，非有自體性，非常恆不滅之法。若能了知此理，並証驗之，則成聲聞初果，永斷我見—於意識之滅與不滅完全無疑；於諸方大師之是否已得聲聞見道，完全無疑，名爲斷我見之聲聞初果人，是名初果疑見斷。

今者釋性圓、喜饒根登……等人，不善觀察緣起法，執意識不滅，不斷我見，名爲凡夫；復執身心外法之甘露漿有漏法，大事宣揚，謂能求得甘露者爲有佛法証量，「拿出這樣的東西」，而嘲笑余所証之解脫道菩提道無所得法，笑余：「拿不出東西，當然是騙子」。如是之人，尚不能知身外甘露之緣起性，云何能知意識自身之緣起性？而狂言佛法証量，高推爲大活佛及巨聖，即是於緣起法之依他起性上起遍計執性者。

於緣起法之依他起性不知不解者，必如義雲高及仰諤益西等人，於緣起法之種種相中，起於種種妄想分別而生誤計及執著，即是一切種智所說：於依他起性起遍計執性者。如是輩人不能超度種種妄想，所知所見不得清淨，永絕於第一義諦之外。

「妄想有十二，緣起有六種；自覺知爾燄，彼無有差別」：虛妄想有十二種，如上所述「言說妄想乃至縛不縛妄想」等十二種，此不重述。緣起法大約有六，依於六塵而起故，不外六塵故。

若人所修所証不越六塵法者，具名三界有漏有爲法；有爲有作之法，不得名爲佛法。譬如仰謌益西之求得甘露，不越六塵境界，依六塵而有，非佛法也；譬如義雲高所謂之神通（余不信其有），設有其實，亦復不越六塵境界，是三界內之有漏有爲法，非佛法也；譬如喜饒根登之藉咒爲人治病（其實是演戲），縱令眞能以咒爲人治病，亦是假藉鬼神之力所爲，亦皆不越六塵爲緣之法；如是三人俱墮緣起法中。釋性圓……等人不曉緣起法，於彼三人之緣起法上起希求心，生虛妄想—謂爲佛法之証量，墮於遍計執妄想中。

眞實佛法唯有解脫道與佛菩提道，如是二法名爲佛法中二大甘露法門；喻如欲界中之最妙食物甘露，解脫道與佛菩提道亦如是，乃是佛法中之最勝妙法，一切佛法無出其右，故借甘露名之，是爲佛法中二大甘露法門。此二法之所証者，乃是出三界之法—無所得、無境界之涅槃與佛菩提般若。如是二法俱離六塵、俱越六塵、雖在三界內可以實証，而不在六塵中；如是超越六塵者，方可名爲眞佛法也。如是佛法，唯証乃知；証者與其餘証者，皆互通無異，有其親証之通相故。然此通相，佛曾告誡：不得以文字言語明說，必須隱覆說義；欲弘傳時，悉皆隱其密意於言語文字之中而說。

如余隱其密義於諸書之字裡行間，唯有眞悟者能知；間有一二人因余之陳述，而於字裡行間覓得眞義，能親領受藏識之涅槃義理，親証本來自性清淨涅槃，隨即漸起般若慧，乃至通達佛菩提。然此二甘露門之所証者，無我無人無境無受—以有我有人有境有受有覺有觀之意識心，親証無我無人無境無受無覺無觀之自心藏識；証已即能現前觀見藏識之本來常住涅槃，般若慧隨即出生。悟後勤修如是心法之觀行者，般若慧即漸深細，乃至証得道種智，成初地聖，生如來家。

如是佛法修証，超六塵境，不生十二種虛妄想，方爲有証量者；如是佛子漸離遍計執性—於緣起法上不生妄想—世間智與出世間智並行不悖，有覺有觀有六塵境與無覺無觀離六塵境並行不悖，與衆生同行同事示有五欲而有離五欲者並存不悖，故離虛妄諸想，離遍計執性。

若有佛子如是証、如是知、如是見者，是人名爲得自覺聖智者；得自覺聖智者，能知爾燄，不爲爾燄所惑。如是聖人現見自覺聖智與爾燄無有差別，現見妄想自性與緣起法無有差別，俱依本來不生之藏識生故，俱與藏識非一非異

「五法爲眞實，自性有三種，修行分別此，不越於如如」：依二乘世諦言，一切法緣起性空，皆非眞實；此謂世諦乃依世間法陰處界而說——五陰十二處十八界皆非眞實法，是可壞法故。如眠熟等五位，意識中斷或永斷；如無餘涅槃位，意識意根永斷；是可滅法故，謂爲非眞實法，故說諸法緣起性空。

然於第一義之佛菩提而言，七轉識於世世有，雖証有餘涅槃，不取無餘涅槃，發受生願，世世修學佛道乃至成佛。於此過程中，意根恆不斷滅，由前世來至今世，復由今世去至無量之後世；前六識雖唯一世，滅已永斷，不去至後世，然後世仍將別有後世五根爲依而起之前六識，雖非此世六識心往生，卻由自心藏識生，依於此世所熏法種於後世之六識身現行，賡續世世所修佛法。如是說此世意識與前世後世意識非一非異，俱由自心藏識所生故。

由斯正理，說吾人之色陰與內六塵相、受想行識四陰（名）、相與名所生覺想、依此三法所生正智、及此四法根本因之眞如，如是五法皆爲眞實法；相、名、覺想、正智等四法，皆由自心眞如生故，眞如是眞實不壞法故，故說五法爲眞實。

三種自性謂前六識之依緣而起（依他起）性，第七識意根之妄想計執（遍計執）性，第八識之圓滿成就諸法之二空所顯圓成實性。於一切種智中，說緣起法及妄想自性（依他起性及遍計執性）爲虛妄法，說爲「虛妄唯識門」，此依世諦而說，令學人離執。又說自心藏識具有圓滿成就諸法之眞實性，顯示人空與法空，前二種依他起性及遍計執性亦依此圓成實性而起而滅、相續不斷，說爲「眞實唯識門」，含攝一切世出世間法，名爲唯一佛乘。

如是五法三自性，含攝一切佛法；修行者若能証知自心藏識，即漸漸能分別此五法三自性，一一証知其義，則能胸蘊三乘法義，無有扞格矣。如是修行者，自能証知一切世出世間法皆不超越眞如之境界，是故佛說：「修行分別此，不越於如如。」若於自心藏識之外，言有第一義佛法可修可証者，名爲心外求法之外道也。

「衆相及緣起，彼名起妄想；彼諸妄想相，從彼緣起生」：世間無量無邊之種種法相及種種緣起之法，都是由於有名（七轉識及受想行蘊），故起種種虛妄想，生起執著；然而此諸無量妄想執著等相，皆是由於不知緣起法之緣起性空而生。若知緣起法之無常性空，則滅虛妄想，則離遍計執，則得解脫；若不知此，則墮妄想自性，則必相續輪迴、永無盡期，無明所蓋故。

如義雲高、仰諤益西、喜饒根登、釋性圓……等民間信仰者，余一再宣說意識之緣起性空，非有恆不滅性，非有常住性，是緣起法，而彼等諸人都不信受，堅執意識爲常恆不滅心。不信我語則且置，佛於四阿含及二轉法輪般若經中，乃至三轉法輪諸唯識經中，具說意識易起易斷，說意識於中陰身入胎滅已永斷不現，乃是緣起之法，而彼諸人都不信佛語，堅執意識不滅，刊登廣告與余諍此。如是諸人悉墮遍計執性，執欲界天甘露漿爲佛法故，執欲界神通有漏法爲佛法故，於藏識本心之外求佛法故。彼等所以致此邪謬者，皆因於衆相及緣起法上，由於受想行識之不覺其妄而生虛妄想，計以爲實所致。彼諸人等所有一切妄想計執相，乃至心生惱怒，於報紙誣蔑余爲癩蛤蟆所變現化身者，如是諸相皆依彼彼緣起法而生，而彼等不知彼彼緣起法之虛妄，外於自心藏識而求佛法。

「覺慧善觀察，無緣無妄想；成已無有性，云何妄想覺？」已經覺悟自心藏識之人，心中升起智慧；以如是覺慧故善於觀察，住於自心藏識本際之無境界法中，依自心藏識所住本際而觀：既無緣起法等一切依他起性之法，亦無依於緣起法而生之虛妄想等遍計執，已証圓成實性故。

既証圓成實性已，依自心圓成實之本際觀之，豈唯衆生凡夫之妄想覺知非有？乃至聖人對於緣起法與妄想自性之覺悟智慧亦非有，何以故？唯是自心藏識所現故，皆是妄法故，自心藏識恆住涅槃寂靜之本際故。

「彼妄想自性，建立二自性；妄想種種現，清淨聖境界」：妄想自性分別之通相，即是於實相本際自心藏識無所了知；依此無明所起之妄想自性，建立二種自性—依他起性之緣起法及遍計執性之妄想法。此是佛之智慧善巧，由大悲心故作如是二種自性之建立，方便宣說，令諸衆生易得解了。

由妄想故，見有種種相現：如甘露漿、欲界神通、持咒觀想、以咒治病……等；皆由妄想分別故，見有種種如是相現。若能於如是相中，親証離於如是種種相者，親証如是即相而離相之清淨境界者，是名清淨聖境界，如是之人方可名爲於意識不執著者——以意識爲用而不執著。此乃我會一切親証自心藏識者之所住境界，即一切相中離一切相，離妄想自性。非諸妄執意識不滅之民間信仰者所能知之也。

「妄想如畫色，緣起計妄想；若異妄想者，則依外道論」：聲聞初果依佛所敎，於緣起法上（相與色等），現觀妄想自性，証知每日斷續之「意識我」非恆非常，故斷意識我見我執，於意識不生執著，分別所生之我執則斷；此謂聲聞初果能於緣起法上不生妄想，照見自我之虛妄，由是斷除意識我執。若未能証知意識非恆非常者，名爲我見凡夫，不能解知聲聞初果斷三縛結之聖境。然阿羅漢斷盡意根我執已，猶未能知菩薩七住之般若正觀——本來自性清淨涅槃之無境界法；未能証得法界因故，不知實相故。

七住菩薩悟後漸修種智，了知一切妄想皆是依於緣起法上之妄計而生，了知一切衆生若於緣起法之無常空相，起如理作意，現觀其緣起性空，不認識陰意識等不滅，我見則斷，即時便超凡夫境；如是了知已，現觀凡夫一切妄想，皆如畫布上之顏色所生妄想，於緣起法上起諸妄計故生妄想。

畫布上所塗佈之種種彩色，本無高下遠近之差別，乃是衆緣所起之法，而諸有情不知此緣起之理，於畫布上之種種色，起於高下遠近美醜等想；此等虛妄想，猶如畫布上之色彩虛妄不實，皆是於緣起法上種種誤計而生妄想；修學佛法者，若欲親証實相，當依如是妄想體性而作觀察—現觀種種妄想計著皆是依於如是妄想而生；若異於此而觀察種種妄想者，如是名爲依於外道論所作之觀行。

「妄想說所想，因見和合生；離二妄想者，如是則爲成」：由於衆生有種種虛妄想，是故說有種種所想；由有種種所想，轉爲他人說其所想，是名「妄想說所想」。然而種種妄想，及所說種種所想，皆是於一切緣起所生法上起諸妄見，和合妄見與緣起所生法而生妄想及所想。

若人於緣起所生法之無常故空、緣起性空，能如實現觀而遠離者；復能於虛妄想之依於緣起法而有，如實現觀而遠離妄想者，如是離二妄想者，則是証得圓成實之體性者；未証藏識者不能如實現觀故。

大慧菩薩摩訶薩復白佛言：「世尊！惟願爲說自覺聖智相及一乘。若自覺聖智相及一乘，我及餘菩薩善自覺聖智相及一乘，不由於他，通達佛法。」佛告大慧：「諦聽！諦聽！善思念之，當爲汝說。」大慧白佛言：「唯然受教。」

疏：《大慧菩薩摩訶薩復白佛言：「世尊！惟願世尊爲大衆說自覺聖智相及唯一佛乘之理。若此自覺聖智相及唯一佛乘之理，我及其餘菩薩摩訶薩善於自覺聖智相之理、善於唯一佛乘之理，我等將來不由於他人之教導，便能通達佛法。」佛告大慧：「諦聽！諦聽！善思惟之，善念持之，我當爲汝等宣說。」大慧白佛言：「唯然受教。」》

解：佛法非如淺悟者所說「一悟即至佛地」，亦非如錯悟者所說「見性成佛、悟後不必修道」，如是謬語，皆是未知自覺聖智相者之所說也。

有諸淺學者，見釋迦世尊明心見性已，即成佛道，便謂一切人總皆如是。殊不知釋迦世尊爲太子時，乃是以最後身菩薩位示現，是故一悟即成佛道；若以其餘菩薩位身份示現，則不示現成佛。復次，有人往世未曾於大乘法中見道，今世之見道爲無始劫來首次見道者；有人往世已曾於大乘法中見道，今世乃是乘願再來者；有人往世已曾証入初地二地，未離隔陰之迷而再來受生，示如凡夫者；……如是種種差別，不可謂一切人之見道所得自覺聖智相皆同。然諸淺學者不能知此，唯見悉達多太子之見道成佛表相，便謂一切人於大乘法中之見道者，總皆如是；爲有如是疑故，大慧菩薩爲彼諸人而作此問，請佛開示。

佛於人間說法四十九年，分爲五時三教，宣說三乘正理，云何於最後之法華時竟說唯有一佛乘，無有二乘與三乘？如是前後有異，學人不知，唯有具慧之菩薩能知，是故多有迷昧者；大慧菩薩爲此諸人故，特意提出此問，求佛開示，解大衆疑。

佛告大慧：「前聖所知，轉相傳授，妄想無性；菩薩摩訶薩獨一靜處，自覺觀察，不由於他；離見妄想，上上昇進，入如來地；是名自覺聖智相。」

疏：《佛告大慧：「由以前之聖人所証知，轉而傳授承襲下來，遠離虛妄想（阿含所說空及聲聞論師所分別空）及無實體法；菩薩聞已，獨一無侶住閑靜處，自己思慮覺照觀察實相，不由他人而知；遠離見妄想，漸入初地已，又復上上昇進、地地增上而入如來地；如是名爲自覺聖智之相。」》

「前聖所知，轉相傳授，妄想無性」：佛菩提道甚深極甚深，勝妙極勝妙，非一般人可以自行証知，唯除乘願再來之人。莫謂佛菩提道之自覺聖智相，乃至佛菩提道之見道（禪宗之明心），今時之娑婆此界，除我會衆之外，已無人能悟；雖然顯宗有法師居士自謂爲悟，弘法著書大談開悟事，睽其開示所証「眞如」，仍是意識；密宗之「法王、活佛、喇嘛」，各各稱「大」，漫山遍野，到處皆有大法王、大活佛，觀其著作開示，仍是意識境界，未逾顯宗諸法師居士，竟以種種殊勝三昧名相及「果地修証」名目而籠罩顯宗法師居士（詳見拙著『宗門道眼、宗門血脈』舉述）。見道已如是困難，何況佛地之自覺聖智相？有何人堪能傳授？

佛地之自覺聖智相，深妙廣大，唯佛具知，等覺以下唯能聞佛所說，臆想其境。自古以來，能略說佛地自覺聖智相者極寡；唯彌勒、龍樹、提婆、無著、世親、……玄奘、窺基、克勤等人，能授弟子以自覺聖智相，能令弟子次第漸進、邁向諸地。

是故，佛菩提智甚深極甚深，宏廣極宏廣，非一般人之所能知。余千年前因天竺佛敎已難挽救，故受生於中土；其後世世受生於漢地藏地，欲弘正法，而處處被邪見勢力所阻，世世皆然，今生亦復不免；可証佛菩提智之深廣妙義，絕非等閑之人所能知之，云何彼密宗漫山遍野之「大法王、大活佛」皆能知之？無是理也。

余於今世雖是自悟，不由於他，然於悟後欲覓一人印証，竟不可得，迄未見有法師居士已証自心藏識者故。未証藏識則不入見道位，何能漸入初地通達位？不入初地通達位者，則不能略知佛地之自覺聖智相，而諸密宗鬼神信仰持咒之輩，迄未見道，個個自謂轉世再來之聖者，動輒以活佛及十地法王名銜自封；甚至有附密宗之民間鬼神信仰者—義雲高、仰諤益西、喜饒根登、釋性圓……等人，以「巨聖、大活佛」名銜自封，種種宣傳廣告、種種造勢活動，迷惑無智俗人捐輸資財，遂其擾亂佛門之種種惡行。

如是種種末法怪象，已在海峽兩岸風起雲湧，是故余以《邪見與佛法》之演說（後以書出版），欲挽狂瀾；揭櫫佛法二大甘露門，及破斥邪見已，隨以《宗通與說通》而述諸地之自覺聖智相，鋪陳眞實佛道——始自凡夫地而漸次履踐諸地乃至佛地——之自覺聖智相。若不爾者，佛法之自覺聖智相恐將湮滅失傳；是故余諸著作，始從凡夫地之修集福德資糧、鍛鍊基本功夫、熏聞基本知見，中則三乘見道，繼以地地漸修，圓滿陳述佛菩提道，冀能流傳於今世後世有智佛子之間，鞏固佛門根基。如是種種作爲，不惜得罪諸方顯密大師者，用意深遠，欲令佛法久住故，欲令佛法回復至正法期之全面修証故，欲消除分宗分派支離破碎以篇概全之佛門怪象故，故於公元二千年以《宗通與說通》一書，敘述佛道自覺聖智相之全盤內涵。

彼書之理，亦非余所自通；要因往世之見道，熏成種子攝藏於自心賴耶，世世受生現行，漸至今生又復現行；然往世之見道，要因世尊及歷代善知識之轉相傳授而得；歷代善知識亦皆因於往世親從善知識聞熏而得，一切善知識亦皆因於聞受諸佛傳授而得，一切諸佛亦皆親從往世之佛聞熏而得；是故，自覺聖智相，悉是前聖所知，轉相傳授而來。若無善根，或未具菩薩性，或福德不具足，或往世曾造謗賢聖、破正法之業者，受報已，復生人間時，皆不能遇正法之師；縱使能遇，亦不信受，必信有境界法、有所得法；於無所得之佛門自覺聖智相，不能信受。由斯正理，佛說自覺聖智相，乃由前聖所知，轉相傳授而來。

所授何法？謂妄想無性也。此段經文於《入楞伽經》作如是譯：「菩薩摩訶薩離阿含名字法、諸論師所說分別法相」。云何妄想？謂前所說十二種妄想也。如是十二種妄想，多屬凡夫所墮，亦有二乘愚人所墮者，是故定性二乘無學雖不名凡，而名爲愚。

阿含所說，偏顯解脫道（隱覆密意而說佛菩提道，非未曾說）。解脫道所說者皆是名字法，依於世間有漏有爲之煩惱障及陰處界空，而說無常、苦、空、無我、緣起緣滅、生滅有爲、無實體性；此等佛法名相，皆是名字法—性空唯名，非如《般若經》之宣說如來藏有實體法，是故菩薩學大乘者，當離《阿含諸經》所說性空唯名之名字相，探求眞實不壞之法界實相。

阿含時期諸大弟子多有作論師者，彼諸論師於佛說阿含時期，爲示阿含解脫道正義而作種種論說、分別法相，菩薩亦應離之；所說不到自覺聖智相之眞實義故，唯是依於陰處界而說諸法空相故，所說不及第一義諦之諸法本源空性故，是故應離。

阿含時期偏顯之解脫道，說應斷我見我執；見執斷已，捨壽時應永斷六識六根，令後世十八界永不復生，盡未來際，名爲無餘涅槃，出離三界生死苦。此乃除斷我見我執之妄想也。

然於佛菩提道，則令佛子斷除我見我執，成就有餘依涅槃已，而不令於捨壽時永斷意根與意識；唯斷我見我執，並令求見實相心，親証此一諸法之本源，証眞實性，永不復墮二乘性空唯名之法相中；捨壽時，令起一分思惑，以此故意所留一分無色界惑，而潤未來生，世世修道，名爲留惑潤生。

如是佛菩提道不斷六根六識，唯斷我見我執，故世世不入無餘涅槃；佛爲此諸菩薩宣說妄想無性之理，謂衆生之輪迴三界六道者，皆因不如理作意之虛妄想而生；然而妄想本身無眞實性，唯是依於種種緣起法上而起妄想計著，若離緣起法，則無妄想計著。

譬如世間俗人（如喜饒根登及釋性圓、義雲高……等人），執著意識爲不滅法，不知不見意識之夜夜斷滅、不能去至後世，不知不見意識是緣起法—依他而起；由是我見故，令彼等之我執增盛，墮於見妄想、言說妄想、利妄想……等十二種妄想中，成就邪見，宣揚邪法以爲佛法。如斯輩人皆因不了緣起法之虛妄，將意識覺知心緣起法執爲實有不壞性，是故執著種種與意識相應之有爲法（如甘露漿及欲界鬼神通），於緣起法起種種虛妄想，妄謂甘露求法及鬼通神通之顯現即是佛法之証量，墮於十二種妄想中。

彼等諸人若能痛自悔改，虛心依附顯宗諸法師居士，聞熏二乘法所說陰處界性空唯名之正理，了知意識自我是緣起法，無眞實不滅性，則於意識緣起法不生虛妄想，則斷我見及一分我執，能入二乘見道位中，而猶不明實相也。

彼等諸人若能於緣起法斷虛妄想，復須依於顯宗之已証第八識如來藏者，聞熏藏識眞實不壞性之種種正理；聞已獨自參詳：我之自心藏識何在？研之尋之，鍥而不捨。直至親証如來藏已，彼諸十二種妄想自然漸漸都盡，方知如是十二種妄想都無自性，皆因衆生不了緣起自性，橫生計度，堅執意識緣起法爲恆不生滅，故有如是妄想，是名大乘見道七住菩薩，能知妄想無性—悉由藏識所生意根妄想攀緣藏識所生緣起法，唯是自心緣於自心，故說妄想無性。

「菩薩摩訶薩獨一靜處，自覺觀察，不由於他」：三乘菩提之觀行，皆須自修，不得唯依於聞而得成就，唯除佛世利根行人，依於佛之色勝心勝及說法勝，方能聞已隨入隨証。是故多有阿羅漢等，聞佛說法已，尚須一日多日乃至月餘，獨一靜處自覺觀察，而後能証二乘菩提阿羅漢果，非唯聞熏；佛色心勝及說法勝，尚且如是，何況佛菩提深妙於二乘菩提百千倍？何況今時善知識之色心及說法遠不如佛？何況今時學人根器遠不如昔時佛弟子？是故菩薩証悟自心，成摩訶薩已，欲得了知自覺聖智相已，當獨一靜處，遠離喧鬧繁雜，以自身所覺悟之藏識，次第觀察，不由他人宣說而証自覺聖智相。

然菩薩欲入摩訶薩位，首須明心—親証自心藏識。欲明眞心者，必須躬往依止眞善知識，聞熏正理，解知自心藏識之體性；莫求善知識明說，以免欲速証道而反障道，令般若智慧遮障不起（聞人明說而知藏識何在者，般若慧極難現起，必障後時悟後起修功德，學人萬勿打探密意），故應獨一靜處，自覺觀察，不離五陰十八界處而証自心藏識，無明隨破，明處即生。

已悟菩薩亦復如是，悟後須依大善知識聞熏一切種智正理。若不聞熏，不能具知佛菩提道內涵與次第；要因親從大善知識聞熏，略知梗概；知已遠離喧鬧，獨一靜處，依聞熏所知，自己深細覺照觀察，不由他人解說指示。如是自覺觀察者，方能証知自覺聖智相之少分，始入初地，成入地心。

「離見妄想，上上昇進，入如來地；是名自覺聖智相」：由離見妄想等十二種虛妄想已，通達般若，故離七住而漸入初地；入初地已，地地漸修，上上昇進，漸漸轉入如來究竟位（詳拙著《宗通與說通》詳述，此處從略），具足了知自覺聖智相，如是名爲自覺聖智相。此謂自覺聖智相之了知，須由聞熏般若正見始，由証悟自心藏識而入，由証知諸地無生法忍而上進分証，由証得如來地之四智圓明而圓滿，非可純由聞熏而得也。

「大慧！云何一乘相？謂得一乘道覺，我說一乘。云何得一乘道覺？謂攝所攝妄想，如實處不生妄想。是名一乘覺。大慧！一乘覺者，非餘外道聲聞緣覺梵天王等之所能得，唯除如來；以是故，說名一乘。」

疏：《「大慧！如何是唯一佛乘之相？此謂已得唯一佛乘正道之覺悟，是故我說唯一佛乘。如何是已得唯一佛乘正道之覺悟？此謂已於能取所取之種種妄想，如實了知，住於如實處，不生種種虛妄想。如是名為一乘覺。大慧！唯一佛乘正道之覺悟，並非其餘外道、聲聞乘人、緣覺乘人、梵天王等之所能得，唯除如來乘人，以此緣故，說此法名為唯一佛乘。」》

「云何一乘相？謂得一乘道覺，我說一乘」：唯一佛乘者，謂三乘佛法乃是方便說法，為令眾生起信、易証、發深妙心與廣大心，故於唯一佛乘之理，析之為三，建立聲聞菩提、緣覺菩提、佛菩提；若究其實，二乘菩提已函蓋於佛菩提內，故名唯一佛乘，是即一乘相。

究竟佛果所証佛菩提，有二果証：一者解脫果，二者大菩提果。解脫果者即是二乘所証有餘涅槃及無餘涅槃，如是果証依於斷除煩惱障之四種住地無明煩惱而得，如來乘之修行者亦須修証之，非唯二乘行者。大菩提果者謂般若實相慧：依親証自心藏識而生之般若總相智及般若別相智與種智；如是果証即是七住菩薩所証本來自性清淨涅槃，及初地慧解脫、六地俱解脫所証有餘依涅槃，及佛地所証無餘依涅槃與無住處涅槃，依於分斷無始無明塵沙煩惱及佛地斷盡無始無明塵沙煩惱而得；非唯斷除煩惱障可得，必須依佛修學，斷盡所知障之無始無明過恆河沙數上煩惱，而後能具足得。如是佛菩提，具足三乘菩提，故名爲大；能成就佛地究竟菩提，故名爲大；函蓋世出世間一切法，無過其上，故名爲大，是名大菩提。

十方三世諸佛之法，皆是如此唯一佛乘之大菩提道，故名一乘；然因此界衆生難信深法、難悟妙法、難入妙義，若不令其先証解脫果，証實佛說出三界語眞實無訛，難以起信；是故於一乘中，略出解脫果，令大衆修斷煩惱，實証解脫果；証已則生大信，始能方便引入大乘法中，入一乘道；如是方便析出解脫道，爲衆宣示，其有証者，即名親証二乘菩提。然二乘菩提，其實是一乘道之法，不外於唯一佛乘。若此世界衆生悉皆具足菩薩性，具是如來乘人，則佛唯說一乘道，不說三乘也。

唯一佛乘雖然分爲二大甘露法門（解脫道與大菩提道），然究其實，解脫道與大菩提道，俱依自心藏識而顯而生；不能外於自心藏識，而說有解脫道與大菩提道，否則即成戲論，離眞實義。由斯正理，說諸菩薩若証自心藏識，即能入此大菩提門，依之便能漸次修進諸地乃至佛地，故說七住菩薩初証藏識，名爲初得一乘道覺；如是一乘道之覺証，不共二乘菩提，故名一乘。

「云何得一乘道覺？謂攝所攝妄想，如實處不生妄想。是名一乘覺」：攝謂能取，所攝謂所取。得一乘道之覺証者，對於凡愚所墮之能取與所取之虛妄想，能於如實處不生虛妄想；如是名爲已得一乘道之覺悟者。

凡夫不解能取萬法之意識是緣起法，以爲意識恒不壞滅，堅執意識之覺知性與了別性，不欲修斷之；墮「攝」妄想中，不知此能取之意識虛妄、緣起性空，執以爲實，此名凡夫妄想。

二乘有學無學俱斷能取法之妄想，不認意識爲恆不壞心。彼等依於世俗常識，觀察意識於眠熟位、悶絕位斷滅；觀察意識於正死位斷滅，以天眼通觀察中陰身之意識於入胎時永斷不現，不去至後世，知意識非是恆不斷滅之心，故於能取諸法之意識，已知其非恆不壞者，故於此能取之意識心，如實知其緣起性空，我見隨斷；我見斷故，於能取不生虛妄想。今者義雲高、仰諤益西、喜饒根登、釋性圓、釋性海、釋能性……等一夥民間信仰者，尚不具天眼，故於中陰身意識入胎時永滅之現象，尚不能觀見，何有神通可言？乃竟裝神弄鬼，自謂有神通境，不可信也！

如是無通無智之人，尚不能証能取空，起於能取心實有之妄想—誤計意識心永不壞滅—尚不能入聲聞初果，何況能入菩薩七住般若？既未明心，不入七住位般若，云何能住初地「所攝空」？云何能解初地所証之所取空？住於凡夫意識境界，而狂言「大活佛、大法王」，狂言是「巨聖」，便如小學生妄想自己是大學教授。

菩薩六住依二乘菩提，觀所取空（所攝空），現觀自己覺知心所取六塵萬法無常故空、緣起性空、雙印能取所取空，成就世第一法，此非義雲高……等人之所能証；彼等諸人尚墮於意識之境界分段計著中，如甘露求法、有爲欲界神通……等，皆是境界分段入出之意識相應法。如是諸人不能觀察能取之意識與所取之甘露漿及欲界神通俱是緣起必壞之法，墮於「攝所攝妄想」中，不能証得六住菩薩所証雙印能取所取空之証量，貪著能取所取之求甘露法，云何能傳緣起大法？基本之緣起小法尚不能知故；如仰諤益西「大法王」所著《佛法精髓》一書之荒誕無稽與言不及義，而自謂為佛法之正統，於報上大作廣告，推為大法王及巨聖等，猶如井蛙自封為大國王也。

然六住菩薩依二乘法具足觀察，雙印能取所取空已，尚須親証自心藏識方入七住常住不退；復須漸次修進初地（修進之法詳見拙著《宗通與說通、明心與初地》二書及前四輯所述）。入初地已，必須親証所取六塵相猶如明鏡現像（猶如鏡像），驗證所取六塵其實是自心所現——阿賴耶顯現六塵如鏡現像，非有外六塵可得，離所攝妄想。親証已，轉入二地，於滿心前，驗證自己能取之意識與末那，猶如鏡中光影，實証能取之自己是操控鏡中影像者；從此以去，菩薩能隨意改變及操縱控制內相分。二地滿心菩薩由此猶如光影之現觀，令其自然持戒清淨，不由加行；由是証量故，遠離「能攝妄想」。由此故說二地滿心菩薩永斷「攝所攝妄想」，從此以去，世世皆於如實處住，不復生種種虛妄想；此乃依於「猶如光影」之現觀而起之功德，非唯聞熏所能証之。

如是証量，皆是內身自証聖智，不能舉示於人，是無所得法故，是自心內証境界故；但可如佛以言說相而闡述之，令人增益一切種智之進道。如是無生法忍種智，確可修証，非是言說戲論，有緣學人當依余諸著作，次第漸修，漸漸至此；莫妄自菲薄、自輕輕他。菩薩如是永斷「攝與所攝」虛妄想，永住於如實處，不復生種種虛妄想，是名証得一乘道覺。由此法所証能取與所取皆唯自心所現故，攝盡世出世間一切法，通達三乘實唯一乘，無二無三，故名一乘覺。

「大慧！一乘覺者，非餘外道聲聞緣覺梵天王等之所能得，唯除如來；以是故，說名一乘」：一乘覺之法，甚深極甚深，廣大極廣大，勝妙極勝妙，非餘外道所能知之。亦非梵天王、聲聞聖人、緣覺聖人所能知之，唯有如來乘人能知能証，唯有如來究竟了知。由唯有如來乘人能知故，名爲一乘。

外道云何不知？謂諸外道計斷計常、計自然、計因緣、計時節、計方處、計虛空、……種種妄計，悉不能知聲聞所証四聖諦八正道十二因緣觀之無所得智慧，悉不能知聲聞所証無境界之有餘無餘涅槃，云何能知聲聞羅漢所不知之一乘道？緣覺乘人由慧敏銳，能自觀察陰處界之無常空、緣起空、十二有支一一皆空，不從他聞，不由他教，証知四聖諦八正道十二因緣觀等，其慧勝於聲聞羅漢之從他受法，而猶不知一乘道。梵天王等尚不能知聲聞緣覺之所修斷，云何能知如來乘人之一乘道？彼義雲高、仰諤益西、喜饒根登……等人墮於常見外道境界，尚不能知梵天王境界，猶求欲界天人假佛菩薩名所賜甘露漿，猶貪著欲界有爲神通，尚不能知梵天王境界，云何能知梵天王及聲聞緣覺聖衆所不知之如來乘七住菩薩般若境界？云何能知七住菩薩所不知之「離攝所攝妄想，如實處不生妄想」二地境界？如是常見外道輩，而以佛教正統自居，而自封爲當今佛教之最高修証者（詳公元二千年年初之佛音時報），無有是處！

一乘教之主旨，要在三界唯心、萬法唯識。謂三界之所以分爲欲界色界無色界，三界之所以有種種有情，皆依第八識如來藏心而有；三界之所以有一切法者，皆由八識心王而展轉出生，故名三界唯心，萬法唯識。如是大乘教，函蓋三乘菩提，攝盡一切世出世間法，故名一乘教，非諸凡愚所知也。

大慧白佛言：「世尊！何故說三乘，而不說一乘？」佛告大慧：「不自般涅槃法故，不說一切聲聞緣覺一乘；以一切聲聞緣覺，如來調伏，授寂靜方便而得解脫，非自己力，是故不說一乘。」

疏：《大慧白佛言：「世尊！何故宣說三乘法？而不直說一乘法？」佛告訴大慧菩薩：「由於不能自己証得般涅槃法故，我不說一切聲聞乘人及緣覺乘人爲一乘；由於一切聲聞緣覺乘人，是由如來所調伏，由如來傳授涅槃寂靜之方便修証法門而得解脫，非由自己之力而知証涅槃寂靜解脫，是故不說一乘。」》

「不自般涅槃法故，不說一切聲聞緣覺一乘」：聲聞乘一切有學無學聖人，皆不能自己了知般涅槃法，不能自己親証般涅槃境界，要由佛出人間爲彼等宣說，而後能証涅槃，是故不說聲聞與緣覺爲一乘，是故說二乘菩提，緣覺乘人不親從佛聞故。

然無佛住世之時，固有緣覺乘人，依於四諦八正而觀陰處界法悉皆無常空，乃至依十二因緣法一一有支而觀陰處界法悉皆緣起性空，成辟支佛，不由佛聞。但仍須有佛於往昔所宣說之二乘法流傳於人間，彼緣覺乘人隨分多少曾聞，而後依自觀察，方能証實般涅槃法；証已自知是般涅槃法，無有疑慮，由是異於聲聞乘故，名爲緣覺乘。是故由聲聞乘人不能自身証知般涅槃故，不說一切聲聞緣覺爲一乘，故說爲二乘菩提。

「以一切聲聞緣覺，如來調伏，授寂靜方便而得解脫，非自己力，是故不說一乘」：一切聲聞緣覺乘人，若非因佛直接間接調伏，不能入此二乘法中；云何調伏？謂佛授以涅槃寂靜修証之方便，而後能証解脫果，非由自己慧力能証，異於大乘菩薩，是故不說一乘，理必有三乘故。

聲聞乘人依佛而住，然後能証涅槃；緣覺乘人處無佛之世，間接聞熏佛所遺法而証涅槃；菩薩則非如是，不依佛住，不聞佛所遺法，而自能証涅槃寂靜之法，是故三乘有異。如余此世，雖有師承，而余師所授，悖違佛說；解脫道與菩提道之知見皆不如法。余乃逕自閱讀三乘諸經，悉不解義——不知世尊經中所云密意。後因觀世音菩薩以閩南語指示：「開悟哪有那麼簡單？心肝那麼沒閑？」乃推辭原任寺院義務職，避開一切世間俗務，於喧囂居中閉關參究，十九日夜鍥而不捨，方得悟入；悟已重閱三乘諸經，便即通達，往世所修無漏般若漸次現前，便自能知涅槃寂靜正義，解脫道義了然於心。如是，如來乘人具菩薩性，不近佛座而住，不從佛聞，亦不間接得聞正法，而能自悟自証涅槃寂靜之理。

云何涅槃名爲寂靜？余於悟前聞師所說，及觀今時全球南北傳大師（包括傳聞中之南洋阿羅漢）所說涅槃，皆非寂靜正理。何以故？謂彼諸人皆欲於捨壽時以意識覺知心入住涅槃境界，名爲不知不証涅槃者。謂彼等所述如是涅槃，非眞涅槃，墮於外道五現涅槃邪見中，非寂靜故。如是邪見涅槃既有意識，則必有知；若有知者，不論彼知如何微細，皆是能取之心—取五塵境或取定境、法塵境，有知及有能取所取二法故，則非寂靜。

涅槃若非絕對寂靜，則違三法印（諸法無我、涅槃寂靜、諸行無常）。若有意識覺知心住於「涅槃」中，則彼涅槃名爲有我，意識是我故，意識所依之意根亦是我故，意識不能外於意根而有故，則違第一法印—諸法無我。若有意識住於「涅槃」中，則彼涅槃非眞寂靜，有覺知故，能取五塵或獨取定境法塵故，則非眞實寂靜，則違第二法印——涅槃寂靜。若有意識覺知心住於「涅槃」中，則涅槃非常住法，是無常變易法，不離意識之心行故；若謂意識永不滅故、涅槃非無常，則意識心行應非無常，則違佛說「諸行無常」正理，進退失據。是故涅槃絕對寂靜，無餘涅槃位中十八界俱滅，無我、無境界、無心行，唯餘如來藏離見聞覺知而無所住，不復受生，名爲涅槃。

如是涅槃正見，余於悟後不從佛聞而知（彼時未閱經典故，悟前讀之完全不解故）；不由今世諸大知識聞知，諸大知識所說涅槃違三法印故，異余說故。余於去年重閱阿含四大部諸經，証實余所証知及宣說之涅槃，完全符合世尊所說，完全印証二乘菩提之三法印。

菩薩如是証知涅槃，非如聲聞乘人之親從佛聞而証，非如緣覺乘人於佛滅後之間接聞熏、由自觀察而証，菩薩乃由自証自知而後以佛之三法印而自証實。如是如來乘人及聲聞緣覺乘人之証知涅槃，由能自証般涅槃法，及不能自証般涅槃法故，是故三乘有異，是故不說一乘。如是涅槃寂靜之正義，余於諸書及多年來之共修開示中，常常說之，未証之人聞之不解。此解脫道雖非如佛菩提道之微妙深廣，然已非今全球南北傳顯密大師之所能証，見有邪謬故。如印順法師云：

《……這樣，要入無相心解脫（或作無相心三昧）的，不但不作意一切相，而且要作意於無相。無相界，是無相寂靜的涅槃。涅槃的體性如何，部派中是有諍論的，但都表示那是衆苦寂滅而不可戲論的。所以「作意無相界」，涅槃是所觀想的境界—義理或理性的。空也是這樣：無我無我所是空，空是一切法遍通的義理，也是所觀的。又立「出世空性」，以表示空寂的涅槃。這樣，空與無相，不只是實踐的聖道—三昧，解脫，也是所觀所思的法義了。》（摘自《空之探究》頁八十）

然而欲入涅槃者，不應作意於無相界，而應滅除自我—意識覺知及作主之我；若起作意於涅槃，若起作意於無相界，則是欲以意識入住無相界或涅槃，則墮外道涅槃，仍有意識未滅故，必令意根不滅故，無有如是涅槃故；由如是涅槃違三法印故，名爲未見道者之外道涅槃妄想，佛說無餘涅槃中十八界俱滅，永不現起故。

復次，印老所云：《所以「作意無相界」，涅槃是所觀想的境界─義理或理性的》，實有大謬。一者如前所述，若起作意，則非涅槃故；二者，涅槃非以觀想所能得知，涅槃乃無境界法、無所得法，依如來藏永不復起十八界法，名爲無餘涅槃。三者，此涅槃非是義理或理性的，而是可以實証的，佛世有極多慧解脫阿羅漢及俱解脫大阿羅漢，皆已由佛授記─証得涅槃，故非唯是觀想所得境，非唯是義理及理性的，可以實証故。

然此二乘涅槃已非印老及今一切南北傳顯密大師之所能證，彼等不捨意識故，或墮於自心妄想所建立之子虛烏有「不可知意識細心」故。此無餘涅槃，依凡夫衆生之未斷煩惱障，而說阿羅漢証得涅槃，若依如來乘人別教菩薩所証涅槃觀之，二乘無學俱未証得無餘涅槃，唯能入無餘涅槃爾（詳拙著結緣書《邪見與佛法》，此處從略）；而此入無餘涅槃亦是方便說，捨壽時十八界俱滅，無有入涅槃者故，如是說名入無餘涅槃；讀此開示而能解義者，方能眞知般若經說「阿羅漢非不入涅槃、非有入涅槃」之理，則通般若也。

云何阿羅漢証涅槃是方便說？謂阿羅漢証有餘涅槃已，仍不能知無餘涅槃之本際—第八識如來藏，唯是斷煩惱障而未明心故；謂阿羅漢入無餘涅槃時，十八界俱滅，無有能知涅槃本際者故，故說阿羅漢証涅槃是方便說。菩薩不然，於有餘依位及於未斷盡煩惱障前，已親證無餘涅槃之本際，非依觀想而知，非依義理或理性解析之臆想所知，實際証驗涅槃之本際；此即我會諸証悟同修之証量也，雖是無所得法，而非有境界非無境界—非是三界六塵法故，有眞實心之空有性故。

縱使阿羅漢以三大無數劫觀想思惟，亦不能知、不能証無餘涅槃本際，唯除有朝一日迴心如來乘而証如來藏者。如是涅槃正理，阿羅漢尚不能知（詳見拙著結緣書《邪見與佛法》），何況印老及達賴等大師未入聲聞見道位，云何能知？印老及達賴精研佛法尚不能知、不能証，云何民間信仰者之釋性圓、義雲高、仰諤益西、喜饒根登……等凡夫俗子而能知能証？無是理也！

如是，由聲聞乘人不能自証般若涅槃法故，說異於緣覺之能自証，故不說一乘，說有二乘。如是，由無佛之世，如來乘人諸多再來菩薩，能自參自証涅槃，非如二乘人之由如來調伏、傳授寂靜法之方便而得解脫，故說三乘，不說一乘。此乃依於衆生之根性互異，故作如是施設，故我世尊說三乘法，令諸衆生易解易証，是故不唯說一乘。

「復次大慧！煩惱障業習氣不斷故，不說一切聲聞緣覺一乘。不覺法無我，不離分段死，故說三乘。大慧！彼諸一切起煩惱過習氣斷，及覺法無我；彼一切起煩惱過習氣斷，三昧樂味著非性，無漏界覺。覺已，復入出世間上上無漏界，滿足衆具，當得如來不思議自在法身。」

疏：《「復次大慧！煩惱障所熏業種習氣不斷故，不說一切聲聞緣覺是一乘人。一切聲聞緣覺乘人，不能覺証法無我，未究竟離分段死，異於如來乘人，故說有三乘。大慧！彼諸菩薩於一切起煩惱之過失及習氣永斷，及覺証法無我；彼諸菩薩由於一切起煩惱之過失及習氣永斷故，如實覺知二乘人對三昧樂之味著其實非有不壞之實體性，復於無漏界——涅槃本際——已親覺証。覺証已，不離分段死——復入出世間上上無漏界，漸漸滿足一切菩薩衆所應具功德，

必當証得如來地之不思議自在法身。」」》

「復次大慧！煩惱障業習氣不斷故，不說一切聲聞緣覺一乘」：煩惱障業習氣者，謂往世煩惱障所熏習而成之業種，於此世現行之慣性氣分，名爲煩惱障業習氣。煩惱障謂一念無明，一念無明有四種住地煩惱：見一處住地，欲界愛住地，色界愛住地，有愛（無色界有）住地。此四住地煩惱之現行，能令衆生輪迴三界，障礙出離，故名煩惱障。見一處住地煩惱即是我見，由衆生對五陰十八界起不如理作意，執色身爲我……乃至執識陰、意識界爲不壞我，是名我見（如義雲高、釋性圓……等人）；即此不如理作意妄想，名爲見一處住地煩惱；此煩惱爲三乘見道者皆必永斷之我見煩惱，非必於大乘法中見道方斷。

欲界愛、色界愛、有愛住地，此三煩惱，要依見道之見地，於覺悟三乘菩提後，漸漸修斷；此三煩惱名爲我執，若未見道，不能斷之，唯能伏之；譬如未見道者，依四禪八定之具足修証而降伏我執，自以爲已出三界分段生死，實未能出，故名爲伏；如是之人，若得閱讀余此著作所宣示之涅槃正理，即能隨時隨處取証有餘及無餘涅槃，能隨時隨地入滅度，永離三界輪迴苦。如是之人，名爲先伏我執，後因見道頓出三界，是名見修一時斷。未具得四禪八定者，必須先見道斷我見，而後方能歷緣對境而漸斷我執；非諸未見道者能斷我執也。

知煩惱障已，次應知煩惱障業。衆生於往昔無量世來，由未見道故，不知不離我見我執——執意識不滅故貪著一切意識相應諸有漏法（如甘露漿、欲色界神通、世間五欲）；由如是我見我執及貪著意識相應之有漏法故，造作成就後有之種種行支；由如是種種行支之造作故，令我見我執及貪著習氣增長，蘊成後有業種，必於後世受輪迴果報，名之爲業，是名煩惱障所起之業，即是煩惱障業。

由往世行支熏習成業種，因此業種故而受此世生；於此世中，一切非依教導而自起之慣性行爲，皆名習氣，由往世行支熏習所成之氣分故，由藏識所藏往世熏習業種而現行故。如是習氣依於煩惱障業種而生，故名煩惱障業習氣。

一切聲聞緣覺雖斷煩惱障，能出三界生死，然於煩惱障業之習氣業種仍未斷除；彼等由涅槃慧故而出三界生死，然於往昔無量世中所造行支業種，尚未現行受報而轉易之，故其業種仍存，業種仍存故習氣必存；是故難陀比丘是阿羅漢，然若有所作、有所說者，必先顧女衆說已作已，後及男衆，皆由往世煩惱障中淫欲習氣未斷除故有此餘習；是故畢陵比丘是阿羅漢，欲渡恆河時由世尊諭令不得使用神通故，必須涉水而過，見恆河水高漲不得過，觀彼恆河神乃其往世之婢女，乃喚曰：「小婢！小婢！我欲渡河，汝降河水。」恆河神依言降水使尊者渡已，隨向世尊投訴，謂尊者斥其為小婢；世尊喚畢陵尊者向恆河神致歉，畢陵尊者遵命，隨口召曰：「小婢過來！我向汝致歉。」仍呼小婢，此乃習氣使然。

是故阿羅漢與辟支佛雖斷根本煩惱，猶有隨煩惱習氣未盡，往往因世人之辱罵杖石而生瞋，唯是不相續其瞋爾；於瞋如是，於貪、痴、慢、疑等所生隨煩惱習氣亦復如是，隨境現行而不相續，是名煩惱障業習氣。由阿羅漢與辟支佛諸聖衆，大多未斷如是煩惱障業習氣，不同於菩薩之相續受生自度度他，至七地滿心已，一切煩惱障業習氣永斷無餘；是故維摩詰等覺菩薩為施大乘法與諸聲聞羅漢時，欲為說法前，先向阿羅漢頂禮，令阿羅漢不生瞋之餘習；菩薩已無慢之餘習故，煩惱障業之習氣已永斷故；二乘無學斷煩惱障，而未斷盡煩惱障業習氣，異於一乘覺者，故我世尊不說二乘是一乘覺者。

「不覺法無我，不離分段死，故說三乘」：云何二乘人不覺法無我？二乘人依五陰十八界而作觀行，現前觀察五陰非有眞實不壞之我，現前觀察十八界非有眞實不壞之我，由是陰處界一一現觀故，斷除「意識不滅」之我見；復由歷緣對境中之現觀，斷除意根之執我，而証有餘涅槃。而此涅槃之修証，唯在五陰十八界之範圍內——依於人無我而起觀行，實証無我觀。菩薩則依自心藏識爲根本，由藏識法而現前觀察一切諸法悉皆無我；如是於百法明門、千法明門……等無量法中現觀諸法無我，非如二乘之依十八界法及相關諸法而現觀無我。是故菩薩親証八識心王、五法、三自性、七種第一義、七種性自性、二種無我法，是名法無我，唯菩薩所証，不共二乘。二乘由不証如是法無我故，說爲二乘菩提，非是一乘覺。

云何二乘無學不離分段死故名爲二乘、不入一乘覺？謂二乘無學於証果前之無量世以來，所造十二有支之行支極多（一切衆生悉皆如是），大多尚未償業，行支之業種（有善有惡）多未現行受報，若不於當世取滅度者，仍將有分段生死業種於中陰之際及未來世現行，故說二乘無學不離分段死。菩薩不然，於初地証慧解脫有餘涅槃時，已歷經第一無量數劫之種種長短時劫，不斷償業而除斷部份煩惱障行支及習氣；復於第二大無量數劫中，地地進修，於無量世中酬償業果而不造新業（輪迴之新業）是故至七地滿心時，一切輪迴之業種皆已酬償現行完畢，一切煩惱障之業種習氣悉已斷盡，唯有故意所留一分潤生愛，故離分段生死業種，名爲離分段生死者；非如二乘無學之尚未酬盡往世生死業，而由解脫智斷除我見我執，不受生死，故說二乘人非是眞正離分段生死者，七地滿心菩薩方是眞正離分段生死者，由是不說聲聞緣覺爲一乘覺，說有二乘菩提。

月溪法師不明此理，如是妄解：《……然一乘道覺，方是自証無餘涅槃法，二乘則是有餘涅槃；因爲二乘斷六根雖暫獲寂靜三昧之樂，乃相對之解脫，非絕對之解脫；煩惱雖斷，智障未斷，故我執破而落法執，未離分段死，故與大乘不同。》（摘自台南市天美設計印刷公司一九九五年三月出版《月溪

法師講楞伽經》頁二三五、二三六）

然而二乘無學非因智障（所知障）故不証無餘涅槃，一切決定性二乘無學皆於捨壽時入無餘涅槃，非唯証有餘涅槃也；已証有餘涅槃者，捨壽必定能入無餘涅槃故，已得盡智乃至無生智故。復次，三乘無學聖人之解脫涅槃智容有差異，然所証涅槃解脫境皆無差別，不可謂大乘無餘涅槃爲絕對解脫、而謂二乘無餘涅槃爲相對解脫，無餘涅槃「境」無二故，俱是滅盡十八界法，永不復生故。

二乘「未離分段死」者，在於未將往昔無量業種酬償現行，故其藏識中仍有無量生死業種隨眠未起；若捨壽時不迴心者，則以涅槃智（盡智或無生智）入無餘涅槃；若迴心大乘者，仍將依往昔世無量生死中所造業種而受生，故說二乘人未離分段生死，因果不昧故。菩薩不然，至七地滿心以去，由二大無量數劫之酬償舊業，不造新惡而除隨眠業種，已經斷盡煩惱障業種隨眠，純依受生願而受生，非依煩惱障業種受生，說之爲眞實離分段生死者。是故此段經文之意，非如月溪法師所說「二乘無學不証無餘涅槃、故是相對解脫、故未離分段生死」；其謬大矣！

由二乘菩提之覺証者，不能覺証法無我，不能眞正離分段生死，非如菩薩無學之眞正遠離分段生死，是故佛說法有三乘，非唯一乘；是故將一乘法分三乘說，廣益衆生。

「大慧！彼諸一切起煩惱過習氣斷，及覺法無我；彼一切起煩惱過習氣斷，三昧樂味著非性，無漏界覺」：起煩惱者，謂衆生由於一念無明之四種住地煩惱，於三界有漏有爲法上執著不捨（如執甘露漿、執五欲、執識陰中之意識不滅等），故令衆生覺知心中瞥然一念而起；生住異滅已，復有異念不斷現起，念念起諸煩惱，不離一念無明之四種住地煩惱，導致生死輪迴不絕，名爲起煩惱。

起煩惱者，皆是因三界煩惱而有，障礙出離三界，故名煩惱障，是三界中之煩惱故；相對於一乘覺道之出世間煩惱名爲上煩惱，故名起煩惱。

如來乘中諸菩薩衆，至初地慧解脫時，已斷盡起煩惱；至七地滿心無學位時，已斷盡起煩惱之一切過失習氣—煩惱障之業種隨眠種子斷盡無餘；復又覺証法無我（八識心王之五法三自性及七種第一義、七種性自性、二種無我法），滿七地心而入八地，現觀聲聞緣覺於滅盡定三昧之樂著，非爲正智；亦現觀二乘所証三昧樂之非有實性，唯是自心所現之境界，對於二乘人所住無漏滅盡法界，依無生法忍慧之道種智，起於如是覺照，不貪不樂無餘涅槃之無漏界，是故發受生願，依願而受未來分段生死。此非二乘無學聖人之所知也。若有世人未得見道（如密宗四大派所謂轉世活佛法王仁波切等人，及自封為巨聖大法王大活佛之義雲高等徒衆）而自言菩薩乘願再來者，名爲愚癡人也。何以故？謂初地六地菩薩之乘願受生於人間者，仍間雜有昔世所未酬償業果之煩惱障種習氣，是故仍非完全之乘願受生，云何彼諸未見道者，未修除煩惱障之見一處住地者，能是乘願再來受生死者？無斯理也，有智佛子鑒之！

「覺已，復入出世間上上無漏界，滿足衆具，當得如來不思議自在法身」：菩薩於初地起，漸能覺照二乘無學之無漏界，能成慧解脫果而不取証；三地滿心能成俱解脫果而不取証，然於二乘無學之無漏法界皆已具知無遺。如是覺照已，不取証無餘涅槃，復入出世間上上無漏界修集成佛之功德。

出世間上上無漏界者，謂此界已超二乘無學之無漏界，故名上上無漏界；二乘無學之出世間無漏界，已非三界世間諸梵天王等之所能知，今菩薩初地三地等心能具足知之，復又邁向二乘無學所不能知之如來法界中修集功德，故此名爲出世間上上無漏界。

出世間上上無漏界所修學者，悉是依於八識心王之法無我門，修學一切種智，是增上慧學—無生法忍果。七地以下修學一切種智，尚須意識之從佛或善知識修學—仍須加行，八地入地心起，於一切種智之修學，不須意識之加行，唯由意識之作意，便可任運修集，亦由是故，名爲出世間上上無漏界。此非七地以下所能臆想，何況二乘無學尚不能知七住菩薩般若者，云何能知？何況未見道之學人何能知之？故名出世間上上無漏界。

不迴心之二乘無學，爲滅盡定三昧樂所醉，必取無餘涅槃；菩薩於三地滿心位前能取滅盡定而不証之，實因已經如實覺照二乘無漏界亦是自心所現，非能外於自心藏識而有無漏界故；如是覺已，次第漸進，地地進修，至十地時滿足菩薩衆所應修之具足功德，成法王位，諸佛授職；如是菩薩不久當得証入如來不思議境界，得如來十力自在，發起如來自在法身。

如來自在法身略說有二：自受用身與他受用身。自受用身謂自性如來及諸地菩薩所不能見之自受用莊嚴身，他受用身謂始自初地、終至十地諸菩薩衆，地地所見互異之佛莊嚴身。自性如來即是佛地之第八識眞如；此識云何名之爲身？謂佛地第八識爲純淨識，已離變易生死，大圓鏡智相應，故能與別境五心所法及善十一心所法相應，非如等覺以下之第八識唯與五遍行心所法相應，故名爲身。如來自在法身如是勝妙，故名不可思議，非等覺菩薩所知也。

爾時世尊欲重宣此義而說偈言：

諸天及梵乘，聲聞緣覺乘，諸佛如來乘，我說此諸乘。
乃至有心轉，諸乘非究竟，若彼心滅盡，無乘及乘者。
無有乘建立，我說爲一乘；引導衆生故，分別說諸乘。
解脫有三種，及與法無我，煩惱智慧等，解脫則遠離。
譬如海浮木，常隨波浪轉，聲聞愚亦然，相風所漂蕩。

彼起煩惱滅，餘習煩惱愚，味著三昧樂，安住無漏界；
無有究竟趣，亦復不退還，得諸三昧身，乃至劫不覺；
譬如昏醉人，酒消然後覺，彼覺法亦然，得佛無上身。

疏：《爾時世尊欲重新宣示此義而說偈言：
欲界諸天及色界以上諸天之修行法門，
聲聞緣覺之修行法門，
諸佛如來之修行法門，
我釋迦牟尼佛所說的是這五種修行法門。
這五乘中之修法，乃至若有覺知心動轉者，
這五乘法即非是究竟法，
如果這五乘人修至覺知心不動轉而滅盡者，
此時則無五乘及修五乘法者可言。
於究竟法中並沒有五乘之建立，
依佛菩提之眞實法義故我說唯一佛乘；

為了引導種種不同根性之衆生故，
所以我分別宣說五乘諸法。
解脫之智慧有三種修行法門之不同，
以及大乘別教中所修証之法無我，
復有障礙出離三界生死之煩惱障與障礙成佛之所知障及平等智等，
若証眞實解脫則能遠離此二障。
譬如海面上之浮木，
常隨大海波浪而漂轉，
聲聞法中之無智愚夫亦如是，
爲六塵相等境界風所漂流震蕩。
那些聲聞人之起煩惱雖然消滅了，
可是還有起煩惱的習氣及所知障愚痴未滅，
所以貪著出世定之寂滅法樂中之韻味，
而安住於無漏寂滅之法界中；

這種二乘涅槃得不到佛法的究竟意趣，
他們也不曉得應退還入三界境界中修學佛菩提，
依他們所証得的二乘無漏界之種種三昧身相，
乃至賢劫將盡之時仍不能覺知佛菩提；
譬如那些酒醉而昏昧的世俗人，
要到身中酒精已經消化以後才能覺醒，
那些二乘人也是一樣，要消化了二乘無漏三昧酒以後才能覺知佛菩提法，
漸漸進修之後才証得佛地不可思議無上法身。》

「諸天及梵乘，聲聞緣覺乘，諸佛如來乘，我說此諸乘」：諸天謂欲界六天；若人行善而不修梵行者，捨壽則生欲界六天；此是佛爲好樂行善、求來世福，而不離男女欲，不修禪定者，宣說欲界天之求生法門，名爲天乘。

梵乘謂有諸修行人，知欲界天五欲是粗重煩惱，求離欲界天五塵法境界，好樂清淨無侶禪定境界，欲生色界及無色界者，佛即爲說梵乘修行法門，令離男女五欲，靜修梵行及四禪八定，來世即生色界或無色界天，名爲梵乘。

聲聞乘、緣覺乘者，前已依經疏解，此處從略。諸佛如來乘者，謂十方三世諸佛所修証之法道，具足四種圓寂之三乘解脫，以及具足四智之佛菩提智，以是一切如來所必須具足修証者。佛所說法，總有如是五乘法道。

「乃至有心轉，諸乘非究竟，若彼心滅盡，無乘及乘者」：三乘法皆說無我法，皆說涅槃寂滅；若有覺知心我及作主心我運轉者，皆非究竟法，涅槃滅盡十八界故。諸乘所說，皆有心行，般若乃依覺知心我而証藏識所起慧，二乘有餘涅槃乃以覺知心証知自他一切有情十八界俱無實性故，大乘別教有餘涅槃乃是以覺知心証知藏識而斷十八界我之執著故，是故皆有覺知心轉，是故皆非究竟。若十八界滅盡、意識意根永滅不現者，則無任何心現行運轉，則成無餘涅槃，尚無覺知心現行，何況能有二乘盡智無生智？何況能有大乘無生智及無生法忍？何況能有一乘三乘五乘之分？是故諸乘及一切智慧皆因覺知心之現行而有；覺知心滅則一切法滅。

菩薩証悟藏識已，由藏識性而觀陰處界亦復如是，現見無我無人無眾生壽者，無三乘差別，無三乘修行者；皆是自心藏識之現量故，五乘三乘諸法皆依藏識而分別建立故，佛菩提道與解脫道俱依藏識而現故，何曾有諸乘差別？何嘗有修行者可得？何嘗有佛法可得？

「無有乘建立，我說為一乘；引導衆生故，分別說諸乘」：菩薩如是現觀已，既見三乘菩提與人天乘法俱是自心藏識所現，何有三乘五乘差別？若五陰十八界俱滅，尚無覺知心存，何況有諸乘？菩薩如是觀已，卻憫衆生盲無慧目，返身欲救衆生，無妨令覺知心不斷滅，以之而教衆生：「覺知心是生滅法，自心藏識方是恆常不壞法。」如是欲令衆生覺悟証知。然諸衆生愚昧妄想，不能証知藏識而起般若慧，乃效諸佛之分別宣說三乘，漸次引導衆生。

「解脫有三種，及與法無我，煩惱智慧等，解脫則遠離」：解脫道之修行，有三種入門之不同（前四輯中已敘，茲不重述），那就是聲聞、緣覺及如來乘法門三種。大乘法中尚須修學法無我，不共二乘愚人。凡夫所不能斷除之煩惱障，及二乘愚人所不能斷除之所知障，因此而有分段生死與變易生死，若能具足証得究竟涅槃之解脫時，就可以全部遠離。

此四句經文，於《大乘入楞伽經》中作如是譯：「解脫有三種，謂離諸煩惱，及以法無我，平等智解脫。」《入楞伽經》中作如是譯：「解脫有三種，及二法無我，不離二種障，遠離眞解脫。」三譯大同小異。謂聲聞解脫爲斷煩惱障──斷我見及我執──見惑與思惑斷除，名爲離煩惱。法無我者，謂大乘菩薩所修，不通二乘；然二乘人亦有說法無我者，唯非依自心藏識及所生陰處界說諸法無我，僅依陰處界之緣起性空而說諸法無我，異於大乘依自心藏識之無我性而說陰處界諸法無我，故說有二種法無我。

二乘斷我見我執已，離煩惱障，與三法印符契：諸行無常（意識住於一念不生之境中亦是心行無常）、諸法無我（意識依意根而起，非有不壞我之實性；其餘意識相應法中，更無眞實不壞我）、涅槃寂靜（涅槃中十八界俱滅，無有意識覺知性，無有意根思量性，故名寂靜），故說二乘人亦有法無我之証量，惟不能証知藏識，故不得大乘人所証法無我。由是不証平等智，故見衆生輪迴生死，故見二乘得解脫，心無平等；大乘人由証自心藏識故，現見一切衆生本來常住涅槃，非修而証涅槃，非不修而証涅槃，其心平等平等，故生平等智，如是解脫異於二乘之聖凡有別，故名「平等智解脫」。

大乘人由如是覺悟與証知，是故不急於取証無餘涅槃，起受生願，留最後一分思惑不斷，以之潤未來世生，以免捨壽時入無餘涅槃；如是盡未來際，上求一切種智，下以道種智而度衆生，不離故意所留最後一分煩惱障，不離所未斷盡之所知障，永不取滅而自度度他，乃至圓成菩薩行；如是已得解脫之人而不入無餘涅槃，不離所知障而行菩薩行，一切菩薩悉皆如是，故說「不離二種障，遠離眞解脫」，已能遠離三界生死繫縛故，乘願而受生故。

如是菩薩未至三地滿心者，皆無神通，爲諸凡夫之所輕賤，示同凡夫故，無諸神異故，而其般若慧深妙，一切人天所不能知；如玄奘菩薩捨壽尚有病苦磨難，以未具足四禪八定五神通故，爲諸凡夫俗人之所輕賤，唯有少數已証般若別相智及種智之三地（入地心及住地心）以下菩薩所知所歎，非諸凡夫俗人及二乘愚人之所能知也。

譬如古時玄奘菩薩遍至各國設無遮大會，廣破外道及一切佛門中之邪見者，不修自利之禪定與神通，不邀凡夫俗人之恭敬供養，一生之中爲法忘軀、為教奉獻，能取慧解脫入無餘涅槃，而不入涅槃；如是心量，非諸未入地者所能知之，非諸二乘無學所能知之，更非凡夫俗子無般若慧者所能知之；玄奘菩薩若於今時出世弘法破邪，必遭釋性圓及喜饒根登所謗，以無神通可炫耀故；是故古今多有凡愚輕賤玄奘菩薩，誣謂為學問研究之無証量者，謗他三地聖人，成就無間重罪。如是，玄奘菩薩示現未離煩惱障與所知障，然已遠離三界繫縛，証慧解脫而不取滅，名為「不離二種障，遠離眞解脫」，一切娑婆學人所應供養禮拜。

「譬如海浮木，常隨波浪轉，聲聞愚亦然，相風所漂蕩」：海中浮木，常隨海浪漂轉，不能安住不移；聲聞人之愚痴亦復如是，常為境界相之風所漂蕩。聲聞人不曉所觸六塵相是自心藏識所現，以為實有外六塵為自己覺知心所觸知；而不知自己覺知心所觸知之六塵相，俱是自心藏識之所變現（詳見前四輯及拙著《眞實如來藏》所述，此勿贅述），故於外六塵執為實有，畏懼六塵而生分別妄想，如是為六塵相之境界風所漂蕩，故名為愚。

「彼起煩惱滅，餘習煩惱愚，味著三昧樂，安住無漏界；無有究竟趣，亦復不退還，得諸三昧身，乃至劫不覺；譬如昏醉人，酒消然後覺，彼覺法亦然，得佛無上身」：那些聲聞阿羅漢，他們的起煩惱已經滅盡了，但仍有所餘起煩惱的習氣愚痴存在，所以他們就會品味及貪著無漏三昧的寂滅樂，安住於有餘涅槃的無漏界中；由於味著無漏三昧之寂滅樂故，不肯捨離阿羅漢所住之無漏界，於覺知心中將衆生與阿羅漢一分爲二，始終住於聲聞聖境之中，捨壽必取無餘涅槃，不復退還三界中修學佛菩提道。

菩薩証得本來自性清淨涅槃及有餘涅槃已，不住無漏界，與衆生同事；示同凡夫衆生，對衆生作種種利行之業，衆生有需世間財者，菩薩即與之；衆生有需法財者，菩薩即與之；衆生有需他人恭敬者，菩薩即禮拜稱歎之；衆生有需愛語者，菩薩即溫言濡語與其閒話家常俗事。菩薩如是現凡夫身，不現神通以邀恭敬，世世與衆生共住，行四攝法，不住無漏界（唯除三地住地心修証三昧時），分分斷除起煩惱之餘習，世世向佛地之究竟意趣邁進，永無休止。三地滿心時，証得禪定三昧神通時，亦不味著，常不住三昧樂，常混跡於衆生之中，普行四攝而無倦怠，皆由菩薩有般若之總相智、別相智、道種智，而於聲聞無漏界之起煩惱習及其無漏界之不究竟能了知故。

聲聞阿羅漢則不然，彼等味著三昧樂，於佛地究竟意趣無所了知，亦不退還人間修菩薩行；乃至有阿羅漢決不迴心者，縱令使其住世一劫，亦不能覺知如是過失。

譬如有人飲酒過量，昏沈醉臥，叱斥搖晃乃至打之，皆不能令醒，須至酒已消化，然後方醒；彼諸決定性之聲聞人，若欲覺知大乘法者亦復如是，必須於聲聞法之無漏界酒與三昧醉酒消已，然後方能迴心大乘，依於大乘法之聞熏與思惟修，而後覺知大乘法義。覺知大乘法義已，漸漸進修，最後乃至証得究竟佛地之不可思議諸佛法身。

楞伽阿跋多羅寶經卷第三

一切佛語心品之三

爾時世尊告大慧菩薩摩訶薩言：「意生身分別通相，我今當說。諦聽！諦聽！善思念之。」大慧白佛言：「善哉世尊！唯然受教。」佛告大慧：「有三種意生身。云何為三？所謂三昧樂正受意生身、覺法自性性意生身、種類俱生無行作意生身。修行者了知初地，上上增進相，得三種身。」

疏：《爾時世尊告訴大慧菩薩摩訶薩言：「意生身差別之通相，我今當說。諦聽！諦聽！善思念之。」大慧白佛言：「好極了！世尊！我等一心受教。」佛告訴大慧：「有三種意生身。云何為三？這就是我所說三昧樂正受意生身、覺法自性性意生身、種類俱生無行作意生身。這三種意生身，都是由於修行者已經了知初地究竟果相之後，經由地地上上增進之果相，才能漸次証得這三種意生身，並非初地二地便能証得。」》

解：三種意生身之証得，有許多學人作種種誤解，皆因讀經時一知半解、斷章取義，故生誤解；另一類人則是聰明太過、自信滿滿，於諸經之文義皆求甚解—以己私意解之太過，故生誤解。是故讀經，不可一知半解，亦莫屢求甚解；過與不及，皆非所宜。欲免如是二過，必須由大乘別教之見道入手—求証第八識如來藏；若得見道，如是二過漸漸可免，否則終究難免其一也！

譬如地上菩薩之意生身，須至三地即將滿心時方有，非甫入初地便有，亦非甫入三地便有，唯除佛之特別加持者。有諸無智之人，讀《華嚴經》時一知半解及斷章取義，便謂一切初地菩薩皆能去至百佛世界、現百化身……等，而不知有其必具之條件：一者須是初地滿心位之菩薩，二者必須出家，三者必須出家後勤行精進一段時間，四者承蒙佛恩而入大乘照明三昧中，得佛加持；此四者若缺其一，則不得成就。

若是戒定直往菩薩—通教俱解脫菩薩—入別教中証藏識已，修學種智而入初地者，即能以其原有四禪八定及神足通等爲基礎，依初地滿心無生法忍，而如《華嚴經》初地品中所說，不由佛之加持，但憑前三條件而成就初地如是功德—發起意生身及輪寶，能至百佛世界……等。其三種條件不具足者，則不能如是。

或如戒慧直往之初地菩薩，若未得佛神力加持而入大乘光明三昧者，亦不能如是。今此經中亦言：「修行者了知初地，上上增進相，得三種身。」此謂戒慧直往菩薩（依《華嚴經十地品》漸修者），必須了知初地般若種智及地相已，尚須加以「上上增進相」—地地次第漸修，方能証得如是三種意生身，非謂一切戒慧直往之初地二地滿心及三地住地心菩薩悉有意生身，必能去至百佛千佛……世界等。亦非一切戒定直往之初地菩薩必有意生身，譬如俱解脫通教菩薩迴入別教初地而世世未曾修學五通者。

若有學人不解佛意，誤會經旨，唯以菩薩不能去至百佛世界、化現百身……等現象，便謗彼非証悟之人，或謗彼非地上菩薩，則墮誹謗聖人（大乘勝義僧）之重罪，成波羅夷（斷頭罪），不通懺悔，捨壽必墮地獄。若兼謗彼菩薩所傳法—因謗人故轉謗其法—更增波羅夷罪，懺悔無用，必墮地獄。密宗有咒，謂持誦者能消一切謗三寶罪，乃是密宗依於鬼神妄想所創之說，非事實也。因果昭昭不爽故，佛語不得前後相違故，謗三寶罪極重，非持咒所能滅除故。密宗有諸經典明咒感應極強，此乃護法神之威力，余不否定之；然密宗後來之發展，變成咒力可以凌駕佛戒之上——僅以持咒功德便可消除謗佛謗法謗賢聖惡業，此不可信也！違背三乘諸經佛語故、違因果故、違佛戒故。

是故一切學人欲判善知識之証量者，必須善知經中佛旨眞義，善知般若之總相智、別相智及種智，然後方可依其所述解脫慧與無生法忍慧（道種智）之証量，而作正確之判斷，莫依自心好惡而恣意詆譭，逞一時口舌之快，以招後世多劫地獄尤重純苦之重報；誤謗三寶與謹愼口業之後世報，相差千萬億倍，學人不可不愼也。此段經文亦謂初地滿心菩薩尚無意生身，仍須上上增進至三地滿心，乃至有人至四五地而後方得故，了知初地相者必是已証初地滿心功德者故。

「大慧！云何三昧樂正受意生身？謂第三、第四、第五地三昧樂正受故，種種自心寂靜，安住心海，起浪識相不生，知自心現境界性非性。是名三昧樂正受意生身。」

疏：《「大慧！如何是三昧樂正受意生身？此謂菩薩因第三、第四、第五地中，修証四禪八定、四無量心、五神通之三昧樂，住於如是三昧樂正受；復因無生法忍之証量故，令四禪八定……等種種三昧樂正受，與大乘般若無漏慧相應，住於自心寂靜境界，安住藏識心海中，令五識波浪相不生，了知皆是自心所現境界，非有眞實自在不壞之性。如是名爲三昧樂正受意生身。」》

解：此段經文中，乃依三昧樂正受之等至位而言，未述及等持位中意生身之用。

等至位之三昧樂正受意生身者，乃述意生身之體；謂菩薩入三地已，始修四禪八定、四無量心、五神通等（詳見《華嚴經》十地品或《十地經》所述），至滿心位前，完成如是修行，能令意與意識住於三昧樂正受中，不緣外境；復由初地所証相分猶如鏡像、二地所証見分猶如光影，加以三地住地心中所修四禪八定、四無量心、五神通故，乃於滿心前証得猶如谷響現量而成三地滿地心，由如是無漏慧故起三地無生法忍，令三地所証三昧樂正受成爲無漏妙定，亦令三地菩薩所修其餘種種世間三昧悉與無漏慧相應，故於種種三昧中悉皆能住自心境界、寂靜而住。如是安住於藏識心海，而不引生前五識緣於五塵境，亦不令意識與意根隨逐種種虛妄想所起法塵，是故心海起浪之識相不生；如是安住，了知一切皆是自心所現境界，非有眞實不壞之自性；如是意與意識安住自心內境，不現廣大色身之相，是名三昧樂正受意生身，依自性體安住。

三地意生身依體起用、現之於外者，謂三地初滿心菩薩於如是三昧樂正受中，轉入等持位，依其與無漏妙定相應之五神通，於色界天境界中，現起高廣之意生身及輪寶，往十方佛土瞻仰諸佛、禮拜供養、聽受妙法。如是意生身，非人間肉眼所能見，亦非人間及鬼神等報得天眼通所能得見，修得欲界定、未到定而加修神通者，……乃至依三禪四禪而加修天眼通者仍不能見，須依三地無生法忍慧及四禪等持位中加修之天眼通方能見之，意生身非如色界天身之有色質故；意生身之身量高廣，非人間及四禪天神足通之身量所可比擬，大小懸殊故不能見。

三地初滿心菩薩始起之等持位意生身，身量廣大；地地增上而修，益加廣大殊勝，是名三地初滿心菩薩始起之意生身，二地初地所無，唯除得佛加持及具前述經所說三條件者。今此經中所說三地始起者，乃是《華嚴經十地品》所說戒慧直往菩薩，於初地以布施波羅蜜多為主修，於二地以持戒波羅蜜多為主修，（詳見《十地經》及拙著《宗通與說通》，此處從略），於三地起始修四禪八定、四無量心及五神通，故於三地初滿心時方起意生身與輪寶，初地二地及三地住地心中無之。四地菩薩增上修証無漏妙慧，令身增勝；五地除增上修証無漏妙慧外，更於禪定三昧增上修之，故其意生身益發高廣勝妙，故此經中所說地上菩薩意生身自三地始，兼及四地五地而後始起意生身者，不說初地二地有意生身。

三地菩薩依意生身，來往十方世界，或聞佛說法，或依願示現於十方世界色界天中為衆生說法；若能現觀佛說己說皆如谷響者，則滿足三地所應修法，即時轉入四地心中。四地菩薩亦如是以意生身來往十方世界聞佛說法及為衆生說法，至四地滿心時，若能現觀自身意生身以及所化現至他方世界之一切化身，皆悉猶如水中月者，方得滿足四地無生法忍密意，即時轉入五地心中。五地菩薩依意生身如是運為，至五地滿心時，必須現觀意生身及自所現衆多化身，皆是自己意與意識作意加行，而由自心藏識變化所成，如是現觀，方得圓滿五地無生法忍密意，即時轉入六地心。三四五地等持位始起之意生身，依於如是次第漸修、上上增進相，而益顯高廣勝妙，是名三地四地五地菩薩摩訶薩意生身，初地二地及三地滿心前之所未具之功德相也。

如是意生身，由意與意識之力，依於無漏妙定與自心藏識而生，故名意生身；如是體用二身，是名三昧樂正受意生身。如是意生身，初地二地菩薩知而未証，三地住地心菩薩於將滿心或始入滿心位方始証之，乃至亦有菩薩於四五地中方始証之；餘諸未入地菩薩尚不能知，何況密宗四大派古今諸祖及天竺諸祖，未証般若復未証得四禪中最淺之初禪者，云何能知能証？竟有民間信仰之仰諤益西外道者，不入佛法，依外道見臆想佛法，不得般若根本智（未証藏識故），亦未証得初禪，而敢自稱大法王，謂能化現爲佛陀之廣大相（詳見釋廣心發行《法輪常轉》報導二〇〇〇七、二〇第三版），爲人加持佛法之修証，無有是處！

莫道民間信仰之義雲高、仰諤益西、喜饒根登等人悉不能知，乃至佛學泰斗之印順法師亦不能知。印順法師云：《……本經（平實按：係指中阿含之《天經》）的精勤修行，共分八個層次。先勝解光明相，如光相成就，能於光明中現見色相，色相是（清淨的）天色相。……進一步，與諸天集會，互相問答。這樣的定境，使我們想起了『般舟三昧經』的阿彌陀佛現前，佛與修行者問答（不但見色相，還聽見聲音）。無著修彌勒法，上升兜率天，見彌勒菩薩，受『瑜伽師地論』。密宗的修習成就，本尊現前，也能有所開示。原則是一樣的，只是修行者信仰對象不同而已。依『般舟三昧經』說：所見的不是眞實佛，是自己的定心所現。『攝大乘論本』說：「諸瑜伽師於一物，種種勝解各不同，種種所見皆得成，故知所取唯有識」。勝解的假想觀，多采多姿，在佛教的演進中，急劇的神教化，也助成了唯心思想的高揚。》（摘自印順法師《空之探究》頁七五）

然中阿含《天經》所說者，乃是修學五通成就，而後與諸天集會、互相問答；非於自己之觀想境中所成者，不應與觀想境中諸相混爲一譚。如是神通境界，異於《般舟三昧經》中所說見佛及問答佛法，謂般舟三昧之修持，須具種種善根福德，並須七日七夜隨佛方所念之，而後仰佛威神方得見之，是佛所化現，非是自心觀想所現相分，非是神通境界，故有所異；若缺勝妙之智慧亦不能見佛。如彼經云：「菩薩如是持佛威神力，於三昧中立自在，欲見何方佛即得見，何以故？持佛力、三昧力、本功德力，用是三事故得見。……菩薩有四事法，疾逮得是三昧：一者所信無有能壞者，二者精進無有能退者，三者智慧無有能及者，四者常與善師從事，是爲四。」如是可知般舟三昧中見阿彌陀佛者，非如《天經》所說之神通境界也，是佛所示現故，是佛心所現影故，非如印老所說密宗本尊之觀想法也。

密宗本尊之觀想法，純是行者自心之妄想，純是行者自心所現之內相分故，非有眞實本尊佛來說法；故密宗四大派諸祖所著密續中，依所見本尊佛受傳之法，皆違三乘佛法實義，墮於常見斷見之中，無有一人是見道者。純是自心觀想所成故，非是佛所化現身像故，名爲愚夫所行禪。

無著菩薩從兜率天彌勒菩薩所受之《瑜伽師地論》，函蓋二乘無常空與緣起性空，函蓋大乘般若與種智妙義，所述正理完全符合三乘諸經，無有差謬，完全異於密宗之本尊觀想法，云何印老作如說：「原則是一樣的，只是修行者信仰對象不同而已」？其實原則是不一樣的，非僅因修行者信仰對象不同而已。

復次，《般舟三昧經》中說，行者於三昧中所見佛，乃是佛之自心化現，非由行者自心化現，印老不應說「所見的不是眞實佛」，非眞非不眞故，所現如水中月故，由佛心化現故。是故所見非是行者自己定心所現，自己定心所現之佛像所說之法，必定如蓮花生……等人所見之「佛」亂說法—傳授常見外道法；是故此三昧中所見佛，非如印老所說觀想之自己定心所現，須待彌陀世尊之加持力，方得見故，非純自心觀想所成故。

至於所舉《攝大乘論本》所說偈，乃謂於大乘無生法忍起諸勝解，明見有情所取一切法皆是自心藏識所現，完全與觀想影像境界無關—非述觀想境界之勝解也；印老不應故意將之混爲一譚，令人輕蔑之。

探究印老此段文意，欲將瑜伽唯識正義歸入於觀想法中，乃至將唯識種智之勝解，納入假想觀中，與密宗之觀想歸爲一類；如是便可將瑜伽唯識種智，推斷爲同於密宗之天化神化思想，藉以打壓唯識種智如來藏法，並侷限佛法於人間現象界之無常空與緣起性空之中；如是，若人詢彼曾否証得瑜伽種智，彼即可以無慚無愧而作是言：「彼如來藏法乃觀想所得方便之說，非有眞實一心名如來藏者。大乘所說彌陀信仰，乃是太陽神崇拜之神教化信仰，是爲助成唯心思想而由人爲創立之說。」

由印老諸著作中，顯見印老之定慧俱缺；尚不能入聲聞見道位，何能知大乘見道位功德？而妄自否定大乘見道後方能修持之瑜伽種智唯識智慧，非智者也！印老以如是侷限三乘佛法於欲界人間之「般若慧」，聞說佛法非唯人間有——諸天亦有，便於心中不能安忍，斥爲天化神化，主張佛法唯人間有。如是知見，欲與之探討三地菩薩之意生身者，必定扞格不入，難與語也！彼尚不信初地七住所証如來藏眞實有故。

「大慧！云何覺法自性性意生身？謂第八地觀察覺了如幻等法，悉無所有，身心轉變，得如幻三昧及餘三昧門，無量相力自在明，如妙華莊嚴，迅疾如意。猶如幻夢水月鏡像，非造非所造，如造所造。一切色種種支分具足莊嚴，隨入一切佛刹大衆，通達自性法故，是名覺法自性性意生身。」

疏：《「大慧！云何覺法自性性意生身？此是說菩薩由五地意生身，漸修至第八地時，觀察覺了諸法如幻如夢悉無所有，了知諸法自性，所以身心轉變，証得如幻三昧及其餘無量三昧門，能現無量妙相及與神力、於相土自在及具五明；所現輪寶猶如妙花莊嚴，來往迅急如意。此菩薩意生身，猶如幻化、如夢所現、如水中月、猶如鏡像，非能造者非所造者，似如能造者亦似所造者。如是意生身具足色界天人之一切身分與色法莊嚴，如意自在，隨入一切佛刹大衆之中，以八地菩薩已經通達諸法之自性故，如是名爲覺法自性性意生身。」》

「大慧！云何覺法自性性意生身？謂第八地觀察覺了如幻等法，悉無所有，身心轉變，得如幻三昧及餘三昧門，無量相力自在明，如妙華莊嚴，迅急如意」：八地菩薩之意生身，由如幻三昧之圓滿証得而有。如幻三昧非是單一三昧，實由多種三昧所成：十住位之世界身心如幻現觀，十行位之七識渴愛猶如陽燄現觀，十迴向位之身心六度萬行如夢現觀，初地之相分猶如鏡像現觀，二地之見分猶如光影現觀，三地之法音猶如谷響現觀，四地之意生身化身如水中月現觀，五地之意生身化身變化所成現觀，六地意生身化身非有似有現觀；七地之綜觀如幻三昧等，滅盡煩惱障隨煩惱習氣之現行而自然証得念念入滅盡定境界，不由加行；七地滿心位中，由佛授予「引發如來無量妙智三昧」故，轉入八地心，由是三昧及前如幻等三昧故，通達諸法自性，圓成八地如幻三昧，故起覺法自性性意生身。

由十住位起之如幻三昧乃至七地之滅盡煩惱障中隨煩惱習氣現行，洞見身心內外一切諸法悉無所有，皆是自心藏識所現，唯是一心，非有實法；今復得佛加持，授予「引發如來無量妙智三昧」故，令八地菩薩身心轉變，圓滿八地如幻三昧及餘種種無量三昧門，覺知諸法之自性。由覺知諸法自性及身心轉變故，八地菩薩於相自在、於土自在。

七地菩薩以下乃至三地滿心位，亦能隨分現相現土，然於作意欲現之後，尚須加行方能變現；八地但由作意起時即現，不須加行，故名自在。以相土自在故，能變現無量化身於十方無量世界莊嚴諸佛法會、聽受佛法；亦能隨意變現金銀財物普施有緣者。以如是於相於土自在故，說此菩薩具有無量相力自在。

明者五明，謂內明一門及外明四門。內明謂通達一切法皆自心藏識所變，始從七住親証藏識領受其自性，終至佛地無生法忍，皆是內明。外明四門謂工巧明、聲明、因明、醫方明，前四輯中已述，此處從略。

八地菩薩由如幻三昧等，及無量三昧之現行，復由佛授「引發如來無量妙智三昧」，故令身心轉變，通達一切諸法法性，令五明諸法悉皆通達，故於相土自在，隨意變現不由加行，名爲「無量相力自在明」。

由「無量相力自在明」故，菩薩有世間果報現前——梵獅子寶光瓔珞大應寶相輪，動止隨身，恆現在前。如是輪寶高廣無喻，唯遜於九地菩薩輪寶；形若殊妙蓮華，種種莊嚴，恆在菩薩意生身之足下，動止俱遊，恆不離身，唯除菩薩住人間者，意生身不現時方不現前；若八地菩薩常住色界，不受欲界人間色身者，則其輪寶恆在足下，不離其身。菩薩乘是輪寶往來十方佛國覲見諸佛、禮拜供養、聞受經法，無遠弗屆，往來迅疾，於一念頃隨意而至，此名八地菩薩所受世間可愛異熟果之一。

「猶如幻夢水月鏡像，非造非所造，如造所造。一切色種種支分具足莊嚴，隨入一切佛剎大衆，通達自性法故，是名覺法自性性意生身」：已得佛加持之初地菩薩有二種法身，未得佛加持之初地菩薩唯有一種法身（須至三地初入滿心位方具二種），名爲地上菩薩出世間果報。一者果報法身，二者神變法身。

出世間果報法身者，謂諸地菩薩由第一義諦之修証故，至初地通達位已，心心湧現種種法流，如是法流智水由自心藏識實性而生，以智爲身，故名實智法身。法謂藏識自體，藏識非色，不得名身；然由証此藏識故，感生種種善根及與智慧，集生於藏識，應現於七識六識心行中，以智爲身，故名實智法身。

若已得佛加持，初地菩薩由大乘光明三昧力故，及此實智法身故，能應現百化身，一一化身各有一百化眷屬菩薩，應現於百佛國，亦是初地菩薩出世間果報；若未得佛加持而入大乘光明三昧者，須至三地初入滿心位，方得如是神變法身，乃至亦有入四五地時方起如是神變法身（意生身）者。由實智法身生故，名為法身。

地上菩薩出世間果報淨土有二：實智土與變化淨穢經二無量數劫方得圓成之應現土。前為自住智慧境界，前智住於後智，以後智為土，是名實智土。後為攝受有緣眾生之淨穢變化土，須歷二大無量數劫之應現，直至佛地方得圓成；如是神變土，若未得佛加持者，須至三地滿心位起，乃至四五地中方始能現。

八地菩薩由其覺知諸法法性故，得諸法自性性意生身，由上述世間及出世間果報故，能於相土皆悉自在，但由作意而現，不須加行。凡此皆依實智法身方能應現，雖是三界中所現之法，亦名出世間果報，由無漏實智法身所現故。如是覺法自性性意生身之証得，同於輪寶之証得，須依始從十住如幻三昧……乃至八地「引發如來無量妙智三昧」，於其過程中，實智法身漸漸轉變，自心藏識所含種子漸漸轉變，諸地意生身漸漸轉變，方能成就八地「覺法自性性意生身」。

如是八地意生身，猶如幻化、猶如陽燄、猶如夢境、猶如鏡像、猶如光影、猶如谷響、如水中月、變化所成、非有似有、寂滅寧靜；此意生身非造──非如幻師以種種物造作諸相，由自心藏識應念變現故；非所造──非以欲界粗色及色界天微細色造成故；然是如造──似有色法現行，有緣者得見故；亦是所造──非憑空無因而有，由藏識所現故。

如是意生身，猶如四禪天人，一切四肢五根悉皆具足，而較諸四禪天人高廣莊嚴，乘其廣大莊嚴妙華輪寶，應念隨入一切十方佛國，無一佛國不能得至；常以如是意生身而入一切佛剎大衆中，爲瞻仰頂禮供養諸佛故，爲莊嚴諸佛法會故。八地菩薩由通達自性法故，得如是世間出世間果報，是名八地覺法自性性意生身。如是名爲八地菩薩圓成如幻三昧意生身。

如幻三昧之圓成，要從七住般若慧之証得開始，此是根本無分別智故。若未証得七住位之般若總相智，則無根本無分別智；無根本無分別智，則不能起後得無分別智（般若慧之別相智及種智）。無此二智者，尚不能入初地通達位，云何能得八地如幻三昧？無斯理也。是故，昔年自在居士私謂我會早期退轉之人，言能授以八地如幻三昧者，大妄語也。何以故？以其未証自心藏識故（詳見拙著《宗門血脈》三二八至三三○則），尚不能入七住菩薩位故，尚無根本無分別智故。

「大慧！云何種類俱生無行作意生身？所謂覺一切佛法，緣自得樂相。是名種類俱生無行作意生身。大慧！於彼三種身相，觀察覺了，應當修學。」

疏：《「大慧！云何是種類俱生無行作意生身？此所說者乃謂覺証一切佛法，緣於自証聖智所得法樂之相，如是名爲種類俱生無行作意生身。大慧！於彼三種意生身之法相，觀察覺証了知，汝等應當修學。」

解：九地滿心菩薩，修証四無礙智，得法總持無礙，悉知一切法門；得義無礙，能解一切法眞實義，於一一義生無量義；得詞無礙，解一一音聲，以種種聲說法無礙，通達聲明；得樂說無礙，於一切時一切處樂說無礙。由是四無礙智故，令無漏妙慧殊勝轉易，異於八地自在慧；由如是轉易而異於八地之實智法身，能依意與意識之作意，於三界隨意示現「種類俱生無行作意生身」，於人間五陰運行之時，別有如是意生身同時現行運爲，名爲種類俱生；此身不須如八地之入於等持位中而後現行，自由隨意而現，故名無行作意生身。此意生身由覺知一切佛法而有，名爲緣自得樂相。菩薩摩訶薩於如是三種意生身之法相，應當觀察覺了，未能觀察覺了者，應當修學。

爾時世尊欲重宣此義，而說偈言：

非我乘大乘，非說亦非字，非諦非解脫，非無有境界。
然乘摩訶衍，三摩提自在，種種意生身，自在華莊嚴。

疏：《爾時世尊欲重新宣示此一正義，而說偈言：

並非我所宣說之成佛之法名爲大乘，
第一義法非言說亦非文字，
非是眞實諦理亦非有解脫境界，
亦非無有種種境界。
然而此乘眞是大乘，
具足種種三摩地及自在法，

能生起種種意生身，
以自在蓮花輪寶爲莊嚴。》

「非我乘大乘」：佛法本無三乘之分，於十方虛空無數清淨佛土中，諸佛皆說一乘法，不說有三乘，亦不說大乘，唯是佛法爾。然此娑婆猶如十方虛空同有之淨穢土，非純淨土，是淨穢土；此土衆生根器高下懸殊，中下之機不解一乘佛法，是故世尊慈愍衆生，於唯一佛法分爲三法，故有聲聞緣覺及大乘法，說爲三乘。爲區別佛法之異於二乘解脫道故，說名大乘。然實唯一佛乘法中，已函蓋大乘佛菩提道及共二乘之解脫道，本無三乘差別，云何而說佛所傳法爲大乘？故說大乘非是佛乘。

「非說亦非字」：世尊所說法，非即世尊所說之言說；因語顯義，令人依語而証藏識實相，了知法界一切法，方是佛法。所記經典文字亦非世尊所傳之法，要因經典文字顯義，令人依文字指而見實相月——証得自心藏識而起般若慧，了知法界一切法之實相，方是佛法。

「非諦非解脫」：所謂第一義諦，本是自心藏識及所生一切法所顯示之人無我、法無我之眞實正理，唯心境界，非有第一義諦實法。所謂解脫，本是自心藏識所顯本來自性清淨涅槃境界；不論是有餘涅槃、無餘涅槃、無住處涅槃，皆是說此藏識境界，何曾有解脫可言。

「非無有境界」：一切境界固然皆是藏識自心所現，現已變異，終歸壞滅；然藏識恆常不壞不斷，是故一切境界滅已復生，故非無一切境界現前，因其無常緣滅是故說空，而不否認三界萬法，不說一切現象爲無。

「然乘摩訶衍，三摩提自在，種種意生身，自在華莊嚴」：然而乘此廣大之載具（摩訶衍），名爲大乘法者，能令學人証得無量三昧，及種種自在之法；亦能依大乘法之修証而生起種種意生身，以自在變現往來之蓮花輪寶作爲莊嚴。（以上於公元二千年中秋完稿）

爾時大慧菩薩摩訶薩白佛言：「世尊！如世尊說，若男子女人行五無間業，不入無擇地獄。世尊！云何男子女人行五無間業，不入無擇地獄？」—

（詳續第六輯中疏解。半年後出版）

佛菩提二主要道次第概要表——二道並修，以外無別佛法

佛菩提道——大菩提道

十信位修集信心 —— 一劫乃至一萬劫

遠波羅蜜多

資糧位

初住位修集布施功德（以財施爲主）。
二住位修集持戒功德。
三住位修集忍辱功德。
四住位修集精進功德。
五住位修集禪定功德。
六住位修集般若功德（熏習般若中觀及斷我見，加行位也）。

外門廣修六度萬行

七住位明心般若正觀現前，親證本來自性清淨涅槃。
八住位起於一切法現觀般若中道。漸除性障。
十住位眼見佛性，世界如幻觀成就。

一至十行位，於廣行六度萬行中，依般若中道慧，現觀陰處界猶如陽焰，至第十行滿心位，陽焰觀成就。

一至十迴向位熏習一切種智；修除性障，唯留最後一分思惑不斷。第十迴向滿心位成就菩薩道如夢觀。

內門廣修六度萬行

見道位

初地：第十迴向位滿心時，成就道種智一分（八識心王一一親證後，領受五法、三自性、七種第一義、七種性自性、二種無我法）復由勇發十無盡願，成通達位菩薩。復又永伏性障而不具斷，能證慧解脫而不取證，由大願故留惑潤生。此地主修法施波羅蜜多及百法明門。證「猶如鏡像」現觀，故滿初地心。

二地：初地功德滿足以後，再成就道種智一分而入二地；主修戒波羅蜜多及一切種智。滿心位成就「猶如光影」現觀，戒行自然清淨。

解脫道：二乘菩提

→ 斷三縛結，成初果解脫

→ 薄貪瞋癡，成二果解脫

→ 斷五下分結，成三果解脫

入地前的四加行令煩惱障現行悉斷，成四果解脫，留惑潤生。分段生死已斷，煩惱障習氣種子開始斷除，兼斷無始無明上煩惱。

近波羅蜜多

修道位

三地：二地滿心再證道種智一分，故入三地。此地主修忍波羅蜜多及四禪八定、四無量心、五神通。能成就俱解脫果而不取證，留惑潤生。滿心位成就「猶如谷響」現觀及無漏妙定意生身。

四地：由三地再證道種智一分故入四地。主修精進波羅蜜多，於此土及他方世界廣度有緣，無有疲倦。進修一切種智，滿心位成就「如水中月」現觀。

五地：由四地再證道種智一分故入五地。主修禪定波羅蜜多及一切種智，斷除下乘涅槃貪。滿心位成就「變化所成」現觀。

六地：由五地再證道種智一分故入六地。此地主修般若波羅蜜多——依道種智現觀十二因緣一一有支及意生身化身，皆自心眞如變化所現，「非有似有」，成就細相觀，不由加行而自然證得滅盡定，成俱解脫大乘無學。

七地：由六地「非有似有」現觀，再證道種智一分故入七地。此地主修一切種智及方便波羅蜜多，由重觀十二有支一一支中之流轉門及還滅門一切細相，成就方便善巧，念念隨入滅盡定。滿心位證得「如犍闥婆城」現觀。

七地滿心斷除故意保留之最後一分思惑時，煩惱障所攝色、受、想三陰有漏習氣種子全部斷盡。

大波羅蜜多

八地：由七地極細相觀成就故再證道種智一分而入八地。此地主修一切種智及願波羅蜜多。至滿心位純無相觀任運恆起，故於相土自在，滿心位復證「如實覺知諸法相意生身」故。

九地：由八地再證道種智一分故入九地。主修力波羅蜜多及一切種智，成就四無礙，滿心位證得「種類俱生無行作意生身」。

十地：由九地再證道種智一分故入此地。此地主修一切種智——智波羅蜜多。滿心位起大法智雲，及現起大法智雲所含藏種種功德，成受職菩薩。

等覺：由十地道種智成就故入此地。此地應修一切種智，圓滿等覺地無生法忍；於百劫中修集極廣大福德，以之圓滿三十二大人相及無量隨形好。

煩惱障所攝行、識二陰無漏習氣種子任運漸斷，所知障所攝上煩惱任運漸斷。

圓滿波羅蜜多

究竟位

妙覺：示現受生人間已斷盡煩惱障一切習氣種子，並斷盡所知障一切隨眠，永斷變易生死無明，成就大般涅槃，四智圓明。人間捨壽後，報身常住色究竟天利樂十方地上菩薩；以諸化身利樂有情，永無盡期，成就究竟佛道。

斷盡變易生死
成就大般涅槃

圓滿成就究竟佛果

佛子**蕭平實** 謹製
（二〇〇九、〇二 修訂）
（二〇一二、〇二 增補）

佛教正覺同修會〈修學佛道次第表〉

第一階段

＊以憶佛及拜佛方式修習動中定力。
＊學第一義佛法及禪法知見。
＊無相拜佛功夫成就。
＊具備一念相續功夫—動靜中皆能看話頭。
＊努力培植福德資糧，勤修三福淨業。

第二階段

＊參話頭，參公案。
＊開悟明心，一片悟境。
＊鍛鍊功夫求見佛性。
＊眼見佛性〈餘五根亦如是〉親見世界如幻，成就如幻觀。
＊學習禪門差別智。
＊深入第一義經典。
＊修除性障及隨分修學禪定。
＊修證十行位陽焰觀。

第三階段

＊學一切種智真實正理—楞伽經、解深密經、成唯識論…。
＊參究末後句。
＊解悟末後句。
＊透牢關—親自體驗所悟末後句境界，親見實相，無得無失。
＊救護一切衆生迴向正道。護持了義正法，修證十迴向位如夢觀。
＊發十無盡願，修習百法明門，親證猶如鏡像現觀。
＊修除五蓋，發起禪定。持一切善法戒。親證猶如光影現觀。
＊進修四禪八定、四無量心、五神通。進修大乘種智，求證猶如谷響現觀。

佛教正覺同修會 共修現況 及 招生公告 2016/1/16

一、共修現況：（請在共修時間來電，以免無人接聽。）

台北正覺講堂 103 台北市承德路三段 277 號九樓 捷運淡水線圓山站旁 Tel..**總機** 02-25957295（晚上）（**分機：九樓**辦公室 10、11；知客櫃檯 12、13。 **十樓**知客櫃檯 15、16；書局櫃檯 14。 **五樓**辦公室 18；知客櫃檯 19。**二樓**辦公室 20；知客櫃檯 21。）Fax..25954493

第一講堂 台北市承德路三段 277 號九樓

禪淨班：週一晚上班、週三晚上班、週四晚上班、週五晚上班、週六下午班、週六上午班（皆須報名建立學籍後始可參加共修，欲報名者詳見本公告末頁）

增上班：瑜伽師地論詳解：每月第一、三、五週之週末 17.50～20.50 平實導師講解（僅限已明心之會員參加）

禪門差別智：每月第一週日全天　平實導師主講（事冗暫停）。

佛藏經詳解　平實導師主講。已於 2013/12/17 開講，歡迎已發成佛大願的菩薩種性學人，攜眷共同參與此殊勝法會聽講。詳解 釋迦世尊於《佛藏經》中所開示的眞實義理，更爲今時後世佛子四眾，闡述佛陀演說此經的本懷。眞實尋求佛菩提道的有緣佛子，親承聽聞如是勝妙開示，當能如實理解經中義理，亦能了知於大乘法中：如何是諸法實相？善知識、惡知識要如何簡擇？如何才是清淨持戒？如何才能清淨說法？於此末法之世，眾生五濁益重，不知佛、不解法、不識僧，唯見表相，不信眞實，貪著五欲，諸方大師不淨說法，各各將導大量徒眾趣入三塗，如是師徒俱堪憐憫。是故，平實導師以大慈悲心，用淺白易懂之語句，佐以實例、譬喻而爲演說，普令聞者易解佛意，皆得契入佛法正道，如實了知佛法大藏。

此經中，對於實相念佛多所著墨，亦指出念佛要點：以實相爲依，念佛者應依止淨戒、依止清淨僧寶，捨離違犯重戒之師僧，應受學清淨之法，遠離邪見。本經是現代佛門大法師所厭惡之經典：一者由於大法師們已全都落入意識境界而無法親證實相，故於此經中所說實相全無所知，都不樂有人聞此經名，以免讀後提出問疑時無法回答；二者現代大乘佛法地區，已經普被藏密喇嘛教滲透，許多有名之大法師們大多已曾或繼續在修練雙身法，都已失去聲聞戒體及菩薩戒體，成爲地獄種姓人，已非眞正出家之人，本質只是身著僧衣而住在寺院中的世俗人。這些人對於此經都是讀不懂的，也是極爲厭惡的；他們尚不樂見此經之印行，何況流通與講解？今爲救護廣大學佛人，兼欲護持佛教血脈永續常傳，特選此經宣講之。每逢週二 18.50~20.50 開示，不限制聽講資格。會外人士需憑身分證件換證入內聽講（此是大樓管理處之安全規定，敬請見諒）。桃園、台中、台南、高雄等地講堂，亦於每週二晚上播放平實導師所講本經之 DVD，不必出示身分證件即可入內聽講，歡迎各地善信同霑法益。

第二講堂　台北市承德路三段 267 號十樓。

禪淨班：週一晚上班、週六下午班。

進階班：週三晚上班、週四晚上班、週五晚上班（禪淨班結業後轉入共修）。

佛藏經詳解：平實導師講解。每週二 18.50~20.50（影像音聲即時傳輸）。本會學員憑上課證進入聽講，會外學人請以身分證件換證進入聽講（此爲大樓管理處安全管理規定之要求，敬請諒解）。

第三講堂　台北市承德路三段 277 號五樓。

進階班：週一晚上班、週三晚上班、週四晚上班、週五晚上班。

佛藏經詳解：平實導師講解。每週二 18.50~20.50（影像音聲即時傳輸）。本會學員憑上課證進入聽講，會外學人請以身分證件換證進入聽講（此爲大樓管理處安全管理規定之要求，敬請諒解）。

第四講堂　台北市承德路三段 267 號二樓。

進階班：週一晚上班、週三晚上班、週四晚上班、週五晚上班（禪淨班結業後轉入共修）。

佛藏經詳解：平實導師講解。每週二 18.50~20.50（影像音聲即時傳輸）。本會學員憑上課證進入聽講，會外學人請以身分證件換證進入聽講（此爲大樓管理處安全管理規定之要求，敬請諒解）。

第五、第六講堂　爲**開放式講堂**，不需以身分證件換證即可進入聽講，台北市承德路三段 267 號地下一樓、地下二樓。已規劃整修完成，每逢週二晚上講經時段開放給會外人士自由聽經，請由大樓側面梯階逕行進入聽講。**聽講者請尊重講者的著作權及肖像權，請勿錄音錄影，以免違法；若有錄音錄影被查獲者，將依法處理。**

正覺祖師堂　大溪鎮美華里信義路 650 巷坑底 5 之 6 號（台 3 號省道 34 公里處 妙法寺對面斜坡道進入）電話 03-3886110　傳眞 03-3881692 本堂供奉 克勤圓悟大師，專供會員每年四月、十月各二次精進禪三共修，兼作本會出家菩薩掛單常住之用。除禪三時間以外，每逢單月第一週之週日 9:00~17:00 開放會內、外人士參訪，當天並提供午齋結緣。教內共修團體或道場，得另申請其餘時間作團體參訪，務請事先與常住確定日期，以便安排常住菩薩接引導覽，亦免妨礙常住菩薩之日常作息及修行。

桃園正覺講堂（第一、第二講堂）：桃園市介壽路 286、288 號 10 樓（陽明運動公園對面）電話：03-3749363（請於共修時聯繫，或與台北聯繫）

禪淨班：週一晚上班、週三晚上班、週四晚上班、週五晚上班。

進階班：週六上午班、週五晚上班。

佛藏經詳解：平實導師講解。每週二晚上，以台北正覺講堂所錄 DVD 放映；歡迎會外學人共同聽講，不需出示身分證件。

新竹正覺講堂 新竹市東光路 55 號二樓之一 電話 03-5724297（晚上）

第一講堂：

禪淨班：週一晚上班、週五晚上班、週六上午班。

進階班：週三晚上班、週四晚上班（由禪淨班結業後轉入共修）。

佛藏經詳解：平實導師講解。每週二晚上，以台北正覺講堂所錄 DVD 放映。歡迎會外學人共同聽講，不需出示身分證件。

第二講堂：

禪淨班：週三晚上班、週四晚上班。

佛藏經詳解：每週二晚上與第一講堂同時播放佛藏經詳解 DVD。

台中正覺講堂 04-23816090（晚上）

第一講堂 台中市南屯區五權西路二段 666 號 13 樓之四（國泰世華銀行樓上。鄰近縣市經第一高速公路前來者，由五權西路交流道可以快速到達，大樓旁有停車場，對面有素食館）。

禪淨班：週三晚上班、週四晚上班。

進階班：週一晚上班、週六上午班（由禪淨班結業後轉入共修）。

增上班：單週週末以台北增上班課程錄成 DVD 放映之，限已明心之會員參加。

佛藏經詳解：平實導師講解。每週二晚上，以台北正覺講堂所錄 DVD 放映。歡迎會外學人共同聽講，不需出示身分證件。

第二講堂 台中市南屯區五權西路二段 666 號 4 樓

禪淨班：週一晚上班、週三晚上班、週六上午班。

進階班：週五晚上班（由禪淨班結業後轉入共修）。

佛藏經詳解：每週二晚上與第一講堂同時播放佛藏經詳解 DVD。

第三講堂、第四講堂：台中市南屯區五權西路二段 666 號 4 樓。

嘉義正覺講堂 嘉義市友愛路 288 號八樓之一 電話：05-2318228

第一講堂：

禪淨班：週一晚上班、週四晚上班、週五晚上班。

進階班：週三晚上班（由禪淨班結業後轉入共修）。

佛藏經詳解：平實導師講解。每週二晚上，以台北正覺講堂所錄 DVD 放映。歡迎會外學人共同聽講，不需出示身分證件。

第二講堂 嘉義市友愛路 288 號八樓之二。

台南正覺講堂

第一講堂 台南市西門路四段 15 號 4 樓。06-2820541（晚上）

禪淨班：週一晚上班、週三晚上班、週四晚上班、週五晚上班、週六下午班。

增上班：單週週末下午，以台北增上班課程錄成 DVD 放映之，限已明心之會員參加。

佛藏經詳解：平實導師講解。每週二晚上，以台北正覺講堂所錄 DVD 放映。歡迎會外學人共同聽講，不需出示身分證件。

第二講堂　台南市西門路四段 15 號 3 樓。

佛藏經詳解：每週二晚上與第一講堂同時播放佛藏經詳解 DVD。

第三講堂　台南市西門路四段 15 號 3 樓。

進階班：週三晚上班、週四晚上班、週六上午班（由禪淨班結業後轉入共修）。

佛藏經詳解：每週二晚上與第一講堂同時播放佛藏經詳解 DVD。

高雄正覺講堂　高雄市新興區中正三路 45 號五樓 07-2234248（晚上）

第一講堂（五樓）：

禪淨班：週一晚上班、週三晚上班、週四晚上班、週五晚上班、週六上午班。

增上班：單週週末下午，以台北增上班課程錄成 DVD 放映之，限已明心之會員參加。

佛藏經詳解：平實導師講解。每週二晚上，以台北正覺講堂所錄 DVD 放映。歡迎會外學人共同聽講，不需出示身分證件。

第二講堂（四樓）：

進階班：週三晚上班、週四晚上班、週六上午班（由禪淨班結業後轉入共修）。

佛藏經詳解：每週二晚上與第一講堂同時播放佛藏經詳解 DVD。

第三講堂（三樓）：

進階班：週四晚上班（由禪淨班結業後轉入共修）。

香港正覺講堂　**☆已遷移新址☆**

九龍觀塘，成業街 10 號，電訊一代廣場 27 樓 E 室。

（觀塘地鐵站 B1 出口，步行約 4 分鐘）。電話：(852) 23262231

英文地址：Unit E, 27th Floor, TG Place, 10 Shing Yip Street, Kwun Tong, Kowloon

禪淨班：雙週六下午班 14:30-17:30，已經額滿。

雙週日下午班 14:30-17:30，2016 年 4 月底前尚可報名。

進階班：雙週五晚上班（由禪淨班結業後轉入共修）。

增上班：單週週末上午，以台北增上班課程錄成 DVD 放映之，限已明心之會員參加。

妙法蓮華經詳解：平實導師講解。雙週六 19:00-21:00，以台北正覺講堂所錄 DVD 放映；歡迎會外學人共同聽講，不需出示身分證件。

美國洛杉磯正覺講堂　☆已遷移新址☆

825 S. Lemon Ave Diamond Bar, CA 91798 U.S.A.
Tel. (909) 595-5222（請於週六 9:00~18:00 之間聯繫）
Cell. (626) 454-0607

禪淨班：每逢週末 15：30~17：30 上課。

進階班：每逢週末上午 10：00~12：00 上課。

佛藏經詳解：平實導師講解。每週六下午 13：00~15：00，以台北正覺講堂所錄 DVD 放映。歡迎各界人士共享第一義諦無上法益，不需報名。

二、招生公告　**本會台北講堂及全省各講堂，每逢四月、十月下旬開新班，每週共修一次**（每次二小時。開課日起三個月內仍可插班）；**但美國洛杉磯共修處之禪淨班得隨時插班共修。各班共修期間皆爲二年半，欲參加者請向本會函索報名表**（各共修處皆於共修時間方有人執事，非共修時間請勿電詢或前來洽詢、請書），**或直接從本會官方網站**(http://www.enlighten.org.tw/newsflash/class)**或成佛之道網站下載報名表**。共修期滿時，若經報名禪三審核通過者，可參加四天三夜之禪三精進共修，有機會明心、取證如來藏，發起般若實相智慧，成爲實義菩薩，脫離凡夫菩薩位。

三、新春禮佛祈福 農曆**年假**期間停止共修：自農曆新年前七天起停止共修與弘法，正月 8 日起回復共修、弘法事務。新春期間正月初一～初七 9.00～17.00 開放台北講堂、正月初一~初三開放新竹講堂、台中講堂、台南講堂、高雄講堂，以及大溪禪三道場（正覺祖師堂），方便會員供佛、祈福及會外人士請書。美國洛杉磯共修處之休假時間，請逕詢該共修處。

密宗四大派修雙身法，是外道性力派的邪法；又以生滅的識陰作為常住法，是常見外道，是假的藏傳佛教。

西藏覺囊巴以他空見弘揚第八識如來藏勝法，才是真藏傳佛教

佛教正覺同修會　弘法行事表　　2017/03/31

1、**禪淨班**　以無相念佛及拜佛方式修習動中定力，實證一心不亂功夫。傳授解脫道正理及第一義諦佛法，以及參禪知見。共修期間：二年六個月。每逢四月、十月開新班，詳見招生公告表。

2、**《佛藏經》**詳解　平實導師主講。已於 2013/12/17 開講，歡迎已發成佛大願的菩薩種性學人，攜眷共同參與此殊勝法會聽講。詳解 釋迦世尊於《佛藏經》中所開示的眞實義理，更爲今時後世佛子四眾，闡述 佛陀演說此經的本懷。眞實尋求佛菩提道的有緣佛子，親承聽聞如是勝妙開示，當能如實理解經中義理，亦能了知於大乘法中：如何是諸法實相？善知識、惡知識要如何簡擇？如何才是清淨持戒？如何才能清淨說法？於此末法之世，眾生五濁益重，不知佛、不解法、不識僧，唯見表相，不信眞實，貪著五欲，諸方大師不淨說法，各各將導大量徒眾趣入三塗，如是師徒俱堪憐憫。是故，平實導師以大慈悲心，用淺白易懂之語句，佐以實例、譬喻而爲演說，普令聞者易解佛意，皆得契入佛法正道，如實了知佛法大藏。每逢週二 18.50~20.50 開示，不限制聽講資格。會外人士需憑身分證件換證入內聽講（此是大樓管理處之安全規定，敬請見諒）。桃園、新竹、台中、台南、高雄等地講堂，亦於每週二晚上播放平實導師講經之 DVD，不必出示身分證件即可入內聽講，歡迎各地善信同霑法益。

有某道場專弘淨土法門數十年，於教導信徒研讀《佛藏經》時，往往告誡信徒曰：「後半部不許閱讀。」由此緣故坐令信徒失去提升念佛層次之機緣，師徒只能低品位往生淨土，令人深覺愚癡無智。由有多人建議故，平實導師開始宣講《佛藏經》，藉以轉易如是邪見，並提升念佛人之知見與往生品位。此經中，對於實相念佛多所著墨，亦指出念佛要點：以實相爲依，念佛者應依止淨戒、依止清淨僧寶，捨離違犯重戒之師僧，應受學清淨之法，遠離邪見。本經是現代佛門大法師所厭惡之經典：一者由於大法師們已全都落入意識境界而無法親證實相，故於此經中所說實相全無所知，都不樂有人聞此經名，以免讀後提出問疑時無法回答；二者現代大乘佛法地區，已經普被藏密喇嘛教滲透，許多有名之大法師們大多已曾或繼續在修練雙身法，都已失去聲聞戒體及菩薩戒體，成爲地獄種姓人，已非眞正出家之人，本質上只是身著僧衣而住在寺院中的世俗人。這些人對於此經都是讀不懂的，也是極爲厭惡的；他們尚不樂見此經之印行，何況流通與講解？今爲救護廣大學佛人，兼欲護持佛教血脈永續常傳，特選此經宣講之，主講者平實導師。

3、**瑜伽師地論**詳解　詳解論中所言凡夫地至佛地等 17 師之修證境界與理論，從凡夫地、聲聞地……宣演到諸地所證一切種智之眞實正理。由平實導師開講，每逢一、三、五週之週末晚上開示，僅限已明心之會員參加。

4、**精進禪三**　主三和尚：平實導師。於四天三夜中，以克勤圜悟大師及大慧宗杲之禪風，施設機鋒與小參、公案密意之開示，幫助會員剋期取證，親證不生不滅之眞實心——人人本有之如來藏。每年四月、十月各舉辦二個梯次；平實導師主持。僅限本會會員參加禪淨班共修期滿，報名審核通過者，方可參加。並選擇會中定力、慧力、福德三條件皆已具足之已明心會員，給以指引，令得眼見自己無形無相之佛性遍佈山河大地，眞實而無障礙，得以肉眼現觀世界身心悉皆如幻，具足成就如幻觀，圓滿十住菩薩之證境。

5、**大法鼓經**詳解　詳解末法時代大乘佛法修行之道。佛教正法消毒妙藥塗於大鼓而以擊之，凡有眾生聞之者，一切邪見鉅毒悉皆消殞；此經即是大法鼓之正義，凡聞之者，所有邪見之毒悉皆滅除，見道不難；亦能發起菩薩無量功德，是故諸大菩薩遠從諸方佛土來此娑婆聞修此經。

本經破「有」而顯涅槃，以此名爲眞法；若墮在「有」中，皆名「非法」；若人如是宣揚佛法，名爲擊大法鼓；如是依「法」而捨「非法」，據以建立山門而爲眾說法，方可名爲法鼓山。此經中說，以「此經」爲菩薩道之本，以證得「此經」之正知見及法門作爲度人之「法」，方名眞實佛法，否則盡名「非法」。本經中對法與非法、有與涅槃，有深入之闡釋，歡迎教界一切善信（不論初機或久學菩薩），一同親沐 如來聖教，共沾法喜。由平實導師詳解。不限制聽講資格。

6、**不退轉法輪經**詳解　本經所說妙法極爲甚深難解，時至末法，已然無有知者；而其甚深絕妙之法，流傳至今依舊多人可證，顯示佛學眞是義學而非玄談，其中甚深極妙令人拍案稱絕之第一義諦妙義，平實導師將會加以解說。待《大法鼓經》宣講完畢時繼續宣講此經。

7、**阿含經**詳解　選擇重要之阿含部經典，依無餘涅槃之實際而加以詳解，令大眾得以現觀諸法緣起性空，亦復不墮斷滅見中，顯示經中所隱說之涅槃實際—如來藏—確實已於四阿含中隱說；令大眾得以聞後觀行，確實斷除我見乃至我執，證得**見到**眞現觀，乃至**身證**……等眞現觀；已得大乘或二乘見道者，亦可由此聞熏及聞後之觀行，除斷我所之貪著，成就慧解脫果。由平實導師詳解。不限制聽講資格。

8、**解深密經**詳解　重講本經之目的，在於令諸已悟之人明解大乘法道之成佛次第，以及悟後進修一切種智之內涵，確實證知三種自性性，並得據此證解七眞如、十眞如等正理。每逢週二 18.50~20.50 開示，由平實導師詳解。將於《大法鼓經》講畢後開講。不限制聽講資格。

9、**成唯識論**詳解　詳解一切種智眞實正理，詳細剖析一切種智之微細深妙廣大正理；並加以舉例說明，使已悟之會員深入體驗所證如來藏之微密行相；及證驗見分相分與所生一切法，皆由如來藏—阿賴耶識—直接或展轉而生，因此證知一切法無我，證知無餘涅槃之本際。將於增上班《瑜伽師地論》講畢後，由平實導師重講。僅限已明心之會員參加。

10、**精選如來藏系經典**詳解　精選如來藏系經典一部，詳細解說，以此完全印證會員所悟如來藏之眞實，得入不退轉住。另行擇期詳細解說之，由平實導師講解。僅限已明心之會員參加。

11、**禪門差別智**　藉禪宗公案之微細淆訛難知難解之處，加以宣說及剖析，以增進明心、見性之功德，啓發差別智，建立擇法眼。每月第一週日全天，由平實導師開示，僅限破參明心後，復又眼見佛性者參加（事冗暫停）。

12、**枯木禪**　先講智者大師的《小止觀》，後說《釋禪波羅蜜》，詳解四禪八定之修證理論與實修方法，細述一般學人修定之邪見與岔路，及對禪定證境之誤會，消除枉用功夫、浪費生命之現象。已悟般若者，可以藉此而實修初禪，進入大乘通教及聲聞教的三果心解脫境界，配合應有的大福德及後得無分別智、十無盡願，即可進入初地心中。親教師：平實導師。未來緣熟時將於大溪正覺寺開講。不限制聽講資格。

註：本會例行年假，自 2004 年起，改為每年農曆新年前七天開始停息弘法事務及共修課程，農曆正月 8 日回復所有共修及弘法事務。新春期間（每日 9.00~17.00）開放台北講堂，方便會員禮佛祈福及會外人士請書。大溪區的正覺祖師堂，開放參訪時間，詳見〈正覺電子報〉或成佛之道網站。本表得因時節因緣需要而隨時修改之，不另作通知。

佛教正覺同修會　贈閱書籍 目錄　2015/09/29

1.**無相念佛**　平實導師著　回郵 10 元
2.**念佛三昧修學次第**　平實導師述著　回郵 25 元
3.**正法眼藏—護法集**　平實導師述著　回郵 35 元
4.**真假開悟簡易辨正法＆佛子之省思**　平實導師著　回郵 3.5 元
5.**生命實相之辨正**　平實導師著　回郵 10 元
6.**如何契入念佛法門**（附：印順法師否定極樂世界）平實導師著　回郵 3.5 元
7.**平實書箋**—答元覽居士書　平實導師著　回郵 35 元
8.**三乘唯識**—如來藏系經律彙編　平實導師編　回郵 80 元
（精裝本　長 27 cm　寬 21 cm　高 7.5 cm　重 2.8 公斤）
9.**三時繫念全集**—修正本　回郵掛號 40 元（長 26.5 cm×寬 19 cm）
10.**明心與初地**　平實導師述　回郵 3.5 元
11.**邪見與佛法**　平實導師述著　回郵 20 元
12.**菩薩正道**—回應義雲高、釋性圓…等外道之邪見　正燦居士著　回郵 20 元
13.**甘露法雨**　平實導師述　回郵 20 元
14.**我與無我**　平實導師述　回郵 20 元
15.**學佛之心態**—修正錯誤之學佛心態始能與正法相應　孫正德老師著　回郵35元
附錄：平實導師著**《略說八、九識並存…等之過失》**
16.**大乘無我觀**—《悟前與悟後》別說　平實導師述著　回郵 20 元
17.**佛教之危機**—中國台灣地區現代佛教之真相（附錄：公案拈提六則）
平實導師著　回郵 25 元
18.**燈　影**—燈下黑（覆「求教後學」來函等）　平實導師著　回郵 35 元
19.**護法與毀法**—覆上平居士與徐恒志居士網站毀法二文
張正圜老師著　回郵 35 元
20.**淨土聖道**—兼評**選擇本願念佛**　正德老師著　**由正覺同修會購贈**　回郵 25 元
21.**辨唯識性相**—對「紫蓮心海《辯唯識性相》書中否定阿賴耶識」之回應
正覺同修會 台南共修處法義組 著　回郵 25 元
22.**假如來藏**—對法蓮法師《如來藏與阿賴耶識》書中否定阿賴耶識之回應
正覺同修會 台南共修處法義組 著　回郵 35 元
23.**入不二門**—公案拈提集錦 第一輯（於平實導師公案拈提諸書中選錄約二十則，
合輯爲一冊流通之）平實導師著　回郵 20 元
24.**真假邪說**—西藏密宗索達吉喇嘛《破除邪說論》真是邪說
釋正安法師著　回郵 35 元
25.**真假開悟**—真如、如來藏、阿賴耶識間之關係　平實導師述著　回郵 35 元
26.**真假禪和**—辨正釋傳聖之謗法謬說　孫正德老師著　回郵 30 元

27.**眼見佛性**—駁慧廣法師眼見佛性的含義文中謬說

游正光老師著　回郵 25 元

28.**普門自在**—公案拈提集錦 第二輯（於平實導師公案拈提諸書中選錄約二十則，合輯爲一冊流通之）平實導師著　回郵 25 元

29.**印順法師的悲哀**—以現代禪的質疑為線索　恒毓博士著　回郵 25 元

30.**識蘊真義**—現觀識蘊內涵、取證初果、親斷三縛結之具體行門。

—依《成唯識論》及《唯識述記》正義，略顯安慧《大乘廣五蘊論》之邪謬

平實導師著　回郵 35 元

31.**正覺電子報** 各期紙版本　免附回郵　每次最多函索三期或三本。

（已無存書之較早各期，不另增印贈閱）

32.**現代人應有的宗教觀**　蔡正禮老師 著　回郵 3.5 元

33.**遠惑趣道**—正覺電子報般若信箱問答錄　第一輯　回郵 20 元

34.**遠惑趣道**—正覺電子報般若信箱問答錄　第二輯　回郵 20 元

35.**確保您的權益**—器官捐贈應注意自我保護　游正光老師 著　回郵 10 元

36.**正覺教團電視弘法三乘菩提 DVD 光碟（一）**

由正覺教團多位親教師共同講述錄製 DVD 8 片，MP3 一片，共 9 片。有二大講題：一爲「三乘菩提之意涵」，二爲「學佛的正知見」。內容精闢，深入淺出，精彩絕倫，幫助大眾快速建立三乘法道的正知見，免被外道邪見所誤導。有志修學三乘佛法之學人不可不看。（製作工本費 100 元，回郵 25 元）

37.**正覺教團電視弘法 DVD 專輯（二）**

總有二大講題：一爲「三乘菩提之念佛法門」，一爲「學佛正知見（第二篇）」，由正覺教團多位親教師輪番講述，內容詳細闡述如何修學念佛法門、實證念佛三昧，以及學佛應具有的正確知見，可以幫助發願往生西方極樂淨土之學人，得以把握往生，更可令學人快速建立三乘法道的正知見，免於被外道邪見所誤導。有志修學三乘佛法之學人不可不看。（一套 17 片，工本費 160 元。回郵 35 元）

38.**佛藏經** 燙金精裝本 每冊回郵 20 元。正修佛法之道場欲大量索取者，請正式發函並蓋用大印寄來索取（2008.04.30 起開始敬贈）

39.**喇嘛性世界**—揭開假藏傳佛教譚崔瑜伽的面紗　張善思 等人合著

由正覺同修會購贈　回郵 20 元

40.**假藏傳佛教的神話**—性、謊言、喇嘛教　張正玄教授編著　回郵 20 元

由正覺同修會購贈　回郵 20 元

41.**隨　緣**—理隨緣與事隨緣　平實導師述　回郵 20 元。

42.**學佛的覺醒**　正枝居士 著　回郵 25 元

43.**導師之真實義**　蔡正禮老師 著　回郵 10 元

44.**淺談達賴喇嘛之雙身法**—兼論解讀「密續」之達文西密碼

吳明芷居士 著　回郵 10 元

45.**魔界轉世**　張正玄居士 著　回郵 10 元

46.**一貫道與開悟**　蔡正禮老師 著　回郵 10 元

47.**博愛**—愛盡天下女人　正覺教育基金會 編印　回郵10元

48.**意識虛妄經教彙編**—實證解脫道的關鍵經文　正覺同修會編印　回郵25元

49.**邪箭囈語**—破斥藏密外道多識仁波切《破魔金剛箭雨論》之邪說
陸正元老師著　上、下冊回郵各30元

50.**真假沙門**—依 佛聖教闡釋佛教僧寶之定義
蔡正禮老師著　俟正覺電子報連載後結集出版

51.**真假禪宗**—藉評論釋性廣《印順導師對變質禪法之批判
及對禪宗之肯定》以顯示真假禪宗
附論一：凡夫知見 無助於佛法之信解行證
附論二：世間與出世間一切法皆從如來藏實際而生而顯
余正偉老師著　俟正覺電子報連載後結集出版　回郵未定

52.**假鋒虛焰金剛乘**—揭示顯密正理，兼破索達吉師徒《般若鋒兮金剛焰》。
釋正安 法師著　俟正覺電子報連載後結集出版

★ 上列贈書之郵資，係台灣本島地區郵資，大陸、港、澳地區及外國地區，請另計酌增（大陸、港、澳、國外地區之郵票不許通用）。尚未出版之書，請勿先寄來郵資，以免增加作業煩擾。

★ 本目錄若有變動，唯於後印之書籍及「成佛之道」網站上修正公佈之，不另行個別通知。

函索書籍請寄：佛教正覺同修會　103台北市承德路3段277號9樓
台灣地區函索書籍者請附寄郵票，無時間購買郵票者可以等值現金抵用，但不接受郵政劃撥、支票、匯票。大陸地區得以人民幣計算，國外地區請以美元計算（請勿寄來當地郵票，在台灣地區不能使用）。欲以掛號寄遞者，請另附掛號郵資。

親自索閱：正覺同修會各共修處。　★請於共修時間前往取書，餘時無人在道場，請勿前往索取；共修時間與地點，詳見書末正覺同修會共修現況表（以近期之共修現況表為準）。

註：正智出版社發售之局版書，請向各大書局購閱。若書局之書架上已經售出而無陳列者，請向書局櫃台指定洽購；若書局不便代購者，請於正覺同修會共修時間前往各共修處請購，正智出版社已派人於共修時間送書前往各共修處流通。 郵政劃撥購書及 大陸地區 購書，請詳別頁正智出版社發售書籍目錄最後頁之說明。

成佛之道 網站：http://www.a202.idv.tw　正覺同修會已出版之結緣書籍，多已登載於 成佛之道 網站，若住外國、或住處遙遠，不便取得正覺同修會贈閱書籍者，可以從本網站閱讀及下載。　書局版之《宗通與說通》亦已上網，台灣讀者可向書局洽購，售價300元。《狂密與眞密》第一輯~第四輯，亦於 2003.5.1.全部於本網站登載完畢；台灣地區讀者請向書局洽購，每輯約400頁，售價300元（網站下載紙張費用較貴，容易散失，難以保存，亦較不精美）。

＊＊假藏傳佛教修雙身法，非佛教＊＊

正智出版社 籌募弘法基金發售書籍目錄　2017/04/22

1.**宗門正眼**—公案拈提 第一輯 重拈　平實導師著　500 元
因重寫內容大幅度增加故，字體必須改小，並增爲 576 頁 主文 546 頁。比初版更精彩、更有內容。初版《禪門摩尼寶聚》之讀者，可寄回本公司免費調換新版書。免附回郵，亦無截止期限。（2007 年起，每冊附贈本公司精製公案拈提〈超意境〉CD 一片。市售價格 280 元，多購多贈。）

2.**禪淨圓融**　平實導師著　200 元（第一版舊書可換新版書。）

3.**真實如來藏**　平實導師著　400 元

4.**禪—悟前與悟後**　平實導師著　上、下冊，每冊 250 元

5.**宗門法眼**—公案拈提 第二輯　平實導師著　500 元
（2007 年起，每冊附贈本公司精製公案拈提〈超意境〉CD 一片）

6.**楞伽經詳解**　平實導師著　全套共 10 輯　每輯 250 元

7.**宗門道眼**—公案拈提 第三輯　平實導師著　500 元
（2007 年起，每冊附贈本公司精製公案拈提〈超意境〉CD 一片）

8.**宗門血脈**—公案拈提 第四輯　平實導師著　500 元
（2007 年起，每冊附贈本公司精製公案拈提〈超意境〉CD 一片）

9.**宗通與說通**—成佛之道 平實導師著 主文 381 頁 全書 400 頁售價 300 元

10.**宗門正道**—公案拈提 第五輯　平實導師著　500 元
（2007 年起，每冊附贈本公司精製公案拈提〈超意境〉CD 一片）

11.**狂密與真密 一～四輯**　平實導師著　西藏密宗是人間最邪淫的宗教，本質不是佛教，只是披著佛教外衣的印度教性力派流毒的喇嘛教。此書中將西藏密宗密傳之男女雙身合修樂空雙運所有祕密與修法，毫無保留完全公開，並將全部喇嘛們所不知道的部分也一併公開。內容比大辣出版社喧騰一時的《西藏慾經》更詳細。並且函蓋藏密的所有祕密及其錯誤的中觀見、如來藏見……等，藏密的所有法義都在書中詳述、分析、辨正。每輯主文三百餘頁　每輯全書約 400 頁　售價每輯 300 元

12.**宗門正義**—公案拈提 第六輯　平實導師著　500 元
（2007 年起，每冊附贈本公司精製公案拈提〈超意境〉CD 一片）

13.**心經密意**—心經與解脫道、佛菩提道、祖師公案之關係與密意　平實導師述　300 元

14.**宗門密意**—公案拈提 第七輯　平實導師著　500 元
（2007 年起，每冊附贈本公司精製公案拈提〈超意境〉CD 一片）

15.**淨土聖道**—兼評「選擇本願念佛」　正德老師著　200 元

16.**起信論講記**　平實導師述著　共六輯　每輯三百餘頁　售價各 250 元

17.**優婆塞戒經講記**　平實導師述著 共八輯 每輯三百餘頁 售價各 250 元

18.**真假活佛**—略論附佛外道盧勝彥之邪說（對前岳靈犀網站主張「盧勝彥是證悟者」之修正）　正犀居士（岳靈犀）著　流通價 140 元

19.**阿含正義**—唯識學探源　平實導師著　共七輯　每輯 300 元

20.**超意境** CD 以平實導師公案拈提書中超越意境之頌詞，加上曲風優美的旋律，錄成令人嚮往的超意境歌曲，其中包括正覺發願文及平實導師親自譜成的黃梅調歌曲一首。詞曲雋永，殊堪翫味，可供學禪者吟詠，有助於見道。內附設計精美的彩色小冊，解說每一首詞的背景本事。每片 280 元。【每購買公案拈提書籍一冊，即贈送一片。】

21.**菩薩底憂鬱** CD 將菩薩情懷及禪宗公案寫成新詞，並製作成超越意境的優美歌曲。 1.主題曲〈菩薩底憂鬱〉，描述地後菩薩能離三界生死而迴向繼續生在人間，但因尚未斷盡習氣種子而有極深沈之憂鬱，非三賢位菩薩及二乘聖者所知，此憂鬱在七地滿心位方才斷盡；本曲之詞中所說義理極深，昔來所未曾見；此曲係以優美的情歌風格寫詞及作曲，聞者得以激發嚮往諸地菩薩境界之大心，詞、曲都非常優美，難得一見；其中勝妙義理之解說，已印在附贈之彩色小冊中。 2.以各輯公案拈提中直示禪門入處之頌文，作成各種不同曲風之超意境歌曲，值得玩味、參究；聆聽公案拈提之優美歌曲時，請同時閱讀內附之印刷精美說明小冊，可以領會超越三界的證悟境界；未悟者可以因此引發求悟之意向及疑情，眞發菩提心而邁向求悟之途，乃至因此眞實悟入般若，成眞菩薩。 3.正覺總持咒新曲，總持佛法大意；總持咒之義理，已加以解說並印在隨附之小冊中。本 CD 共有十首歌曲，長達 63 分鐘。每盒各附贈二張購書優惠券。每片 280 元。

22.**禪意無限** CD 平實導師以公案拈提書中偈頌寫成不同風格曲子，與他人所寫不同風格曲子共同錄製出版，幫助參禪人進入禪門超越意識之境界。盒中附贈彩色印製的精美解說小冊，以供聆聽時閱讀，令參禪人得以發起參禪之疑情，即有機會證悟本來面目而發起實相智慧，實證大乘菩提般若，能如實證知般若經中的眞實意。本 CD 共有十首歌曲，長達 69 分鐘，每盒各附贈二張購書優惠券。每片 280 元。

23.**我的菩提路**第一輯　釋悟圓、釋善藏等人合著　售價 300 元

24.**我的菩提路**第二輯　郭正益、張志成等人合著　售價 300 元

25.**我的菩提路**第三輯　王美伶等人合著　預定 2017/6/30 發行　售價 300 元

26.**鈍鳥與靈龜**—考證後代凡夫對大慧宗杲禪師的無根誹謗。

平實導師著　共 458 頁　售價 350 元

27.**維摩詰經講記**　平實導師述　共六輯　每輯三百餘頁　售價各 250 元

28.**真假外道**—破劉東亮、杜大威、釋證嚴常見外道見　正光老師著　200 元

29.**勝鬘經講記**—兼論印順《勝鬘經講記》對於《勝鬘經》之誤解。

平實導師述　共六輯　每輯三百餘頁　售價 250 元

30.**楞嚴經講記**　平實導師述　共 **15** 輯，每輯三百餘頁　售價 300 元

31.**明心與眼見佛性**—駁慧廣〈蕭氏「眼見佛性」與「明心」之非〉文中謬說

正光老師著　共 448 頁　售價 300 元

32.**見性與看話頭**　黃正倖老師 著，本書是禪宗參禪的方法論。

內文 375 頁，全書 416 頁，售價 300 元。

33.**達賴真面目**—玩盡天下女人 白正偉老師 等著 中英對照彩色精裝大本 800 元
34.**喇嘛性世界**—揭開假藏傳佛教譚崔瑜伽的面紗　張善思 等人著　200 元
35.**假藏傳佛教的神話**—性、謊言、喇嘛教　正玄教授編著　200 元
36.**金剛經宗通**　平實導師述　共九輯　每輯售價 250 元。
37.**空行母**—性別、身分定位，以及藏傳佛教。
珍妮·坎貝爾著 呂艾倫 中譯 售價 250 元
38.**末代達賴**—性交教主的悲歌　張善思、呂艾倫、辛燕編著 售價 250 元
39.**霧峰無霧**—給哥哥的信　辨正釋印順對佛法的無量誤解
游宗明 老師著　售價 250 元
40.**第七意識與第八意識？**—穿越時空「超意識」
平實導師述　每冊 300 元
41.**黯淡的達賴**—失去光彩的諾貝爾和平獎
正覺教育基金會編著　每冊 250 元
42.**童女迦葉考**—論呂凱文〈佛教輪迴思想的論述分析〉之謬。
平實導師 著 定價 180 元
43.**人間佛教**—實證者必定不悖三乘菩提
平實導師 述，定價 400 元
44.**實相經宗通**　平實導師述　共八輯　每輯 250 元
45.**真心告訴您(一)**—達賴喇嘛在幹什麼？
正覺教育基金會編著　售價 250 元
46.**中觀金鑑**—詳述應成派中觀的起源與其破法本質
孫正德老師著　分爲上、中、下三冊，每冊 250 元
47.**佛法入門**—迅速進入三乘佛法大門，消除久學佛法漫無方向之窘境。
○○居士著　將於正覺電子報連載後出版。售價 250 元
48.**藏傳佛教要義**—《狂密與真密》之簡體字版　平實導師 著 上、下冊
僅在大陸流通　每冊 300 元
49.**法華經講義**　平實導師述　共二十五輯　每輯 300 元
已於 2015/05/31 起開始出版，每二個月出版一輯
50.**西藏「活佛轉世」制度**—附佛、造神、世俗法
許正豐、張正玄老師合著　定價 150 元
51.**廣論三部曲**　郭正益老師著　定價 150 元
52.**真心告訴您(二)**—達賴喇嘛是佛教僧侶嗎？
—補祝達賴喇嘛八十大壽
正覺教育基金會編著　售價 300 元
53.**廣論之平議**—宗喀巴《菩提道次第廣論》之平議　正雄居士著
約二或三輯　俟正覺電子報連載後結集出版　書價未定
54.**末法導護**—對印順法師中心思想之綜合判攝　正慶老師著　書價未定
55.**菩薩學處**—菩薩四攝六度之要義　陸正元老師著　出版日期未定。
56.**八識規矩頌**詳解　○○居士 註解　出版日期另訂　書價未定。

57.**印度佛教史**—法義與考證。依法義史實評論印順《印度佛教思想史、佛教史地考論》之謬說　正偉老師著　出版日期未定　書價未定
58.**中國佛教史**—依中國佛教正法史實而論。 ○○老師 著　書價未定。
59.**中論正義**—釋龍樹菩薩《中論》頌正理。
孫正德老師著　出版日期未定　書價未定
60.**中觀正義**—註解平實導師《中論正義頌》。
○○法師（居士）著　出版日期未定　書價未定
61.**佛藏經講記**　平實導師述　出版日期未定　書價未定
62.**阿含經講記**—將選錄四阿含中數部重要經典全經講解之，講後整理出版。
平實導師述　約二輯　每輯 300 元　出版日期未定
63.**寶積經講記**　平實導師述　每輯三百餘頁 優惠價 300 元 出版日期未定
64.**解深密經講記**　平實導師述 約四輯　將於重講後整理出版
65.**成唯識論略解**　平實導師著　五～六輯　每輯300 元　出版日期未定
66.**修習止觀坐禪法要講記**　平實導師述　每輯三百餘頁
將於正覺寺建成後重講、以講記逐輯出版　出版日期未定
67.**無門關**—《無門關》公案拈提　平實導師著　出版日期未定
68.**中觀再論**—兼述印順《中觀今論》謬誤之平議。正光老師著 出版日期未定
69.**輪迴與超度**—佛教超度法會之真義。
○○法師（居士）著　出版日期未定　書價未定
70.**《釋摩訶衍論》平議**—對偽稱龍樹所造《釋摩訶衍論》之平議
○○法師（居士）著　出版日期未定　書價未定
71.**正覺發願文**註解—以真實大願為因 得證菩提
正德老師著　出版日期未定　書價未定
72.**正覺總持咒**—佛法之總持　正圜老師著　出版日期未定　書價未定
73.**涅槃**—論四種涅槃　平實導師著　出版日期未定　書價未定
74.**三自性**—依四食、五蘊、十二因緣、十八界法，說三性三無性。
作者未定　出版日期未定
75.**道品**—從三自性說大小乘三十七道品　作者未定　出版日期未定
76.**大乘緣起觀**—依四聖諦七真如現觀十二緣起 作者未定　出版日期未定
77.**三德**—論解脫德、法身德、般若德。　作者未定　出版日期未定
78.**真假如來藏**—對印順《如來藏之研究》謬說之平議　作者未定 出版日期未定
79.**大乘道次第**　作者未定　出版日期未定　書價未定
80.**四緣**—依如來藏故有四緣。　作者未定　出版日期未定
81.**空之探究**—印順《空之探究》謬誤之平議　作者未定 出版日期未定
82.**十法義**—論阿含經中十法之正義　作者未定　出版日期未定
83.**外道見**—論述外道六十二見　作者未定　出版日期未定

正智出版社有限公司　書籍介紹

禪淨圓融：言淨土諸祖所未曾言，示諸宗祖師所未曾示；禪淨圓融，另闢成佛捷徑，兼顧自力他力，闡釋淨土門之速行易行道，亦同時揭櫫聖教門之速行易行道；令廣大淨土行者得免緩行難證之苦，亦令聖道門行者得以藉著淨土速行道而加快成佛之時劫。乃前無古人之超勝見地，非一般弘揚禪淨法門典籍也，先讀為快。平實導師著 200元。

宗門正眼—公案拈提第一輯：繼承克勤圜悟大師碧巖錄宗旨之禪門鉅作。先則舉示當代大法師之邪說，消弭當代禪門大師鄉愿之心態，摧破當今禪門「世俗禪」之妄談；次則旁通教法，表顯宗門正理；繼以道之次第，消弭古今狂禪；後藉言語及文字機鋒，直示宗門入處。悲智雙運，禪味十足，數百年來難得一睹之禪門鉅著也。平實導師著　500元（原初版書《禪門摩尼寶聚》，改版後補充為五百餘頁新書，總計多達二十四萬字，內容更精彩，並改名為《宗門正眼》，讀者原購初版《禪門摩尼寶聚》皆可寄回本公司免費換新，免附回郵，亦無截止期限）（2007年起，凡購買公案拈提第一輯至第七輯，每購一輯皆贈送本公司精製公案拈提〈超意境〉CD一片，市售價格280元，多購多贈）。

禪—悟前與悟後：本書能建立學人悟道之信心與正確知見，圓滿具足而有次第地詳述禪悟之功夫與禪悟之內容，指陳參禪中細微淆訛之處，能使學人明自眞心、見自本性。若未能悟入，亦能以正確知見辨別古今中外一切大師究係眞悟？或屬錯悟？便有能力揀擇，捨名師而選明師，後時必有悟道之緣。一旦悟道，遲者七次人天往返，便出三界，速者一生取辦。學人欲求開悟者，不可不讀。　平實導師著。上、下冊共500元，單冊250元。

真實如來藏：如來藏眞實存在，乃宇宙萬有之本體，並非印順法師、達賴喇嘛等人所說之「唯有名相、無此心體」。如來藏是涅槃之本際，是一切有智之人竭盡心智、不斷探索而不能得之生命實相；是古今中外許多大師自以爲悟而當面錯過之生命實相。如來藏即是阿賴耶識，乃是一切有情本自具足、不生不滅之眞實心。當代中外大師於此書出版之前所未能言者，作者於本書中盡情流露、詳細闡釋。眞悟者讀之，必能增益悟境、智慧增上；錯悟者讀之，必能檢討自己之錯誤，免犯大妄語業；未悟者讀之，能知參禪之理路，亦能以之檢查一切名師是否眞悟。此書是一切哲學家、宗教家、學佛者及欲昇華心智之人必讀之鉅著。　平實導師著　售價400元。

宗門法眼—公案拈提第二輯：列舉實例，闡釋土城廣欽老和尚之悟處；並直示這位不識字的老和尚妙智橫生之根由，繼而剖析禪宗歷代大德之開悟公案，解析當代密宗高僧卡盧仁波切之錯悟證據，並例舉當代顯宗高僧、大居士之錯悟證據（凡健在者，爲免影響其名聞利養，皆隱其名）。藉辨正當代名師之邪見，向廣大佛子指陳禪悟之正道，彰顯宗門法眼。悲勇兼出，強捋虎鬚；慈智雙運，巧探驪龍；摩尼寶珠在手，直示宗門入處，禪味十足；若非大悟徹底，不能爲之。禪門精奇人物，允宜人手一冊，供作參究及悟後印證之圭臬。本書於2008年4月改版，增寫爲大約500頁篇幅，以利學人研讀參究時更易悟入宗門正法，以前所購初版首刷及初版二刷舊書，皆可免費換取新書。平實導師著　500元（2007年起，凡購買公案拈提第一輯至第七輯，每購一輯皆贈送本公司精製公案拈提〈超意境〉CD一片，市售價格280元，多購多贈）。

宗門道眼—公案拈提第三輯：繼宗門法眼之後，再以金剛之作略、慈悲之胸懷、犀利之筆觸，舉示寒山、拾得、布袋三大士之悟處，消弭當代錯悟者對於寒山大士……等之誤會及誹謗。　亦舉出民初以來與虛雲和尚齊名之蜀郡鹽亭袁煥仙夫子——南懷瑾老師之師，其「悟處」何在？並蒐羅許多眞悟祖師之證悟公案，顯示禪宗歷代祖師之睿智，指陳部分祖師、奧修及當代顯密大師之謬悟，作爲殷鑑，幫助禪子建立及修正參禪之方向及知見。假使讀者閱此書已，一時尚未能悟，亦可一面加功用行，一面以此宗門道眼辨別眞假善知識，避開錯誤之印證及歧路，可免大妄語業之長劫慘痛果報。欲修禪宗之禪者，務請細讀。平實導師著　售價500元（2007年起，凡購買公案拈提第一輯至第七輯，每購一輯皆贈送本公司精製公案拈提〈超意境〉CD一片，市售價格280元，多購多贈）。

楞伽經詳解

楞伽經詳解：本經是禪宗見道者印證所悟眞僞之根本經典，亦是禪宗見道者悟後起修之依據經典；故達摩祖師於印證二祖慧可大師之後，將此經典連同佛鉢祖衣一併交付二祖，令其依此經典佛示金言、進入修道位，修學一切種智。由此可知此經對於眞悟之人修學佛道，是非常重要之一部經典。此經能破外道邪說，亦破佛門中錯悟名師之謬說，亦破禪宗部分祖師之狂禪：不讀經典、一向主張「一悟即成究竟佛」之謬執。並開示愚夫所行禪、觀察義禪、攀緣如禪、如來禪等差別，令行者對於三乘禪法差異有所分辨；亦糾正禪宗祖師古來對於如來禪之誤解，嗣後可免以訛傳訛之弊。此經亦是法相唯識宗之根本經典，禪者悟後欲修一切種智而入初地者，必須詳讀。平實導師著，全套共十輯，已全部出版完畢，每輯主文約320頁，每冊約352頁，定價250元。

宗門血脈—公案拈提第四輯：末法怪象—許多修行人自以爲悟，每將無念靈知認作眞實；崇尚二乘法諸師及其徒眾，則將外於如來藏之緣起性空—無因論之無常空、斷滅空、一切法空—錯認爲 佛所說之般若空性。這兩種現象已於當今海峽兩岸及美加地區顯密大師之中普遍存在；人人自以爲悟，心高氣壯，便敢寫書解釋祖師證悟之公案，大多出於意識思惟所得，言不及義，錯誤百出，因此誤導廣大佛子同陷大妄語之地獄業中而不能自知。彼等書中所說之悟處，其實處處違背第一義經典之聖言量。彼等諸人不論是否身披袈裟，都非佛法宗門血脈，或雖有禪宗法脈之傳承，亦只徒具形式；猶如螟蛉，非眞血脈，未悟得根本眞實故。禪子欲知 佛、祖之眞血脈者，請讀此書，便知分曉。平實導師著，主文452頁，全書464頁，定價500元（2007年起，凡購買公案拈提第一輯至第七輯，每購一輯皆贈送本公司精製公案拈提〈超意境〉CD一片，市售價格280元，多購多贈）。

宗通與說通——成佛之道　平實居士 著

宗通與說通：古今中外，錯誤之人如麻似粟，每以常見外道所說之靈知心，認作眞心；或妄想虛空之勝性能量爲眞如，或錯認物質四大元素藉冥性（靈知心本體）能成就吾人色身及知覺，或認初禪至四禪中之了知心爲不生不滅之涅槃心。此等皆非通宗者之見地。復有錯悟之人一向主張「宗門與教門不相干」，此即尚未通達宗門之人也。其實宗門與教門互通不二，宗門所證者乃是眞如與佛性，教門所說者乃說宗門證悟之眞如佛性，故教門與宗門不二。本書作者以宗教二門互通之見地，細說「宗通與說通」，從初見道至悟後起修之道、細說分明；並將諸宗諸派在整體佛教中之地位與次第，加以明確之教判，學人讀之即可了知佛法之梗概也。欲擇明師學法之前，允宜先讀。平實導師著，主文共381頁，全書392頁，只售成本價300元。

宗門正道—公案拈提第五輯：修學大乘佛法有二果須證—解脫果及大菩提果。二乘人不證大菩提果，唯證解脫果；此果之智慧，名爲聲聞菩提、緣覺菩提。大乘佛子所證二果之菩提果爲佛菩提，故名大菩提果，其慧名爲一切種智—函蓋二乘解脫果。然此大乘二果修證，須經由禪宗之宗門證悟方能相應。而宗門證悟極難，自古已然；其所以難者，咎在古今佛教界普遍存在三種邪見：1.以修定認作佛法，2.以無因論之緣起性空—否定涅槃本際如來藏以後之一切法空作爲佛法，3.以常見外道邪見（離語言妄念之靈知性）作爲佛法。如是邪見，或因自身正見未立所致，或因邪師之邪教導所致，或因無始劫來虛妄熏習所致。若不破除此三種邪見，永劫不悟宗門眞義、不入大乘正道，唯能外門廣修菩薩行。平實導師於此書中，有極爲詳細之說明，有志佛子欲摧邪見、入於內門修菩薩行者，當閱此書。主文共496頁，全書512頁。售價500元（2007年起，凡購買公案拈提第一輯至第七輯，每購一輯皆贈送本公司精製公案拈提〈超意境〉CD一片，市售價格280元，多購多贈）。

狂密與眞密：密教之修學，皆由有相之觀行法門而入，其最終目標仍不離顯教經典所說第一義諦之修證；若離顯教第一義經典、或違背顯教第一義經典，即非佛教。西藏密教之觀行法，如灌頂、觀想、遷識法、寶瓶氣、大聖歡喜雙身修法、喜金剛、無上瑜伽、大樂光明、樂空雙運等，皆是印度教兩性生生不息思想之轉化，自始至終皆以如何能運用交合淫樂之法達到全身受樂爲其中心思想，純屬欲界五欲的貪愛，不能令人超出欲界輪迴，更不能令人斷除我見；何況大乘之明心與見性，更無論矣！故密宗之法絕非佛法也。而其明光大手印、大圓滿法教，又皆同以常見外道所說離語言妄念之無念靈知心錯認爲佛地之眞如，不能直指不生不滅之眞如。西藏密宗所有法王與徒衆，都尚未開頂門眼，不能辨別眞僞，以依人不依法、依密續不依經典故，不肯將其上師喇嘛所說對照第一義經典，純依密續之藏密祖師所說爲準，因此而誇大其證德與證量，動輒謂彼祖師上師爲究竟佛、爲地上菩薩；如今台海兩岸亦有自謂其師證量高於 釋迦文佛者，然觀其師所述，猶未見道，仍在觀行即佛階段，尚未到禪宗相似即佛、分證即佛階位，竟敢標榜爲究竟佛及地上法王，誑惑初機學人。凡此怪象皆是狂密，不同於眞密之修行者。近年狂密盛行，密宗行者被誤導者極衆，動輒自謂已證佛地眞如，自視爲究竟佛，陷於大妄語業中而不知自省，反謗顯宗眞修實證者之證量粗淺；或如義雲高與釋性圓…等人，於報紙上公然誹謗眞實證道者爲「騙子、無道人、人妖、癩蛤蟆…」等，造下誹謗大乘勝義僧之大惡業；或以外道法中有爲有作之甘露、魔術……等法，誑騙初機學人，狂言彼外道法爲眞佛法。如是怪象，在西藏密宗及附藏密之外道中，不一而足，舉之不盡，學人宜應愼思明辨，以免上當後又犯毀破菩薩戒之重罪。密宗學人若欲遠離邪知邪見者，請閱此書，即能了知密宗之邪謬，從此遠離邪見與邪修，轉入眞正之佛道。 平實導師著 共四輯 每輯約400頁（主文約340頁） 每輯售價300元。

宗門正義—公案拈提第六輯：佛教有六大危機，乃是藏密化、世俗化、膚淺化、學術化、宗門密意失傳、悟後進修諸地之次第混淆；其中尤以宗門密意之失傳，爲當代佛教最大之危機。由宗門密意失傳故，易令 世尊本懷普被錯解，易令 世尊正法被轉易爲外道法，以及加以淺化、世俗化，是故宗門密意之廣泛弘傳與具緣佛弟子，極爲重要。然而欲令宗門密意之廣泛弘傳予具緣之佛弟子者，必須同時配合錯誤知見之解析、普令佛弟子知之，然後輔以公案解析之直示入處，方能令具緣之佛弟子悟入。而此二者，皆須以公案拈提之方式爲之，方易成其功、竟其業，是故平實導師續作宗門正義一書，以利學人。 全書500餘頁，售價500元（2007年起，凡購買公案拈提第一輯至第七輯，每購一輯皆贈送本公司精製公案拈提〈超意境〉CD一片，市售價格280元，多購多贈）。

心經密意—心經與解脫道、佛菩提道、祖師公案之關係與密意。 二乘菩提所證之解脫道，實依第八識心之斷除煩惱障現行而立解脫之名；大乘菩提所證之佛菩提道，實依親證第八識如來藏之涅槃性、清淨自性、及其中道性而立般若之名；禪宗祖師公案所證之眞心，即是此第八識如來藏；是故三乘佛法所修所證之三乘菩提，皆依此如來藏心而立名也。此第八識心，即是《心經》所說之心也。證得此如來藏已，即能漸入大乘佛菩提道，亦可因證知此心而了知二乘無學所不能知之無餘涅槃本際，是故《心經》之密意，與三乘佛菩提之關係極爲密切、不可分割，三乘佛法皆依此心而立名故。今者平實導師以其所證解脫道之無生智及佛菩提之般若種智，將《心經》與解脫道、佛菩提道、祖師公案之關係與密意，以演講之方式，用淺顯之語句和盤托出，發前人所未言，呈三乘菩提之眞義，令人藉此《心經密意》一舉而窺三乘菩提之堂奧，迴異諸方言不及義之說；欲求眞實佛智者、不可不讀！主文317頁，連同跋文及序文…等共384頁，售價300元。

宗門密意—公案拈提第七輯：佛教之世俗化，將導致學人以信仰作爲學佛，則將以感應及世間法之庇祐，作爲學佛之主要目標，不能了知學佛之主要目標爲親證三乘菩提。大乘菩提則以般若實相智慧爲主要修習目標，以二乘菩提解脫道爲附帶修習之標的；是故學習大乘法者，應以禪宗之證悟爲要務，能親入大乘菩提之實相般若智慧中故，般若實相智慧非二乘聖人所能知故。此書則以台灣世俗化佛教之三大法師，說法似是而非之實例，配合眞悟祖師之公案解析，提示證悟般若之關節，令學人易得悟入。平實導師著，全書五百餘頁，售價500元（2007年起，凡購買公案拈提第一輯至第七輯，每購一輯皆贈送本公司精製公案拈提〈超意境〉CD一片，市售價格280元，多購多贈）。

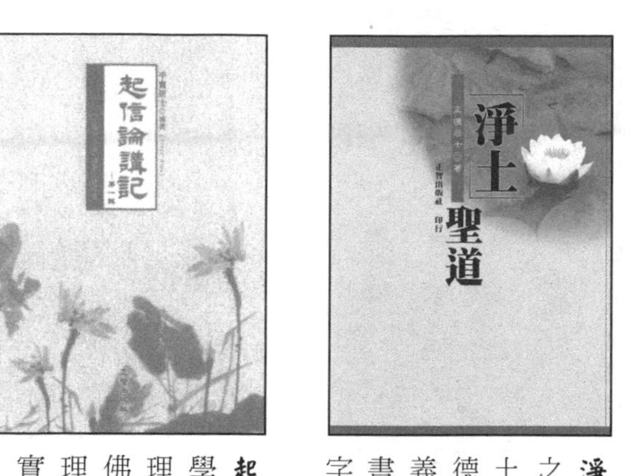

淨土聖道—兼評選擇本願念佛：佛法甚深極廣，般若玄微，非諸二乘聖僧所能知之，一切凡夫更無論矣！所謂一切證量皆歸淨土是也！是故大乘法中「聖道之淨土、淨土之聖道」，其義甚深，難可了知；乃至眞悟之人，初心亦難知也。今有正德老師眞實證悟後，復能深探淨土與聖道之緊密關係，憐憫眾生之誤會淨土實義，亦欲利益廣大淨土行人同入聖道，同獲淨土中之聖道門要義，乃振奮心神、書以成文，今得刊行天下。主文279頁，連同序文等共301頁，總有十一萬六千餘字，正德老師著，成本價200元。

起信論講記：詳解大乘起信論心生滅門與心眞如門之眞實意旨，消除以往大師與學人對起信論所說心生滅門之誤解，由是而得了知眞心如來藏之非常非斷中道正理；亦因此一講解，令此論以往隱晦而被誤解之眞實義，得以如實顯示，令大乘佛菩提道之正理得以顯揚光大；初機學者亦可藉此正論所顯示之法義，對大乘法理生起正信，從此得以眞發菩提心，眞入大乘法中修學，世世常修菩薩正行。平實導師演述，共六輯，都已出版，每輯三百餘頁，售價各250元。

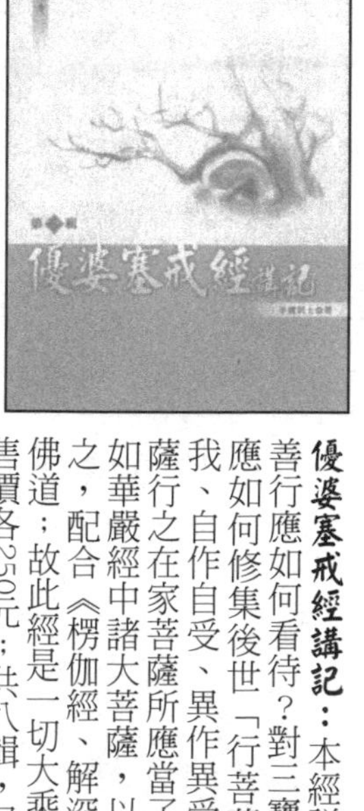

優婆塞戒經講記：本經詳述在家菩薩修學大乘佛法，應如何受持菩薩戒？對人間善行應如何看待？對三寶應如何護持？應如何正確地修集此世後世證法之福德？應如何修集後世「行菩薩道之資糧」？並詳述第一義諦之正義：五蘊非我非異我、自作自受、異作異受、不作不受……等深妙法義，乃是修學大乘佛法、行菩薩行之在家菩薩所應當了知者。出家菩薩今世或未來世登地已，捨報之後多數將如華嚴經中諸大菩薩，以在家菩薩身而修行菩薩行，故亦應以此經所述正理而修之，配合《楞伽經、解深密經、楞嚴經、華嚴經》等道次第正理，方得漸次成就佛道；故此經是一切大乘行者皆應證知之正法。平實導師講述，每輯三百餘頁，售價各250元；共八輯，已全部出版。

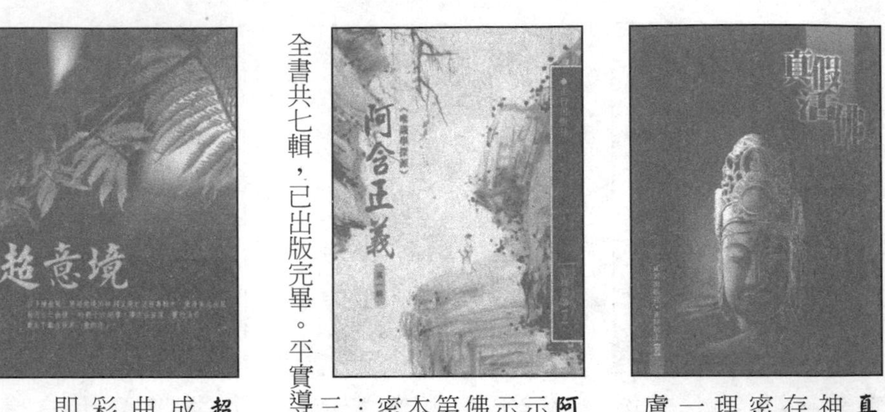

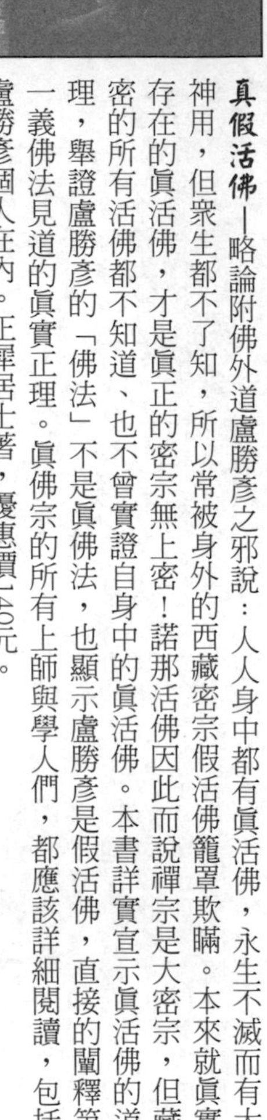

真假活佛—略論附佛外道盧勝彥之邪說：人人身中都有眞活佛，永生不滅而有大神用，但衆生都不了知，所以常被身外的西藏密宗假活佛籠罩欺瞞。本來就眞實存在的眞活佛，才是眞正的密宗無上密！諾那活佛因此而說禪宗是大密宗，但藏密的所有活佛都不知道、也不曾實證自身中的眞活佛。本書詳實宣示眞活佛的道理，舉證盧勝彥的「佛法」不是眞佛法，也顯示盧勝彥是假活佛，直接的闡釋第一義佛法見道的眞實正理。眞佛宗的所有上師與學人們，都應該詳細閱讀，包括盧勝彥個人在內。正犀居士著，優惠價140元。

阿含正義—唯識學探源：廣說四大部《阿含經》諸經中隱說之眞正義理，一一舉示佛陀本懷，令阿含時期初轉法輪根本經典之眞義，如實顯現於佛子眼前。並提示末法大師對於阿含眞義誤解之實例，一一比對之，證實唯識增上慧學確於原始佛法之阿含諸經中已隱覆密意而略說之，證實 世尊確於原始佛法中已曾密意而說第八識如來藏之總相；亦證實 世尊在四阿含中已說此藏識是名色十八界之因、之本—證明如來藏是能生萬法之根本心。佛子可據此修正以往受諸大師（譬如西藏密宗應成派中觀師：印順、昭慧、性廣、大願、達賴、宗喀巴、寂天、月稱、……等人）誤導之邪見，建立正見，轉入正道乃至親證初果而無困難；書中並詳說三果所證的心解脫，以及四果慧解脫的親證，都是如實可行的具體知見與行門。全書共七輯，已出版完畢。平實導師著，每輯三百餘頁，售價300元。

超意境CD：以平實導師公案拈提書中超越意境之頌詞，加上曲風優美的旋律，錄成令人嚮往的超意境歌曲，其中包括正覺發願文及平實導師親自譜成的黃梅調歌曲一首。詞曲雋永，殊堪翫味，可供學禪者吟詠，有助於見道。內附設計精美的彩色小冊，解說每一首詞的背景本事。每片280元。【每購買公案拈提書籍一冊，即贈送一片。】

我的菩提路第一輯：凡夫及二乘聖人不能實證的佛菩提證悟，末法時代的今天仍然有人能得實證，由正覺同修會釋悟圓、釋善藏法師等二十餘位實證如來藏者所寫的見道報告，已為當代學人見證宗門正法之絲縷不絕，證明大乘義學的法脈仍然存在，為末法時代求悟般若之學人照耀出光明的坦途。由二十餘位大乘見道者所繕，敘述各種不同的學法、見道因緣與過程，參禪求悟者必讀。全書三百餘頁，售價300元。

我的菩提路第二輯：由郭正益老師等人合著，書中詳述彼等諸人歷經各處道場學法，一一修學而加以檢擇之不同過程以後，因閱讀正覺同修會、正智出版社書籍而發起抉擇分，轉入正覺同修會中修學；乃至學法及見道之過程，都一一詳述之。其中張志成等人係由前現代禪轉進正覺同修會，張志成原為現代禪副宗長，以前未閱本會書籍時，曾被人藉其名義著文評論 平實導師（詳見《宗通與說通》辨正及《眼見佛性》書末附錄…等）；後因偶然接觸正覺同修會書籍，深覺以前聽人評論平實導師之語不實，於是投入極多時間閱讀本會書籍、深入思辨，詳細探索中觀與唯識之關聯與異同，認為正覺之法義方是正法，深覺相應；亦解開多年來對佛法的迷雲，確定應依八識論正理修學方是正法。乃不顧面子，毅然前往正覺同修會面見平實導師懺悔，並正式學法求悟。今已與其同修王美伶（亦為前現代禪傳法老師），同樣證悟如來藏而證得法界實相，生起實相般若真智。此書中尚有七年來本會第一位眼見佛性者之見性報告一篇，一同供養大乘佛弟子。全書四百頁，售價300元。

我的菩提路第三輯：由王美伶老師等人合著。自從正覺同修會成立以來，每年夏初、冬初都舉辦精進禪三共修，藉以助益會中同修們得以證悟明心發起般若實相智慧；凡已實證而被平實導師印證者，皆書具見道報告用以證明佛法之真實可證而非玄學，證明佛法並非純屬思想、理論而無實質，是故每年都能有人證明正覺同修會的「實證佛教」主張並非虛語。特別是眼見佛性一法，自古以來中國禪宗祖師實證者極寡，較之明心開悟的證境更難令人信受；至2017年初，正覺同修會中的證悟明心者已近五百人，然而其中眼見佛性者至今唯十餘人爾，可謂難能可貴，是故明心後欲冀眼見佛性者實屬不易。黃正倖老師是懸絕七年無人見性後的第一人，她於2009年的見性報告刊於本書的第二輯中，為大眾證明佛性確實可以眼見；其後七年之中求見性者都屬解悟佛性而無人眼見，幸而又經七年後的2016冬初，以及2017夏初的禪三，復有三人眼見佛性，希冀鼓舞四眾佛子求見佛性之大心，今則具載一則於書末，顯示求見佛性之事實經歷，供養現代佛教界欲得見性之四眾弟子。全書四百頁，售價300元，預定2017年6月30日發行。

鈍鳥與靈龜：鈍鳥及靈龜二物，被宗門證悟者說爲二種人：前者是精修禪定而無智慧者，也是以定爲禪的愚癡禪人；後者是或有禪定、或無禪定的宗門證悟者，凡已證悟者皆是靈龜。但後來被人虛造事實，用以嘲笑大慧宗杲禪師，說他雖是靈龜，卻不免被天童禪師預記「患背」痛苦而亡：「鈍鳥離巢易，靈龜脫殼難。」藉以貶低大慧宗杲的證量。同時將天童禪師實證如來藏的證量，曲解爲意識境界的離念靈知。自從大慧禪師入滅以後，錯悟凡夫對他的不實毀謗就一直存在著，不曾止息，並且捏造的假事實也隨著年月的增加而越來越多，終至編成「鈍鳥與靈龜」的假公案、假故事。本書是考證大慧與天童之間的不朽情誼，顯現這件假公案的虛妄不實；更見大慧宗杲面對惡勢力時的正直不阿，亦顯示大慧對天童禪師的至情深義，將使後人對大慧宗杲的誣謗至此而止，不再有人誤犯毀謗賢聖的惡業。書中亦舉證宗門的所悟確以第八識如來藏爲標的，詳讀之後必可改正以前被錯悟大師誤導的參禪知見，日後必定有助於實證禪宗的開悟境界，得階大乘眞見道位中，即是實證般若之賢聖。全書459頁，售價350元。

維摩詰經講記：本經係　世尊在世時，由等覺菩薩維摩詰居士藉疾病而演說之大乘菩提無上妙義，所說函蓋甚廣，然極簡略，是故今時諸方大師與學人讀之悉皆錯解，何況能知其中隱含之深妙正義，是故普遍無法爲人解說；若強爲人說，則成依文解義而有諸多過失。今由平實導師公開宣講之後，詳實解釋其中密意，令維摩詰菩薩所說大乘不可思議解脫之深妙正法得以正確宣流於人間，利益當代學人及與諸方大師。書中詳實演述大乘佛法深妙不共二乘之智慧境界，顯示諸法之中絕待之實相境界，建立大乘菩薩妙道於永遠不敗不壞之地，以此成就護法偉功，欲冀永利娑婆人天。已經宣講圓滿整理成書流通，以利諸方大師及諸學人。全書共六輯，每輯三百餘頁，售價各250元。

真假外道：本書具體舉證佛門中的常見外道知見實例，並加以教證及理證上的辨正，幫助讀者輕鬆而快速的了知常見外道的錯誤知見，進而遠離佛門內外的常見外道知見，因此即能改正修學方向而快速實證佛法。　游正光老師著　。成本價200元。

勝鬘經講記：如來藏爲三乘菩提之所依，若離如來藏心體及其含藏之一切種子，即無三界有情及一切世間法，亦無二乘菩提緣起性空之出世間法；本經詳說無始無明、一念無明皆依如來藏而有之正理，藉著詳解煩惱障與所知障間之關係，令學人深入了知二乘菩提與佛菩提相異之妙理；聞後即可了知佛菩提之特勝處及三乘修道之方向與原理，邁向攝受正法而速成佛道的境界中。平實導師講述，共六輯，每輯三百餘頁，售價各250元。

楞嚴經講記：楞嚴經係密教部之重要經典，亦是顯教中普受重視之經典；經中宣說明心與見性之內涵極爲詳細，將一切法都會歸如來藏及佛性—妙眞如性；亦闡釋佛菩提道修學過程中之種種魔境，以及外道誤會涅槃之狀況，旁及三界世間之起源。然因言句深澀難解，法義亦復深妙寬廣，學人讀之普難通達，是故讀者大多誤會，不能如實理解佛所說之明心與見性內涵，亦因是故多有悟錯之人引爲開悟之證言，成就大妄語罪。今由平實導師詳細講解之後，整理成文，以易讀易懂之語體文刊行天下，以利學人。全書十五輯，全部出版完畢。每輯三百餘頁，售價每輯300元。

明心與眼見佛性：本書細述明心與眼見佛性之異同，同時顯示了中國禪宗破初參明心與重關眼見佛性二關之間的關聯；書中又藉法義辨正而旁述其他許多勝妙法義，讀後必能遠離佛門長久以來積非成是的錯誤知見，令讀者在佛法的實證上有極大助益。也藉慧廣法師的謬論來教導佛門學人回歸正知正見，遠離古今禪門錯悟者所墮的意識境界，非唯有助於斷我見，也對未來的開悟明心實證第八識如來藏有所助益，是故學禪者都應細讀之。　游正光老師著　共448頁　售價300元。

菩薩底憂鬱CD：將菩薩情懷及禪宗公案寫成新詞，並製作成超越意境的優美歌曲。1.主題曲〈菩薩底憂鬱〉，描述地後菩薩能離三界生死而迴向繼續生在人間，但因尚未斷盡習氣種子而有極深沈之憂鬱，非三賢位菩薩及二乘聖者所知，此憂鬱在七地滿心位方才斷盡；本曲之詞中所說義理極深，昔來所未曾見；此曲係以優美的情歌風格寫詞及作曲，聞者得以激發嚮往諸地菩薩境界之大心，詞、曲都非常優美，難得一見；其中勝妙義理之解說，已印在附贈之彩色小冊中。2.以各輯公案拈提中直示禪門入處之頌文，作成各種不同曲風之超意境歌曲，值得玩味、參究；聆聽公案拈提之優美歌曲時，請同時閱讀內附之印刷精美說明小冊，可以領會超越三界的證悟境界；未悟者可以因此引發求悟之意向及疑情，眞發菩提心而邁向求悟之途，乃至因此眞實悟入般若，成眞菩薩。3.正覺總持咒新曲，總持佛法大意；總持咒之義理，已加以解說並印在隨附之小冊中。本CD共有十首歌曲，長達63分鐘，附贈二張購書優惠券。每片280元。

禪意無限CD：平實導師以公案拈提書中偈頌寫成不同風格曲子，與他人所寫不同風格曲子共同錄製出版，幫助參禪人進入禪門超越意識之境界。盒中附贈彩色印製的精美解說小冊，以供聆聽時閱讀，令參禪人得以發起參禪之疑情，即有機會證悟本來面目，實證大乘菩提般若。本CD共有十首歌曲，長達69分鐘，每盒各附贈二張購書優惠券。每片280元。

金剛經宗通：三界唯心，萬法唯識，是成佛之修證內容，是諸地菩薩之所修；般若則是成佛之道（實證三界唯心、萬法唯識）的入門，若未證悟實相般若，即無成佛之可能，必將永在外門廣行菩薩六度，永在凡夫位中。然而實相般若的發起，全賴實證萬法的實相；若欲證知萬法的眞相，則必須探究萬法之所從來，則須實證自心如來—金剛心如來藏，然後現觀這個金剛心的金剛性、眞實性、如如性、清淨性、涅槃性、能生萬法的自性性、本住性，名爲證眞如；進而現觀三界六道唯是此金剛心所成，人間萬法須藉八識心王和合運作方能現起。如是實證

《華嚴經》的「三界唯心、萬法唯識」以後，由此等現觀而發起實相般若智慧，繼續進修第十住位的如幻觀、第十行位的陽焰觀、第十迴向位的如夢觀，再生起增上意樂而勇發十無盡願，方能滿足三賢位的實證，轉入初地；自知成佛之道而無偏倚，從此按部就班、次第進修乃至成佛。第八識自心如來是般若智慧之所依，般若智慧的修證則要從實證金剛心自心如來開始；《金剛經》則是解說自心如來之經典，是一切三賢位菩薩所應進修之實相般若經典。這一套書，是將平實導師宣講的《金剛經宗通》內容，整理成文字而流通之；書中所說義理，迥異古今諸家依文解義之說，指出大乘見道方向與理路，有益於禪宗學人求開悟見道，及轉入內門廣修六度萬行。講述完畢後結集出版，總共9輯，每輯約三百餘頁，售價各250元。

空行母—性別、身分定位，以及藏傳佛教：本書作者爲蘇格蘭哲學家，因爲嚮往佛教深妙的哲學內涵，於是進入當年盛行於歐美的假藏傳佛教密宗，擔任卡盧仁波切的翻譯工作多年以後，被邀請成爲卡盧的空行母（又名佛母、明妃），開始了她在密宗裡的實修過程；後來發覺在密宗雙身法中的修行，其實無法使自己成佛，也發覺密宗對女性岐視而處處貶抑，並剝奪女性在雙身法中擔任一半角色時應有的身分定位。當她發覺自己只是雙身法中被喇嘛利用的工具，沒有獲得絲毫應有的尊重與基本定位時，發現了密宗的父權社會控制女性的本質；於是作者傷心地離開了卡盧仁波切與密宗，但是卻被恐嚇不許講出她在密宗裡的經歷，也不許她說出自己對密宗的教義與教制下對女性剝削的本質，否則將被咒殺死亡。後來她去加拿大定居，十餘年後方才擺脫這個恐嚇陰影，下定決心將親身經歷的實情及觀察到的事實寫下來並且出版，公諸於世。出版之後，她被流亡的達賴集團人士大力攻訐，誣指她爲精神狀態失常、說謊……等。但有智之士並未被達賴集團的政治操作及各國政府政治運作吹捧達賴的表相所欺，使她的書銷售無阻而又再版。正智出版社鑑於作者此書是親身經歷的事實，所說具有針對「藏傳佛教」而作學術研究的價值，也有使人認清假藏傳佛教剝削佛母、明妃的男性本位實質，因此洽請作者同意中譯而出版於華人地區。珍妮．坎貝爾女士著，呂艾倫 中譯，每冊250元。

霧峰無霧—給哥哥的信　本書作者藉兄弟之間信件往來論義，略述佛法大義；並以多篇短文辨義，舉出釋印順對佛法的無量誤解證據，並一一給予簡單而清晰的辨正，令人一讀即知。久讀、多讀之後即能認清楚釋印順的六識論見解，與眞實佛法之牴觸是多麼嚴重；於是在久讀、多讀之後，於不知不覺之間提升了對佛法的極深入理解，正知正見就在不知不覺間建立起來了。當三乘佛法的正知見建立起來之後，對於三乘菩提的見道條件便將隨之具足，於是聲聞解脫道的見道也就水到渠成；接著大乘見道的因緣也將次第成熟，未來自然也會有親見大乘菩提之道的因緣，悟入大乘實相般若也將自然成功，自能通達般若系列諸經而成實義菩薩。作者居住於南投縣霧峰鄉，自喻見道之後不復再見霧峰之霧，故鄉原野美景一一明見，於是立此書名爲《霧峰無霧》；讀者若欲撥霧見月，可以此書爲緣。游宗明 老師著 售價250元。

假藏傳佛教的神話—性、謊言、喇嘛教：本書編著者是由一首名叫「阿姊鼓」的歌曲爲緣起，展開了序幕，揭開假藏傳佛教—喇嘛教—的神秘面紗。其重點是蒐集、摘錄網路上質疑「喇嘛教」的帖子，以揭穿「假藏傳佛教的神話」爲主題，串聯成書，並附加彩色插圖以及說明，讓讀者們瞭解西藏密宗及相關人事如何被操作爲「神話」的過程，以及神話背後的眞相。作者：張正玄教授。售價200元。

達賴真面目—玩盡天下女人：假使您不想戴綠帽子，請記得詳細閱讀此書；假使您不想讓好朋友戴綠帽子，請您將此書介紹給您的好朋友。假使您想保護家中的女性，也想要保護好朋友的女眷，請記得將此書送給家中的女性和好友的女眷都來閱讀。本書爲印刷精美的大本彩色中英對照精裝本，爲您揭開達賴喇嘛的眞面目，內容精彩不容錯過，爲利益社會大眾，特別以優惠價格嘉惠所有讀者。編著者：白志偉等。大開版雪銅紙彩色精裝本。售價800元。

童女迦葉考—論呂凱文〈佛教輪迴思想的論述分析〉之謬：童女迦葉是佛世率領五百大比丘遊行於人間的歷史事實，是以童貞行而依止菩薩戒弘化於人間的大菩薩，不依別解脫戒（聲聞戒）來弘化於人間。這是大乘佛教與聲聞佛教同時存在於佛世的歷史明證，證明大乘佛教不是從聲聞法中分裂出來的部派佛教的產物，卻是聲聞佛教分裂出來的部派佛教聲聞凡夫僧所不樂見的史實；於是古今聲聞法中的凡夫都欲加以扭曲而作詭說，更是末法時代高聲大呼「大乘非佛說」的六識論聲聞凡夫極力想要扭曲的佛教史實之一，於是想方設法扭曲迦葉菩薩爲聲聞僧，以及扭曲迦葉童女爲比丘僧等荒謬不實之論著便陸續出現，古時聲聞僧寫作的《分別功德論》是最具體之事例，現代之代表作則是呂凱文先生的〈佛教輪迴思想的論述分析〉論文。鑑於如是假藉學術考證以籠罩大衆之不實謬論，未來仍將繼續造作及流竄於佛教界，繼續扼殺大乘佛教學人法身慧命，必須學證辨正之，遂成此書。平實導師 著，每冊180元。

末代達賴—性交教主的悲歌：簡介從藏傳僞佛教（喇嘛教）的修行核心—性力派男女雙修，探討達賴喇嘛及藏傳僞佛教的修行內涵。書中引用外國知名學者著作、世界各地新聞報導，包含：歷代達賴喇嘛的祕史、達賴六世修雙身法的事蹟，以及《時輪續》中的性交灌頂儀式……等；達賴喇嘛書中開示的雙修法、達賴喇嘛的黑暗政治手段；達賴喇嘛所領導的寺院爆發喇嘛性侵兒童；新聞報導《西藏生死書》作者索甲仁波切性侵女信徒、澳洲喇嘛秋達公開道歉、美國最大假藏傳佛教組織領導人邱陽創巴仁波切的性氾濫，等等事件背後眞相的揭露。作者：張善思、呂艾倫、辛燕。售價250元。

黯淡的達賴—失去光彩的諾貝爾和平獎：本書舉出很多證據與論述，詳述達賴喇嘛不爲世人所知的一面，顯示達賴喇嘛並不是眞正的和平使者，而是假借諾貝爾和平獎的光環來欺騙世人；透過本書的說明與舉證，讀者可以更清楚的瞭解，達賴喇嘛是結合暴力、黑暗、淫欲於喇嘛教裡的集團首領，其政治行爲與宗教主張，早已讓諾貝爾和平獎的光環染污了。 本書由財團法人正覺教育基金會寫作、編輯，由正覺出版社印行，每冊250元。

第七意識與第八意識？—穿越時空「超意識」：「三界唯心，萬法唯識」是佛教中應該實證的聖教，也是《華嚴經》中明載而可以實證的法界實相。唯心者，三界一切境界、一切諸法唯是一心所成就，即是每一個有情的第八識如來藏，不是意識心。唯識者，即是人類各各都具足的八識心王——眼識、耳鼻舌身意識、意根、阿賴耶識，第八阿賴耶識又名如來藏，人類五陰相應的萬法，莫不由八識心王共同運作而成就，故說萬法唯識。依聖教量及現量、比量，都可以證明意識是二法因緣生，是由第八識藉意根與法塵二法爲因緣而出生，又是夜夜斷滅不存之生滅心，即無可能反過來出生第七識意根、第八識如來藏，當知不可能從生滅性的意識心中，細分出恆審思量的第七識意根，更無可能細分出恆而不審的第八識如來藏。本書是將演講內容整理成文字，細說如是內容，並已在〈正覺電子報〉連載完畢，今彙集成書以廣流通，欲幫助佛門有緣人斷除意識我見，跳脫於識陰之外而取證聲聞初果；嗣後修學禪宗時即得不墮外道神我之中，得以求證第八識金剛心而發起般若實智。平實導師 述，每冊300元。

中觀金鑑—詳述應成派中觀的起源與其破法本質：學佛人往往迷於中觀學派之不同學說，被應成派與自續派所迷惑；修學般若中觀二十年後自以爲實證般若中觀了，卻仍不曾入門，甫聞實證般若中觀者之所說，則茫無所知，迷惑不解；隨後信心盡失，不知如何實證佛法；凡此，皆因惑於這二派中觀學說所致。自續派中觀所說同於常見，以意識境界立爲第八識如來藏之境界，應成派所說則同於斷見，但又同立意識爲常住法，故亦具足斷常二見。今者孫正德老師有鑑於此，乃將起源於密宗的應成派中觀學說，追本溯源，詳考其來源之外，亦一一舉證其立論內容，詳加辨正，令密宗雙身法祖師以識陰境界而造之應成派中觀學說本質，詳細呈現於學人眼前，令其維護雙身法之目的無所遁形。若欲遠離密宗此二大派中觀謬說，欲於三乘菩提有所進道者，允宜具足閱讀並細加思惟，反覆讀之以後將可捨棄邪道返歸正道，則於般若之實證即有可能，證後自能現觀如來藏之中道境界而成就中觀。本書分上、中、下三冊，每冊250元，全部出版完畢。

人間佛教—實證者必定不悖三乘菩提：「大乘非佛說」的講法似乎流傳已久，卻只是日本人企圖擺脫中國正統佛教的影響，而在明治維新時期才開始提出來的說法；台灣佛教、大陸佛教的淺學無智之人，由於未曾實證佛法而迷信日本人錯誤的學術考證，錯認爲這些別有用心的日本佛學考證的講法爲天竺佛教的眞實歷史；甚至還有更激進的反對佛教者提出「釋迦牟尼佛並非眞實存在，只是後人捏造的假歷史人物」，竟然也有少數人願意跟著「學術」的假光環而信受不疑，於是開始有一些佛教界人士造作了反對中國佛教而推崇南洋小乘佛教的行爲，使佛教的信仰者難以檢擇，導致一般大陸人士開始轉入基督教的盲目迷信中。在這些佛教及外教人士之中，也就有一分人根據此邪說而大聲主張「大乘非佛說」的謬論，這些人以「人間佛教」的名義來抵制中國正統佛教，公然宣稱中國的大乘佛教是由聲聞部派佛教的凡夫僧所創造出來的。這樣的說法流傳於台灣及大陸佛教界凡夫僧之中已久，卻非眞正的佛教歷史中曾經發生過的事，只是繼承六識論的聲聞法中凡夫僧依自己的意識境界立場，純憑臆想而編造出來的妄想說法，卻已經影響許多無智之凡夫僧俗信受不移。本書則是從佛教的經藏法義實質及實證的現量內涵本質立論，證明大乘佛法本是佛說，是從《阿含正義》尚未說過的不同面向來討論「人間佛教」的議題，證明「大乘眞佛說」。閱讀本書可以斷除六識論邪見，迴入三乘菩提正道發起實證的因緣；也能斷除禪宗學人學禪時普遍存在之錯誤知見，對於建立參禪時的正知見有很深的著墨。 平實導師 述，內文488頁，全書528頁，定價400元。

喇嘛性世界—揭開假藏傳佛教譚崔瑜伽的面紗：這個世界中的喇嘛，號稱來自世外桃源的香格里拉，穿著或紅或黃的喇嘛長袍，散布於我們的身邊傳教灌頂，吸引了無數的人嚮往學習；這些喇嘛虔誠地爲大眾祈福，手中拿著寶杵（金剛）與寶鈴（蓮花），口中唸著咒語：「唵．嘛呢．叭咪．吽……」，咒語的意思是說：「我至誠歸命金剛杵上的寶珠伸向蓮花寶穴之中」！「喇嘛性世界」是什麼樣的「世界」呢？本書將爲您呈現喇嘛世界的面貌。當您發現眞相以後，您將會唸：「噢！喇嘛．性．世界，譚崔性交嘛！」作者：張善思、呂艾倫。售價200元。

見性與看話頭：黃正倖老師的《見性與看話頭》於《正覺電子報》連載完畢，今結集出版。書中詳說禪宗看話頭的詳細方法，並細說看話頭與眼見佛性的關係，以及眼見佛性者求見佛性前必須具備的條件。本書是禪宗實修者追求明心開悟時參禪的方法書，也是求見佛性者作功夫時必讀的方法書，內容兼顧眼見佛性的理論與實修之方法，是依實修之體驗配合理論而詳述，條理分明而且極為詳實、周全、深入。本書內文375頁，全書416頁，售價300元。

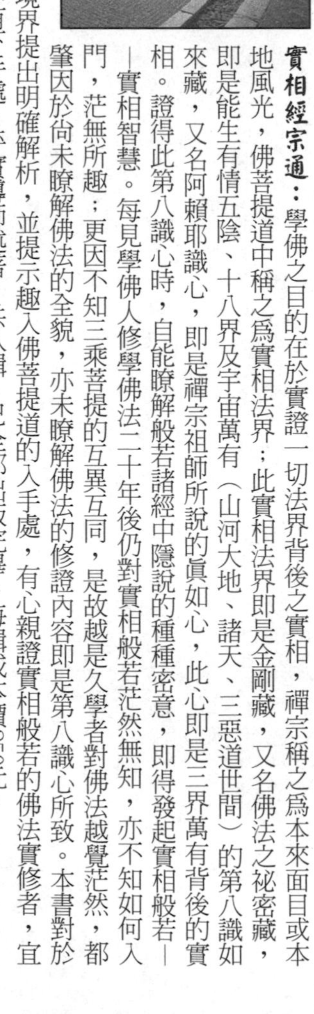

實相經宗通：學佛之目的在於實證一切法界背後之實相，禪宗稱之為本來面目或本地風光，佛菩提道中稱之為實相法界；此實相法界即是金剛藏，又名佛法之祕密藏，即是能生有情五陰、十八界及宇宙萬有（山河大地、諸天、三惡道世間）的第八識如來藏，又名阿賴耶識心，即是禪宗祖師所說的真如心，此心即是三界萬有背後的實相。證得此第八識心時，自能瞭解般若諸經中隱說的種種密意，即得發起實相般若——實相智慧。每見學佛人修學佛法二十年後仍對實相般若茫然無知，亦不知如何入門，茫無所趣；更因不知三乘菩提的互異互同，是故越是久學者對佛法越覺茫然，都肇因於尚未瞭解佛法的全貌，亦未瞭解佛法的修證內容即是第八識心所致。本書對於修學佛法者所應實證的實相境界提出明確解析，並提示趣入佛菩提道的入手處，有心親證實相般若的佛法實修者，宜詳讀之，於佛菩提道之實證即有下手處。平實導師述著，共八輯，已全部出版完畢，每輯成本價250元。

真心告訴您（一）—達賴喇嘛在幹什麼？這是一本報導篇章的選集，更是「破邪顯正」的暮鼓晨鐘。「破邪」是戳破假象，說明達賴喇嘛及其所率領的密宗四大派法王、喇嘛們，弘傳的佛法是仿冒的佛法；他們是假藏傳佛教，是坦特羅（譚崔性交）外道法和藏地崇奉鬼神的苯教混合成的「喇嘛教」，推廣的是以所謂「無上瑜伽」的男女雙身法冒充佛法的假佛教，詐財騙色誤導眾生，常常造成信徒家庭破碎、家中兒少失怙的嚴重後果。「顯正」是揭櫫真相，指出真正的藏傳佛教只有一個，就是覺囊巴，傳的是 釋迦牟尼佛演繹的第八識如來藏妙法，稱為他空見大中觀。正覺教育基金會即以此古今輝映的如來藏正法正知見，在真心新聞網中逐次報導出來，將箇中原委「真心告訴您」，如今結集成書，與想要知道密宗真相的您分享。售價250元。

法華經講義：此書爲平實導師始從2009/7/21演述至2014/1/14之講經錄音整理所成。世尊一代時教，總分五時三教，即是華嚴時、聲聞緣覺教、般若教、種智唯識教、法華時；依此五時三教區分爲藏、通、別、圓四教。本經是最後一時的圓教經典，圓滿收攝一切法教於本經中，是故最後的圓教聖訓中，特地指出無有三乘菩提，其實唯有一佛乘；皆因眾生愚迷故，方便區分爲三乘菩提以助眾生證道。世尊於此經中特地說明如來示現於人間的唯一大事因緣，便是爲有緣眾生「開、示、悟、入」諸佛的所知所見——第八識如來藏妙眞如心，並於諸品中隱說「妙法蓮花」如來藏心的密意。然因此經所說甚深難解，眞義隱晦，古來難得有人能窺堂奧；平實導師以知如是密意故，特爲末法佛門四眾演述《妙法蓮華經》中各品蘊含之密意，使古來未曾被古德註解出來的「此經」密意，如實顯示於當代學人眼前。乃至〈藥王菩薩本事品〉、〈妙音菩薩品〉、〈觀世音菩薩普門品〉、〈普賢菩薩勸發品〉中的微細密意，亦皆一併詳述之，開前人所未曾言之密意，示前人所未見之妙法。最後乃至以〈法華大意〉而總其成，全經妙旨貫通始終，而依佛旨圓攝於一心如來藏妙心，厥爲曠古未有之大說也。平實導師述　已於2015/5/31起開始出版，每二個月出版一輯，共25輯。每輯300元。

西藏「活佛轉世」制度—附佛、造神、世俗法：歷來關於喇嘛教活佛轉世的研究，多針對歷史及文化兩部分，於其所以成立的理論基礎，較少系統化的探討。尤其是此制度是否依據「佛法」而施設？是否合乎佛法眞實義？現有的文獻大多含糊其詞，或人云亦云，不曾有明確的闡釋與如實的見解。因此本文先從活佛轉世的由來，探索此制度的起源、背景與功能，並進而從活佛的尋訪與認證之過程，發掘活佛轉世的特徵，以確認「活佛轉世」在佛法中應具足何種果德。定價150元。

真心告訴您(二)—達賴喇嘛是佛教僧侶嗎？補祝達賴喇嘛八十大壽：這是一本針對當今達賴喇嘛所領導的喇嘛教，冒用佛教名相，於師徒間或師兄姊間，實修男女邪淫，而從佛法三乘菩提的現量與聖教量，揭發其謊言與邪術，證明達賴及其喇嘛教是仿冒佛教的外道，是「假藏傳佛教」。藏密四大派教義雖有「八識論」與「六識論」的表面差異，然其實修之內容，皆共許「無上瑜伽」四部灌頂爲究竟「成佛」之法門，也就是共以男女雙修之邪淫法爲「即身成佛」之密要，雖美其名曰「欲貪爲道」之「金剛乘」，並誇稱其成就超越於（應身佛）釋迦牟尼佛所傳之顯教般若乘之上；然詳考其理論，則或以意識離念時之粗細心爲第八識如來藏，或以中脈裡的明點爲第八識如來藏，或如宗喀巴與達賴堅決主張第六意識爲常恆不變之眞心者，分別墮於外道之常見與斷見中；全然違背 佛說能生五蘊之如來藏的實質。售價300元。

佛法入門：學佛人往往修學二十年後仍不知如何入門，茫無所入漫無方向，不知如何實證佛法；更因不知三乘菩提的互異互同之處，導致越是久學者越覺茫然，都是肇因於尚未瞭解佛法的全貌所致。本書對於佛法的全貌提出明確的輪廓，並說明三乘菩提的異同處，讀後即可輕易瞭解佛法全貌，數日內即可明瞭三乘菩提入門方向與下手處。○○菩薩著　出版日期未定。

修習止觀坐禪法要講記：修學四禪八定之人，往往錯會禪定之修學知見，欲以無止盡之坐禪而證禪定境界，卻不知修除性障之行門才是修證四禪八定不可或缺之要素，故智者大師云「性障初禪」；性障不除，初禪永不現前，云何修證二禪等？又：行者學定，若唯知數息，而不解六妙門之方便善巧者，欲求一心入定，未到地定極難可得，智者大師名之爲「事障未來」：障礙未到地定之修證。又禪定之修證，不可違背二乘菩提及第一義法，否則縱使具足四禪八定，亦不能實證涅槃而出三界。此諸知見，智者大師於《修習止觀坐禪法要》中皆有闡釋。作者平實導師以其第一義之見地及禪定之實證證量，曾加以詳細解析。將俟正覺寺竣工啓用後重講，不限制聽講者資格；講後將以語體文整理出版。

解深密經講記：本經係　世尊晚年第三轉法輪，宣說地上菩薩所應熏修之唯識正義經典，經中所說義理乃是大乘一切種智增上慧學，以阿陀那識—如來藏—阿賴耶識為主體。禪宗之證悟者，若欲修證初地無生法忍乃至八地無生法忍者，必須修學《楞伽經、解深密經》所說之八識心王一切種智；此二經所說正法，方是真正成佛之道；印順法師否定第八識如來藏之後所說萬法緣起性空之法，是以誤會後之二乘解脫道取代大乘真正成佛之道，尚且不符二乘解脫道正理，亦已墮於斷滅見中，不可謂為成佛之道也。平實導師曾於本會郭故理事長往生時，於喪宅中從首七開始宣講，於每一七各宣講三小時，至第十七而快速略講圓滿，作為郭老之往生佛事功德，迴向郭老早證八地、速返娑婆住持正法。茲為今時後世學人故，將擇期重講《解深密經》，以淺顯之語句講畢後，將會整理成文，用供證悟者進道；亦令諸方未悟者，據此經中佛語正義，修正邪見，依之速能入道。平實導師述著，全書輯數未定，每輯三百餘頁，將於未來重講完畢後逐輯出版。

阿含經講記—小乘解脫道之修證：數百年來，南傳佛法所說證果之不實，所說解脫道之虛妄，所弘解脫道法義之世俗化，皆已少人知之；從南洋傳入台灣與大陸之後，所說法義虛謬之事，亦復少人知之；今時台灣全島印順系統之法師居士，多不知南傳佛法數百年來所說解脫道之義理已然偏斜、已然世俗化、已非真正之二乘解脫正道，猶極力推崇與弘揚。彼等南傳佛法近代所謂之證果者多非真實證果者，譬如阿迦曼、葛印卡、帕奧禪師、一行禪師……等人，悉皆未斷我見故。近年更有台灣南部大願法師，高抬南傳佛法之二乘修證行門為「捷徑究竟解脫之道」者，然而南傳佛法縱使真修實證，得成阿羅漢，至高唯是二乘菩提解脫之道，絕非究竟解脫，無餘涅槃中之實際尚未得證故，法界之實相尚未了知故，習氣種子待除故，一切種智未實證故，焉得謂為「究竟解脫」？即使南傳佛法近代真有實證之阿羅漢，尚且不及三賢位中之七住明心菩薩本來自性清淨涅槃智慧境界，則不能知此賢位菩薩所證之無餘涅槃實際，仍非大乘佛法中之見道者，何況普未實證聲聞果乃至未斷我見之人？謬充證果已屬逾越，更何況是誤會二乘菩提之後，以未斷我見之凡夫知見所說之二乘菩提解脫偏斜法道，焉可高抬為「究竟解脫」？而且自稱「捷徑之道」？又妄言解脫之道即是成佛之道，完全否定般若實智、否定三乘菩提所依之如來藏心體，此理大大不通也！平實導師為令修學二乘菩提欲證解脫果者，普得迴入二乘菩提正見、正道中，是故選錄四阿含諸經中，對於二乘解脫道法義有具足圓滿說明之經典，預定未來十年內將會加以詳細講解，令學佛人得以了知二乘解脫道之修證理路與行門，庶免被人誤導之後，未證言證，干犯道禁，成大妄語，欲升反墮。本書首重斷除我見，以助行者斷除我見而實證初果為著眼之目標，若能根據此書內容，配合平實導師所著《識蘊眞義》《阿含正義》內涵而作實地觀行，實證初果非為難事，行者可以藉此三書自行確認聲聞初果為實際可得現觀成就之事。此書中除依二乘經典所說加以宣示外，亦依斷除我見等之證量，及大乘法中道種智之證量，對於意識心之體性加以細述，令諸二乘學人必定得斷我見、常見，免除三縛結之繫縛。次則宣示斷除我執之理，欲令升進而得薄貪瞋痴，乃至斷五下分結…等。平實導師述，共二冊，每冊三百餘頁。每輯300元。

＊喇嘛教修外道雙身法，墮識陰境界，非佛教＊

＊弘揚如來藏他空見的覺囊派才是真正藏傳佛教＊

總經銷： 飛鴻 國際行銷股份有限公司

231 新北市新店市中正路 501 之 9 號 2 樓

Tel.02－82186688（五線代表號） Fax.02-82186458、82186459

零售：1.**全台連鎖經銷書局：**

三民書局、誠品書局、何嘉仁書店

敦煌書店、紀伊國屋、金石堂書局、建宏書局

2.**台北市：**佛化人生 羅斯福路 3 段 325 號 6 樓之 4 台電大樓對面

3.**新北市：**春大地書店 **蘆洲**中正路 117 號

4.**桃園市縣：**誠品書局 **桃園市**中正路 20 號遠東百貨地下室一樓

金石堂 **桃園市**大同路 24 號 金石堂 **桃園**八德市介壽路 1 段 987 號

諾貝爾圖書城 **桃園市**中正路 56 號地下室 御書堂 **龍潭**中正路 123 號

墊腳石文化書店 **中壢市**中正路 89 號

5.**新竹市縣：**大學書局 **新竹**建功路 10 號 誠品書局 **新竹**東區信義街 68 號

誠品書局 新竹東區中央路 229 號 5 樓 誠品書局 **新竹**東區力行二路 3 號

墊腳石文化書店 **新竹**中正路 38 號

6.**台中市：** **瑞成**書局、各大連鎖書店。

詠春書局 **台中市**永春東路 884 號 文春書局 **霧峰**中正路 1087 號

7.**彰化市縣：**心泉佛教流通處 **彰化市**南瑤路 286 號

員林鎮：墊腳石圖書文化廣場 中山路 2 段 49 號（04-8338485）

8.**台南市：**博大書局 **新營**三民路 128 號

藝美書局 **善化**中山路 436 號 宏欣書局 **佳里**光復路 214 號

9.**高雄市：**各大連鎖書店、**瑞成**書局

政大書城 **三民區**明仁路 161 號 政大書城 **苓雅區**光華路 148-83 號

明儀書局 **三民區**明福街 2 號 明儀書局 三多四路 63 號

青年書局 青年一路 141 號

10.**宜蘭縣市：**金隆書局 宜蘭市中山路 3 段 43 號

宋太太梅鋪 羅東鎮中正北路 101 號（039-534909）

11.**台東市：**東普佛教文物流通處 台東市博愛路 282 號

12.**其餘鄉鎮市經銷書局：**請電詢總經銷**飛鴻**公司。

13.**大陸地區請洽：**

香港：樂文書店

旺角店 :香港九龍旺角西洋菜街 62 號 3 樓

電話 : (852) 2390 3723 email: luckwinbooks@gmail.com

銅鑼灣店 :香港銅鑼灣駱克道 506 號 2 樓

電話 : (852) 2881 1150 email: luckwinbs@gmail.com

廈門：廈門外圖臺灣書店有限公司

地址：廈門市思明區湖濱南路809 號 廈門外圖書城3 樓 郵編：361004

電話：0592-5061658（臺灣地區請撥打 86-592-5061658）

E-mail：JKB118＠188.COM

14.**美國：世界日報圖書部：**紐約圖書部　電話 7187468889#6262
洛杉磯圖書部　電話 3232616972#202

15.**國內外地區網路購書：**

正智出版社 書香園地　http://books.enlighten.org.tw/
（書籍簡介、直接聯結下列網路書局購書）

三民 網路書局　http://www.Sanmin.com.tw

誠品 網路書局　http://www.eslitebooks.com

博客來 網路書局　http://www.books.com.tw

金石堂 網路書局　http://www.kingstone.com.tw

飛鴻 網路書局　http://fh6688.com.tw

附註：1.請儘量向各經銷書局購買：郵政劃撥需要十天才能寄到（本公司在您劃撥後第四天才能接到劃撥單，次日寄出後第四天您才能收到書籍，此八天中一定會遇到週休二日，是故共需十天才能收到書籍）若想要早日收到書籍者，請劃撥完畢後，將劃撥收據貼在紙上，旁邊寫上您的姓名、住址、郵區、電話、買書詳細內容，直接傳眞到本公司 02-28344822，並來電 02-28316727、28327495 確認是否已收到您的傳眞，即可提前收到書籍。 2.因台灣每月皆有五十餘種宗教類書籍上架，書局書架空間有限，故唯有新書方有機會上架，通常每次只能有一本新書上架；本公司出版新書，大多上架不久便已售出，若書局未再叫貨補充者，書架上即無新書陳列，則請直接向書局櫃台訂購。 3.若書局不便代購時，可於晚上共修時間向正覺同修會各共修處請購（共修時間及地點，詳閱**共修現況表**。每年例行年假期間請勿前往請書，年假期間請見共修現況表）。 4.郵購：郵政劃撥帳號 19068241。 5.正覺同修會會員購書都以八折計價（戶籍台北市者爲一般會員，外縣市爲護持會員）都可獲得優待，欲一次購買全部書籍者，可以考慮入會，節省書費。入會費一千元（第一年初加入時才需要繳），年費二千元。**6.尚未出版之書籍，請勿預先郵寄書款與本公司，謝謝您！** 7.若欲一次購齊本公司書籍，或同時取得正覺同修會贈閱之全部書籍者，請於正覺同修會共修時間，親到各共修處請購及索取；**台北市讀者**請洽：103 台北市承德路三段 267 號 10 樓（捷運淡水線 圓山站旁）請書時間：週一至週五爲 18.00~21.00，第一、三、五週週六爲 10.00~21.00，雙週之週六爲 10.00~18.00 請購處專線電話：25957295-分機 14（於請書時間方有人接聽）。

敬告大陸讀者：

大陸讀者購書、索書捷徑（尚未在大陸出版的書籍，以下二個途徑都可以購得，電子書另包括結緣書籍）：

1.廈門外國圖書公司：廈門市思明區湖濱南路 809 號 廈門外圖書城 3F

郵編：361004　電話：0592-5061658　網址：JKB118@188.COM

2.電子書：正智出版社有限公司及正覺同修會在台灣印行的各種局版書、結緣書，已有『**正覺電子書**』陸續上線中，提供讀者於手機、平板電腦上購書、下載、閱讀正智出版社、正覺同修會及正覺教育基金會所出版之電子書，詳細訊息敬請參閱『正覺電子書』專頁：http://books.enlighten.org.tw/ebook

關於平實導師的書訊，請上網查閱：

成佛之道　http://www.a202.idv.tw

正智出版社 書香園地　http://books.enlighten.org.tw/

中國網採訪佛教正覺同修會、正覺教育基金會訊息：

http://big5.china.com.cn/gate/big5/fangtan.china.com.cn/2014-06/19/content_32714638.htm

http://pinpai.china.com.cn/

★ 正智出版社有限公司售書之稅後盈餘，全部捐助財團法人正覺寺籌備處、佛教正覺同修會、正覺教育基金會，供作弘法及購建道場之用；懇請諸方大德支持，功德無量。

★ 聲　明 ★

本社於 2015/01/01 開始調整本目錄中部分書籍之售價，以因應各項成本的持續增加。

＊ 喇嘛教修外道雙身法、墮識陰境界，非佛教 ＊

＊ 弘揚如來藏他空見的覺囊派才是真正藏傳佛教 ＊

國家圖書館出版品預行編目資料

楞伽經詳解／平實導師著. 初版
台北市：正智，1999- 〔民 88- 〕
冊； 公分
ISBN 957-98597-7-9（第一輯：平裝）
ISBN 957-97840-2-7（第二輯：平裝）
ISBN 957-97840-4-3（第三輯：平裝）
ISBN 957-97840-6-X（第四輯：平裝）
ISBN 957-97840-8-6（第五輯：平裝）
ISBN 957-30019-0-X（第六輯：平裝）
ISBN 957-30019-3-4（第七輯：平裝）
ISBN 957-30019-7-7（第八輯：平裝）
ISBN 957-28743-0-1（第九輯：平裝）
ISBN 957-28743-4-9（第十輯：平裝）
1. 經集部
221.75 88004768

楞伽經詳解

——第五輯

作　　者：平實導師
校　　對：游世光 孫淑貞 章乃鈞 蘇振慶
義務打字：簡雅慧 簡素梅
出 版 者：正智出版社有限公司
電話：○二 28327495 28316727（白天）
傳眞：○二 28344822
111 台北郵政 73-151 號信箱
郵政劃撥帳號：一九○六八二四一
正覺講堂：總機○二 25957295（夜間）
總 經 銷：飛鴻國際行銷股份有限公司
231 新北市新店區中正路 501-9 號 2 樓
電話：○二 82186688（五線代表號）
傳眞：○二 82186458 82186459
初　　版：公元二○○一年五月 二千冊
初版七刷：公元二○一七年四月 二千冊
定　　價：二五○元